O DIÁRIO DE UM CEO

STEVEN BARTLETT

O DIÁRIO DE UM CEO

Traduzido por André Fontenelle

SEXTANTE

Título original: *The Diary of a CEO*

Copyright © 2023 por Steven Bartlett
Copyright da tradução © 2024 por GMT Editores Ltda.
Publicado originalmente como *The Diary of a CEO: The 33 Laws of Business and Life*, em 2023, pela Ebury Edge, um selo da Ebury Publishing. A Ebury Publishing faz parte do grupo Penguin Random House.

Todos os direitos reservados. Nenhuma parte deste livro pode ser utilizada ou reproduzida sob quaisquer meios existentes sem autorização por escrito dos editores.

coordenação editorial: Juliana Souza
produção editorial: Carolina Vaz
preparo de originais: Ilana Goldfeld
revisão: Midori Hatai e Pedro Staite
diagramação: Guilherme Lima e Natali Nabekura
ilustrações de miolo: Vyki Hendy
capa: Shasmin Mozomil
adaptação de capa: Natali Nabekura
impressão e acabamento: Lis Gráfica e Editora Ltda.

CIP-BRASIL. CATALOGAÇÃO NA PUBLICAÇÃO
SINDICATO NACIONAL DOS EDITORES DE LIVROS, RJ

B295d

Bartlett, Steven, 1992-
    O diário de um CEO : 33 leis para os negócios e a vida / Steven Bartlett ; ilustração Vyki Hendy ; tradução André Fontenelle. - 1. ed. - Rio de Janeiro : Sextante, 2024.
    320 p. : il. ; 23 cm.

Tradução de: The diary of a CEO : the 33 laws of business and life
ISBN 978-65-5564-895-9

1. Empreendedorismo. 2. Sucesso nos negócios. I. Hendy, Vyki. II. Fontenelle, André. III. Título.

24-92071
                          CDD: 658.421
                          CDU: 005.342

Meri Gleice Rodrigues de Souza - Bibliotecária - CRB-7/6439

Todos os direitos reservados, no Brasil, por
GMT Editores Ltda.
Rua Voluntários da Pátria, 45 – 14º andar – Botafogo
22270-000 – Rio de Janeiro – RJ
Tel.: (21) 2538-4100
E-mail: atendimento@sextante.com.br
www.sextante.com.br

Dedicado a todos que acompanham o podcast e o canal do YouTube The Diary of a CEO*!*

Obrigado por nos permitir viver o maior sonho que nunca tivemos.

SUMÁRIO

Introdução: Quem sou eu para escrever este livro? 9

PILAR 1: O EU

Lei 1: Encha seus cinco baldes na ordem correta 15
Lei 2: Para se tornar mestre, crie a obrigação de ensinar 22
Lei 3: Nunca discorde 29
Lei 4: Você não escolhe aquilo em que acredita 34
Lei 5: Considere comportamentos que pareçam bizarros 46
Lei 6: Pergunte em vez de mandar: o Efeito Pergunta/Atitude 56
Lei 7: Nunca faça concessões em sua história pessoal 63
Lei 8: Nunca lute contra os maus hábitos 74
Lei 9: Sempre priorize seu maior alicerce 83

PILAR 2: A HISTÓRIA

Lei 10: O inútil e o absurdo definem você melhor que o útil e o prático 91
Lei 11: Fuja a todo custo do "pano de fundo" 99
Lei 12: É preciso deixar as pessoas com raiva 113
Lei 13: Priorize sua missão lunar psicológica 117

Lei 14: O atrito pode gerar valor — 128

Lei 15: A moldura é mais importante que o quadro — 133

Lei 16: Use Cachinhos Dourados a seu favor — 139

Lei 17: Se deixar provar, o cliente vai comprar — 144

Lei 18: Lute pelos primeiros cinco segundos — 151

PILAR 3: A FILOSOFIA

Lei 19: Sue a camisa ao se dedicar aos detalhes — 161

Lei 20: O pequeno desvio de hoje é o grande desvio de amanhã — 175

Lei 21: Fracasse mais do que a concorrência — 180

Lei 22: Pense apenas no Plano A — 196

Lei 23: Não banque o avestruz — 203

Lei 24: Considere a pressão um privilégio — 212

Lei 25: O poder da manifestação negativa — 221

Lei 26: O que vale é o contexto, não as competências — 232

Lei 27: A equação da disciplina: a morte, o tempo e a disciplina! — 240

PILAR 4: A EQUIPE

Lei 28: Pergunte "quem?", não "como?" — 255

Lei 29: Crie uma mentalidade de seita — 260

Lei 30: Os três parâmetros para montar grandes equipes — 269

Lei 31: Alavanque o poder do progresso — 277

Lei 32: Seja um líder inconstante — 287

Lei 33: O aprendizado nunca termina — 295

Referências — 296

Agradecimentos — 319

INTRODUÇÃO

QUEM SOU EU PARA ESCREVER ESTE LIVRO?

Já fundei, cofundei, fui CEO e membro do conselho de quatro empresas líderes em seus respectivos setores, que, no auge, foram avaliadas em mais de 1 bilhão de dólares, no total.

Também sou o fundador da Flight Story, uma agência de marketing inovador; da thirdweb, uma empresa de software; e de um fundo de investimentos chamado Flight Fund.

Minhas empresas geraram empregos em todos os cantos do mundo. Arrecadei mais de 100 milhões de dólares em investimentos para esses negócios.

Já investi em mais de quarenta empresas. Faço parte do conselho de quatro delas, duas das quais atualmente estão na vanguarda de seus respectivos setores. E só tenho 30 anos.

Como fundei dois grupos de marketing que chegaram à liderança em seus mercados, acabei passando grande parte de minha vida profissional falando sobre como fazer marketing e contar a própria história. Foram anos em salas de reuniões, aconselhando e trabalhando com presidentes, diretores de marketing e líderes de algumas das maiores marcas do mundo: Uber, Apple, Coca-Cola, Nike, Amazon, TikTok, Logitech, entre muitas outras.

Além disso, ao longo dos últimos quatro anos, conversei com muitas pessoas bem-sucedidas nos negócios, no esporte, no entretenimento e no mundo acadêmico. Disponho de 700 horas de entrevistas com autores, artistas, diretores de marketing, neurocientistas, atletas, CEOs e psicólogos.

Publiquei essas conversas em um podcast chamado *The Diary of a CEO* (O diário de um CEO), que logo se tornou um dos mais ouvidos na Europa e um dos principais podcasts de negócios nos Estados Unidos, na Irlanda, na Austrália e no Oriente Médio. De 2021 para 2022, sua audiência aumentou 825%.

Tive a sorte de vivenciar algumas situações singulares, e poucos anos atrás caiu a ficha de que eu tinha adquirido muitas informações preciosas e poderosas, às quais apenas algumas pessoas têm acesso. Também me dei conta de que, na essência de todo sucesso e fracasso que testemunhei, tanto em minha trajetória empreendedora quanto nas relatadas nas entrevistas que conduzi, há algumas regras que sobrevivem ao teste do tempo, aplicam-se a qualquer setor econômico e podem ser utilizadas por qualquer pessoa.

Este não é um livro de estratégia de negócios. Estratégias mudam de um ano para o outro. Este livro é sobre algo permanente: as leis fundamentais e atemporais da realização de algo grandioso e de como se tornar excepcional.

Elas são baseadas na psicologia, na ciência e em séculos de pesquisa, e para validá-las consultei profissionais de todas as faixas etárias e profissões.

✯ ✯ ✯

A estrutura deste livro se baseia em cinco crenças centrais:

1. A maioria dos livros é maior do que precisaria ser.
2. A maioria dos livros é mais complicada do que precisaria ser.
3. Uma imagem vale mais que mil palavras.
4. Histórias são mais poderosas do que números, mas ambos são importantes.
5. Nuances existem e a verdade, em geral, se encontra mais no meio do que nos extremos.

Para resumir, este livro busca incorporar uma frase atribuída a Einstein:

"Tudo deve ser o mais simples possível, mas não simples demais."

Para mim, isso significa proporcionar a verdade fundamental e a compreensão de cada lei, no número exato de palavras necessário (nem mais, nem menos), utilizando imagens poderosas e histórias incríveis para esclarecer os pontos mais relevantes.

✭ OS QUATRO PILARES DA EXCELÊNCIA

Tornar-se grandioso e realizar coisas grandiosas exige o domínio do que eu chamo de "quatro pilares da excelência".

PILAR 1: O EU
Como afirmou Leonardo da Vinci: "Não se pode ter menor ou maior domínio do que o domínio de si mesmo; você jamais terá um domínio maior ou menor do que sobre si próprio; a medida de seu sucesso é o domínio de si próprio, e a do seu fracasso é o abandono de si mesmo. Aqueles incapazes de estabelecer domínio sobre eles próprios jamais terão domínio sobre os outros."

Este pilar é sobre você. Sua autoconsciência, seu autocontrole, seu autocuidado, sua conduta, sua autoestima e sua autonarrativa. O "eu" é a única coisa que podemos controlar; dominá-lo, o que não é uma tarefa fácil, é dominar seu mundo inteiro.

PILAR 2: A HISTÓRIA
Tudo que aparece no seu caminho é humano. A ciência, a psicologia e a história mostraram que não existe gráfico, estatística ou informação com mais probabilidade de influenciar positivamente seres humanos do que uma história incrível.

As histórias são a arma mais poderosa que um líder pode ostentar – são a moeda corrente da humanidade. Aqueles que as contam de um jeito cativante, inspirador e emocionante dominam o mundo.

Este pilar é sobre a contação de histórias e sobre como tirar proveito dela para convencer os seres humanos a seguir você, a comprar de você, a acreditar em você, a confiar em você, a clicar, agir, ouvir você e compreender você.

PILAR 3: A FILOSOFIA

No mundo dos negócios, do esporte ou acadêmico, a melhor forma de saber como alguém vai se comportar é conhecendo a sua filosofia.

Este pilar é sobre as filosofias pessoais e profissionais de indivíduos excepcionais, e sobre como essas concepções resultam em comportamentos que levam à excelência. Sua filosofia é o conjunto de crenças, valores ou princípios fundamentais que orientam seu comportamento e sustentam seus atos.

PILAR 4: A EQUIPE

Essencialmente, uma empresa, um projeto ou uma organização nada mais é que um grupo de indivíduos. Tudo que uma organização produz, seja bom ou ruim, tem origem na mente deles. O fator de sucesso mais importante no seu trabalho são as pessoas com quem você escolhe trabalhar.

Nunca vi ninguém criar uma grande empresa ou um projeto, ou mesmo alcançar a excelência, sem o apoio de outras pessoas.

Este pilar é sobre como reunir e extrair o máximo das pessoas ao seu redor. Não basta juntar um grupo; para que ele se torne uma equipe verdadeiramente grandiosa, é necessário contar com os profissionais certos, unidos pela cultura certa. Quando há grandes pessoas unidas por uma grande cultura, a equipe como um todo se torna maior do que a soma de suas partes. Quando $1 + 1 = 3$, grandes coisas acontecem.

PILAR 1
O EU

LEI 1
ENCHA SEUS CINCO BALDES NA ORDEM CORRETA

Esta lei explica o que são os cinco baldes que determinam o potencial humano e, principalmente, em qual ordem você precisa enchê-los.

Meu amigo David estava no jardim, tomando seu café expresso de toda manhã. De repente, um homem suado, bufando, com expressão confusa, usando uma roupa de ginástica desgastada, aproximou-se correndo devagar.

O homem diminuiu o ritmo e, enquanto tentava recuperar o fôlego, cumprimentou meu amigo. Fez algum comentário bobo e sem sentido, morreu de rir dele e logo em seguida começou a falar sobre a nave espacial que estava construindo, os microchips que ia implantar no cérebro de macacos e a casa movida a inteligência artificial que ia inventar.

Instantes depois, ele se despediu de David e seguiu em seu trote moroso e suarento rua abaixo.

Aquele homem suado correndo era Elon Musk. O bilionário fundador da Tesla, da SpaceX, da Neuralink, da OpenAI, do PayPal, da Zip2 e da The Boring Company.

Antes que eu revelasse a identidade do corredor, você deve ter presumido, compreensivelmente, que ele tinha fugido de alguma instituição psiquiátrica da região ou que estivesse tendo alguma crise psicótica. Porém, depois de saber o nome dele, deve ter passado a considerar possíveis todas aquelas extraordinárias ambições.

Tão possíveis que, quando Elon relata ao mundo suas ambições, as pessoas lhe oferecem bilhões de dólares de investimento que seriam da herança dos filhos, abandonam o emprego e se mudam para trabalhar para ele e compram seus produtos na pré-venda, antes mesmo de terem sido criados.

Isso acontece porque Elon, assim como todas as pessoas que criam coisas verdadeiramente grandiosas, tem esses cinco baldes cheinhos.

A soma dos cinco baldes é a soma do potencial profissional de cada indivíduo. O nível de enchimento deles vai definir quão grandiosos e viáveis são seus sonhos para você e para aqueles que ficam sabendo deles.

Antes de realizar coisas extraordinárias, algumas pessoas passaram anos, às vezes décadas, enchendo esses cinco baldes. O indivíduo que já nasce com todos cheios tem o potencial necessário para mudar o mundo.

Quando estiver procurando emprego, escolhendo um livro para comprar ou decidindo qual sonho quer realizar, você precisa estar ciente de quanto seus baldes estão cheios.

⭐ OS CINCO BALDES

1. O que você sabe (seu conhecimento)
2. O que você consegue fazer (suas habilidades)
3. Quem você conhece (sua rede de contatos)
4. O que você possui (seus recursos)
5. O que pensam de você (sua reputação)

No começo da minha carreira, quando eu tinha 18 anos e tinha acabado de fundar uma startup, eu era assombrado por uma questão ética: dedicar meu tempo e minha energia na criação de uma empresa (algo que me deixaria rico) seria uma iniciativa mais nobre do que voltar para minha terra natal, na África, e investir meu tempo e minha energia para salvar uma única vida que fosse?

Essa dúvida me acompanhou por anos, até que um encontro fortuito em Nova York me trouxe o entendimento de que eu tanto precisava. Isso ocorreu em um evento organizado por Radhanath Swami, guru, monge e líder espiritual mundialmente famoso.

Espremido em um mar de seguidores de Swami, que olhavam hipnotizados e absorviam cada palavra em total silêncio de admiração, ouvi o guru dar a vez para perguntas da plateia.

Levantei a mão. Ele acenou para mim. Perguntei: "Criar uma empresa e ficar rico é uma iniciativa mais nobre do que voltar à África para tentar salvar vidas?"

O guru me fitou como se estivesse enxergando as profundezas da minha alma e, depois de uma longa pausa, sem piscar, proclamou: "Não se despeja nada de um balde vazio."

Quase uma década depois, nunca foi tão evidente o que o guru quis dizer. Ele mandou que eu enchesse os meus baldes, pois só assim eu conseguiria mudar o mundo para melhor, do jeito que eu desejasse.

Hoje, após fundar várias empresas, trabalhar com grandes organizações, gerenciar milhares de pessoas, ler muitos livros e passar 700 horas entrevistando pessoas bem-sucedidas, meus baldes estão cheios o suficiente. Por causa disso, possuo conhecimento, habilidades, rede de contatos, recursos e reputação para ajudar as pessoas, e é exatamente o que pretendo passar o resto da minha vida fazendo.

Os cinco baldes são interligados – encher um ajuda a encher outro – e, em geral, são preenchidos na seguinte ordem, da esquerda para a direita:

O que você sabe ⇨ O que você consegue fazer ⇨ Quem você conhece ⇨ O que você possui ⇨ O que pensam de você

Costumamos iniciar nossa vida profissional adquirindo **conhecimento** (na escola, na universidade, etc.), e quando aplicamos esse conhecimento nós desenvolvemos **habilidades**. Com conhecimento e habilidades, você se torna profissionalmente valioso para os outros, por isso sua **rede de contatos** aumenta. Como consequência, quando você possui conhecimento, habilidades e rede de contatos, seu acesso aos **recursos** também aumenta. E depois que você possui conhecimento, habilidades, uma boa rede de contatos e recursos, sem dúvida alguma você conquista **reputação**.

Tendo em mente esses cinco baldes e a interconexão entre eles, fica evidente que o investimento no primeiro (conhecimento) é o que traz mais retorno. Isso porque, quando esse conhecimento é aplicado (habilidade), torna-se inevitável um efeito cascata que vai preencher todos os baldes restantes.

Quando você assimila essa ideia, percebe que um emprego que lhe garante um pouquinho mais de dinheiro (recursos), mas lhe propicia bem menos conhecimento e menos habilidades, é um emprego que na verdade paga mal.

A força que costuma tolher nossa capacidade de agir dentro dessa lógica é o ego, que tem o poder de nos convencer a pular os dois primeiros baldes – nos levando a assumir um emprego apenas para ganhar mais dinheiro (balde 4) ou por um cargo, status ou reputação (balde 5), sem o conhecimento (balde 1) ou as habilidades (balde 2) para ter sucesso na função.

Quando sucumbimos a essa tentação, construímos nossa carreira sobre bases frágeis. Essas decisões de curto prazo – ser incapaz de adiar sua satisfação, ser paciente e investir primeiro nos dois primeiros baldes – acabam cobrando seu preço mais adiante.

Em 2017, Richard, um funcionário talentosíssimo de 21 anos, entrou na minha sala e disse que tinha uma notícia: ofereceram a ele o cargo de CEO de uma nova empresa de marketing, do outro lado do mundo, e ele queria pedir demissão – e ele estava crescendo na minha empresa – para aceitar o convite. Contou que o salário seria muito mais alto (quase o dobro do que eu pagava) e que ganharia um pacote de ações e a oportunidade de morar em Nova York – um salto enorme em relação ao vilarejo pacato onde ele tinha sido criado e, ao que tudo indicava, um degrau a mais em relação a Manchester, na Inglaterra, onde ficava a minha empresa.

Para ser sincero, não acreditei nele. Não entrava na minha cabeça que uma empresa séria pudesse oferecer um cargo tão importante a um profissional iniciante, sem experiência de gestão.

Mesmo assim, não comentei nada e garanti que lhe daríamos apoio em todo o processo de transição.

No fim das contas, eu estava enganado: Richard falou a verdade. A oferta de emprego existia mesmo, e um mês depois ele se tornou CEO da empresa, mudou-se para Nova York e começou uma vida nova, comandando uma equipe de mais de vinte pessoas.

Infelizmente, a história não termina aí. Como a vida viria a ensinar tanto a mim quanto a Richard, se você está em busca de resultados sustentáveis, de longo prazo, não pode pular os dois primeiros baldes – conhecimento e habilidades. Qualquer tentativa equivale a construir uma casa na areia.

Em um ano e meio, a antes promissora empresa que Richard assumira quebrou, perdeu os funcionários-chave, ficou sem dinheiro e acabou envolvida em polêmicas relacionadas às práticas de gestão. Richard ficou desempregado, longe de casa e à procura de um trabalho, mais modesto, na mesma área em que tinha trabalhado conosco.

Quando for decidir o rumo que tomará na vida, qual emprego aceitar ou onde investir seu tempo livre, lembre-se de que, quando aplicado (habilidade), conhecimento é poder. Sempre priorize encher os dois primeiros baldes, assim sua base terá a sustentabilidade de longo prazo de que você precisa para vencer, quaisquer que sejam as placas tectônicas que tremerem sob seus pés.

Chamo de "terremoto profissional" um acontecimento imprevisível que impacta a sua carreira de maneira adversa. Pode ser qualquer coisa: uma inovação tecnológica que causa uma ruptura na sua área, uma demissão ou, quando se é fundador, a própria falência da sua empresa.

Existem apenas dois baldes que um terremoto profissional não tem como esvaziar. Ele pode levar sua rede de contatos, seus recursos ou até impactar sua reputação, mas <u>nunca</u> conseguirá remover seu conhecimento nem suas habilidades.

Os dois primeiros baldes são a sua longevidade, sua base e o indicativo mais fiel do seu futuro.

⭐ A LEI: ENCHA SEUS CINCO BALDES NA ORDEM CORRETA

Conhecimento aplicado é habilidade. Quanto mais você puder ampliar e aplicar seu conhecimento, mais valor vai gerar no mundo. Esse valor voltará na forma de uma rede de contatos cada vez mais extensa, recursos em abundância e uma sólida reputação. Certifique-se de encher seus baldes na ordem correta.

Quem acumula ouro tem riqueza transitória.

Quem acumula conhecimento e habilidades tem riqueza para uma vida inteira.

A verdadeira prosperidade é aquilo que sabemos e aquilo que somos capazes de fazer.

O diário de um CEO

LEI 2

PARA SE TORNAR MESTRE, CRIE A OBRIGAÇÃO DE ENSINAR

Esta lei explica a técnica simples que grandes intelectuais, autores e filósofos utilizam para se tornarem mestres de seus ofícios, e como você pode utilizá-la para adquirir qualquer habilidade, dominar qualquer assunto e conquistar seu público.

✪ A HISTÓRIA

Era como se a população inteira do planeta Terra tivesse se reunido para assistir ao meu vexame no palco naquela noite. Na verdade, eram só meia dúzia de colegas da minha turma do ensino médio, os pais deles e alguns professores.

Eu tinha 14 anos e pediram que eu fizesse um breve discurso de encerramento no colégio. Quando subi ao palco, fez-se um silêncio de expectativa.

E lá estava eu, paralisado e aterrorizado, durante um dos minutos mais longos da minha vida, olhando para o pedaço de papel que tremia nas minhas mãos suadas e nervosas, prestes a me urinar, sofrendo do tão famoso "medo de falar em público".

O papel com o roteiro balançava tanto que eu não conseguia nem ler. No fim, jorrei alguns comentários improvisados, banais e sem sentido antes de sair correndo porta afora, como se um pelotão de fuzilamento estivesse me perseguindo.

Avance mais de uma década a partir desse dia traumatizante. Hoje me apresento cinquenta semanas por ano, em todos os cantos do planeta: abrindo a palestra de Barack Obama, em um evento para milhares de pessoas em São Paulo, em estádios lotados em Barcelona, em turnê pelo Reino Unido, e em festivais, de Kiev ao Texas, passando por Milão.

✬ A EXPLICAÇÃO

Comecei como um palestrante desastroso e hoje divido palco com grandes oradores. Atribuo essa transformação a uma lei simples.

Ela é responsável não apenas pela minha compostura e pelo meu desempenho no palco (habilidades), como também é o motivo pelo qual tenho algo interessante a compartilhar quando estou sob os holofotes (conhecimento):

Eu criei uma obrigação de ensinar.

> O saudoso líder espiritual Yogi Bhajan disse certa vez: "Se quiser aprender alguma coisa, leia a respeito. Se quiser entender alguma coisa, escreva a respeito. Se quiser dominar alguma coisa, <u>ensine a respeito</u>."

Aos 21 anos, prometi a mim mesmo que todos os dias, às sete da manhã, publicaria um tuíte ou faria um vídeo explicando uma ideia simples e, às oito, postaria em outra rede social.

De todas as coisas que fiz na vida para aprofundar meu conhecimento e minhas habilidades – para encher meus dois primeiros baldes –, essa é a que fez mais diferença. Não exagero ao dizer que mudou por completo a trajetória da minha vida, portanto é o conselho que dou com mais veemência a qualquer um que queira se aprimorar como pensador, palestrante, escritor ou criador de conteúdo.

O fator crucial aqui é que eu tornei o aprendizado – e, em seguida, a redação/gravação e o compartilhamento – uma obrigação diária, não apenas um interesse.

✭ ARRISCANDO A PRÓPRIA PELE

Assim que criei essa obrigação, passei a receber um retorno na forma de comentários dos meus seguidores e métricas das redes sociais. Isso me ajudou a melhorar, o que, por sua vez, criou uma comunidade que me seguia unicamente por conta dessa ideia. Isso começou com algumas dezenas de seguidores, e quase 10 anos depois esse número está chegando perto de 10 milhões, somando-se os vários canais.

A partir da primeira ideia que compartilhei, estabeleci comigo mesmo um "contrato social" – ou melhor, uma obrigação social em relação às pessoas que me seguiam especificamente por conta dessa ideia –, o que me motivou a continuar postando. Além disso, caso eu parasse, perderia duas coisas: a atenção delas e a minha reputação.

Ter algo a perder está no cerne de uma obrigação e muitas vezes é uma questão de arriscar a própria pele.

Arriscar a própria pele é uma importante ferramenta a ser usada, caso você queira acelerar sua curva de aprendizado. Cria um incentivo psicológico mais profundo para que você mantenha determinado hábito. A "pele" pode ser qualquer coisa, de dinheiro a compromisso público.

Quer aprender mais sobre uma empresa específica? Compre algumas ações dela. Quer aprender mais sobre a Web 3.0? Compre um NFT. Quer ser mais assíduo na academia? Crie um grupo de WhatsApp com os amigos, onde vocês podem compartilhar todos os dias os respectivos treinos. Nos três exemplos, não há nem dinheiro nem reputação em jogo.

"Arriscar a própria pele" funciona porque, em estudos realizados no mundo inteiro, comprovou-se que o comportamento humano é influenciado de maneira mais forte pela motivação para evitar perdas do que pela busca do ganho, algo que os cientistas chamam de "aversão à perda".

Dê a si mesmo algo a perder.

✭ A TÉCNICA FEYNMAN ADAPTADA

Portanto, **caso queira dominar algum tema, fale sobre o assunto em público e com frequência.** Publicar suas ideias força você a estar sempre aprendendo e a escrever com mais clareza. Publicar um vídeo força você a melhorar sua retórica e a articular seus pensamentos. Compartilhar suas ideias no palco ensina você a prender a atenção da plateia e a contar histórias de um jeito cativante. Em qualquer área da vida, fazer algo em público e criar uma obrigação força você a realizar aquilo de forma constante, o que o levará à maestria.

Um dos fatores importantes da minha obrigação era ter que sintetizar qualquer ideia em 140 caracteres, para que coubesse em um tuíte.

Ser capaz de <u>simplificar uma ideia</u> e <u>compartilhá-la</u> é o caminho para compreendê-la e a prova de que você a domina. Escondemos nossa incompreensão no uso de mais palavras, de palavras mais rebuscadas e de palavras menos relevantes.

Esse desafio de simplificar uma ideia ganhou o nome de técnica Feynman, em homenagem ao renomado cientista americano Richard Feynman. Ele foi agraciado com o Prêmio Nobel, em 1965, por seu trabalho revolucionário sobre a eletrodinâmica quântica. Ele tinha o dom de explicar as coisas mais complexas em uma linguagem simples, que até uma criança era capaz de entender.

"Não consegui simplificar a ponto de ficar compreensível para um calouro. Isso significa que ainda não compreendi de verdade."
Richard Feynman

Essa técnica é uma poderosa ferramenta mental de desenvolvimento pessoal. Exige que você elimine complexidades desnecessárias, resuma um conceito à sua essência mais pura e desenvolva uma compreensão rica e aprofundada de qualquer assunto que pretenda dominar.

Conheça alguns de seus passos fundamentais, que simplifiquei e atualizei com base em minha experiência de aprendizado:

PASSO 1: APRENDA

Primeiro, você precisa identificar o tema que quer compreender, pesquisar detalhadamente a respeito e dominá-lo.

PASSO 2: SIMPLIFIQUE
Nesse ponto, você precisa colocar a ideia no papel como se fosse apresentá-la para uma criança. Utilize um vocabulário descomplicado, menos palavras e conceitos simples.

PASSO 3: COMPARTILHE
Transmita sua ideia. Poste na internet, compartilhe no palco ou mesmo à mesa do jantar. Escolha o meio em que você possa receber um feedback direto.

PASSO 4: REVISE
Analise o feedback: será que o público entendeu suas ideias? Depois da sua explicação, as pessoas conseguiriam explicar a mesma coisa a você? Em caso negativo, volte ao primeiro passo. Em caso positivo, siga em frente.

✫ ✫ ✫

Se fizermos uma análise histórica, notaremos que desde grandes autores modernos, como James Clear, Malcolm Gladwell ou Simon Sinek, que escrevem posts e criam vídeos para as redes sociais, até filósofos da Antiguidade, como Aristóteles, Platão e Confúcio, que escreviam em rolos de papiro e discursavam em anfiteatros, seguem esta lei fundamental: criaram uma obrigação de ensinar, tornando-se mestres tanto do conhecimento quanto da oratória.

De uma lista da revista *Prospect* com os 100 maiores intelectuais da atualidade, todos os nomes obedeciam a essa lei.

Em algum momento da vida, proposital ou acidentalmente, eles criaram uma obrigação de pensar, escrever e compartilhar suas ideias de forma constante.

"Em uma sala de aula, quem aprende mais é o professor."
James Clear

⭐ A LEI: PARA SE TORNAR MESTRE, CRIE A OBRIGAÇÃO DE ENSINAR

Aprenda mais, simplifique mais e compartilhe mais. Sua constância vai fazê-lo progredir, o feedback vai ajudá-lo a aprimorar suas habilidades e obedecer a esta lei levará você à maestria.

Você não se torna mestre quando consegue reter conhecimento.

Você se torna mestre quando consegue transmiti-lo.

O diário de um CEO

LEI 3
NUNCA DISCORDE

Esta lei vai fazer de você um mestre em se comunicar, negociar, resolver conflitos, ganhar discussões, ser ouvido e mudar a opinião das pessoas. Também explica por que a maioria das suas discussões acaba não tendo utilidade.

✸ A HISTÓRIA

Durante a maior parte da minha infância, minha mãe gritava furiosa com meu pai, enquanto ele continuava sentado vendo TV, dando a impressão de ignorar completamente a presença dela. Eu nunca tinha visto algo assim e nunca mais ouvi nada como aqueles gritos.

Às vezes ela ficava nisso por umas cinco ou seis horas, repetindo as mesmas palavras, sem diminuir o volume ou a fúria. De vez em quando, meu pai tentava retrucar, mas, quando inevitavelmente fracassava, voltava a ignorá-la, se refugiava em outro cômodo da casa, trancava-se no quarto ou ia para dentro do carro.

Demorei vinte anos para notar que eu replicava exatamente essa estratégia de resolução de conflitos. Foi às duas da manhã, deitado na cama enquanto minha namorada irritada me atormentava sobre uma situação que a tinha incomodado. Soltei um "Discordo" e tentei apresentar um contra-argumento convincente. Nem preciso dizer que não deu certo. Como se eu tivesse jogado óleo na fogueira, ela passou a gritar ainda mais alto, repetindo o mesmo ponto de vista, usando exatamente as mesmas palavras.

Por fim, eu me levantei para ir embora, mas ela foi atrás de mim. Por isso, fui para dentro do closet, onde fiquei até quase cinco da manhã, com ela berrando do outro lado da porta – sobre o mesmo assunto, com as mesmas palavras, como um disco arranhado –, sem diminuir o volume ou a fúria.

Como você pode imaginar, o relacionamento terminou e hoje ela é minha ex-namorada.

✸ A EXPLICAÇÃO

A verdade é que, em todo conflito – seja na vida profissional, amorosa ou platônica –, a comunicação é ao mesmo tempo o problema e a solução.

O que determina se um relacionamento vai continuar saudável é o fato de cada conflito tornar a relação mais forte ou mais frágil.

> **Conflitos saudáveis fortalecem os relacionamentos, porque as partes estão <u>lutando contra um problema</u>; conflitos nocivos os enfraquecem, porque as partes estão <u>lutando uma contra a outra</u>.**

Fui conversar com Tali Sharot, professora de neurociência cognitiva na University College de Londres e no MIT, para saber o que a ciência do cérebro ensina sobre as leis da comunicação eficaz. O que ela me contou mudou de uma vez por todas minha vida pessoal, meus relacionamentos amorosos e minhas negociações profissionais.

O estudo de Sharot e sua equipe, publicado na revista *Nature Neuroscience*, registrou a atividade cerebral de voluntários durante discussões, para descobrir o que acontecia na mente deles.

A experiência consistia em pedir a 42 pessoas, agrupadas em pares, que fizessem uma avaliação financeira. Cada dupla ficava deitada, separada por uma parede de vidro, em um equipamento que captava imagens do cérebro. Os pesquisadores lhes mostraram fotos de imóveis e pediram a cada um, dentro dos pares, que desse um palpite sobre qual seria o preço e mensurasse a chance de acerto da própria avaliação. Os voluntários podiam ver a avaliação do parceiro em uma tela.

Quando dois parceiros indicavam o mesmo preço, a avaliação que faziam sobre a chance de acertar era maior, e os cientistas que estavam monitorando a atividade cerebral viam os cérebros "se acenderem", indicando uma maior receptividade e abertura cognitiva. No entanto, quando discordavam, o cérebro deles ficava paralisado e apagado, o que os levava a se "desligarem" da opinião do outro, dando-lhe menos valor.

As conclusões de Sharot lançaram luz sobre certas tendências recentes relacionadas a áreas controversas do discurso político. Um exemplo são as mudanças climáticas: embora na última década os cientistas tenham apresentado inúmeras evidências irrefutáveis de que essas transformações são consequência da atividade do ser humano, uma pesquisa realizada pelo Pew Research Center mostrou que o número de eleitores do Partido Republicano, nos Estados Unidos, que acreditam nas evidências científicas *diminuiu* nesse mesmo período. É evidente que argumentar insistentemente, quaisquer que sejam as evidências, não funciona.

Eis, portanto, o que precisa ser feito, se quisermos ampliar nossas chances de ser ouvidos por alguém que pensa diferente. Segundo Sharot, **se você quiser manter o cérebro de alguém aceso e receptivo ao seu ponto de vista, não inicie sua resposta demonstrando discordância**.

Quando discordar de algo, evite o impulso emocional de iniciar sua resposta com "Eu discordo" ou "Você está enganado". Em vez disso, inicie sua refutação com um ponto em que concordam e as partes do argumento do interlocutor que você tenha conseguido entender.

A força de qualquer argumento lógico fruto de um raciocínio cuidadoso pode não ser reconhecida quando se começa discordando — por mais que você disponha de evidências ou esteja com a razão.

Quando começa por um ponto de concordância, você aumenta a chance de que a força dos seus argumentos, a precisão da sua lógica e o peso das evidências sejam considerados.

Essa terceira lei – nunca discordar – é uma habilidade crucial que permitirá que você se torne eficiente como negociador, palestrante, vendedor, líder empresarial, escritor... e parceiro amoroso.

Quando entrevistei Julian Treasure, coach de palestrantes e de comunicação cujo TED Talk alcançou 100 milhões de visualizações, e Paul Brunson, especialista em relacionamentos e formação de casais, apelidado de Love Doctor (médico do amor), ambos explicaram que, para se tornar um grande comunicador, interlocutor ou parceiro, é necessário começar ouvindo, para que o outro se sinta "ouvido", e em seguida certificar-se de responder de um jeito que o faça se sentir "compreendido".

Os estudos de Tali Sharot baseados na neurociência oferecem evidências científicas claras, mostrando que esse método de fazer o indivíduo se sentir "ouvido e compreendido" é fundamental para mudar a opinião dele. Não surpreende que as pessoas com mais probabilidade de mudar nossa opinião sejam aquelas com quem concordamos em 98% dos assuntos – temos a sensação de que elas nos compreendem, por isso ficamos mais dispostos a ouvi-las.

✯ A LEI: NUNCA DISCORDE

Em meio a uma negociação, um debate ou uma discussão acalorada, tente se lembrar de que a chave para mudar a opinião de alguém é encontrar uma crença em comum, que mantenha o cérebro do outro aberto ao seu ponto de vista.

Nossas palavras precisam ser pontes para a compreensão, não barreiras à conexão.

Discorde menos, entenda mais.

O diário de um CEO

LEI 4
VOCÊ NÃO ESCOLHE AQUILO EM QUE ACREDITA

Esta lei ensina a mudar qualquer crença – seja em si mesmo, nos outros ou em relação ao mundo – e, ao mesmo tempo, mostra como mudar crenças inflexíveis dos outros.

Pense em alguém que você ama incondicionalmente: sua mãe, seu pai, seu parceiro amoroso, seu cão – alguém (ou um animal) que seja muito importante na sua vida.

Agora imagine essa pessoa amarrada a uma cadeira, ao lado de um terrorista com uma arma apontada para a cabeça dela.

Imagine então esse terrorista dizendo: "Se você não acreditar que eu sou Jesus Cristo, vou puxar o gatilho e matá-la!"

O que você faria?

A verdade é que o máximo que daria para fazer seria dizer ao terrorista que você acredita que ele é Jesus Cristo, na esperança de que seu ente querido fosse poupado. Porém, você não teria como se obrigar a acreditar naquilo.

Esse experimento hipotético indica um questionamento profundo e polêmico sobre a real natureza de nossas crenças. Na cena narrada, mesmo quando algo tão importante está em jogo, você não consegue acreditar em algo em que não acredita. Então, o que o faz pensar que é capaz de "escolher" qualquer uma das suas crenças?

Para investigar mais a fundo, conduzi uma pesquisa com mil pessoas, fazendo a seguinte pergunta: "Você acha que escolhe suas crenças?" O incrível foi que 857 delas (85,7%) disseram que sim.

Quando perguntei a essas pessoas se elas eram capazes de acreditar genuinamente que um terrorista com uma arma apontada para a cabeça de um ente querido era Jesus Cristo, se isso pudesse salvar a vida desse familiar, 98% das pessoas admitiram que não teriam como adotar essa crença – o máximo que poderiam fazer seria mentir.

Você não escolheu nenhuma das crenças fundamentais que tem a respeito de si, dos outros e do mundo.

Quando escutam isso, as pessoas costumam ter uma reação visceralmente negativa, porque soa "desempoderador", um atentado ao próprio senso de livre-arbítrio, controle e independência. Se não temos como escolher uma crença, como é que podemos *mudar* uma crença? Isso significa que estamos fadados a ter para sempre as mesmas crenças sobre o mundo, os outros e sobre nós mesmos?

Felizmente, não.

Sua vida é um tributo ao fato de que suas crenças mudam, sim, o tempo todo – e evoluem. Suponho que, por exemplo, você não acredite mais em Papai Noel.

A sociedade também está sempre mudando suas crenças, de forma cada vez mais rápida. No século XVIII, as pessoas achavam que fumar era saudável. Médicos sopravam fumaça de cigarro pelo ânus de pessoas afogadas, para tentar ressuscitá-las. No século XIX, acreditava-se que o orgasmo clitoriano era sinal de insanidade, e havia até tratamento para isso. E há menos tempo, nos anos 1970, as pessoas acreditavam que alienígenas nos enviavam mensagens em código em plantações do interior dos Estados Unidos. Acreditava-se que as fezes fossem a cura para tudo, de dor de cabeça a epilepsia.

Ainda bem que **crenças mudam**.

✮ ✮ ✮

Nosso cérebro consome uma grande quantidade de energia, e por isso, com a evolução, adotou estratégias para poupá-la. Como um de seus objetivos principais é fazer previsões, por meio da identificação de padrões e da elaboração de premissas com base nesses padrões, é necessário que isso seja feito da forma mais eficiente e no menor tempo possível. Crenças permitem que o cérebro faça essas previsões rapidamente.

Apegar-se a certas crenças é uma estratégia de sobrevivência útil para o ser humano, porque elas estimulam certos comportamentos. Foi graças a elas que seus ancestrais, que teimavam que os leões são perigosos, que o fogo queima e que é prudente evitar águas profundas, sobreviveram tempo suficiente para ter bebês que teriam a mesma teimosia.

Voltando ao exemplo do terrorista que aponta uma arma para a cabeça de seu ente querido e ameaça matá-lo: imagine que esse terrorista pegou um copo d'água e o transformou em vinho. Você mudaria sua crença em relação ao terrorista? Passaria a acreditar que aquele terrorista é Jesus Cristo?

Na minha pesquisa, 77% responderam que sim. Ao todo, 82% disseram que sua crença em relação ao terrorista mudaria – o ato de testemunhar alguém transformando água em vinho seria uma evidência forte o bastante para que o entrevistado mudasse de ideia.

Esse experimento hipotético e sua respectiva pesquisa revelam uma verdade básica sobre a natureza de todas as nossas crenças: as coisas em que você acredita se baseiam, fundamentalmente, em alguma forma de evidência primordial. No entanto, estudos científicos demonstram o tempo todo que na verdade não importa se as evidências são objetivamente verdadeiras ou falsas – nós aceitamos de maneira subjetiva que uma evidência é verdadeira com base em nossos vieses e experiências.

Existem 300 mil pessoas nos Estados Unidos que acreditam que a Terra é plana; em uma pesquisa recente, 21% dos americanos adultos afirmaram acreditar em Papai Noel; um número perturbador de pessoas acredita que o atual rei Charles III, da Inglaterra, é um vampiro; um em cada três americanos acredita que o Pé-Grande existe; e um em cada três escoceses acredita no monstro do lago Ness.

Para mudar essas crenças, não basta apenas dizer às pessoas que elas estão erradas, como vimos na Lei 3. Mostrar a um terraplanista uma imagem autêntica do planeta redondo também não é suficiente. E, apesar do que os coaches motivacionais possam dizer, uma pessoa que teve a autoestima destroçada aos 7 anos por valentões malvados no parquinho (carrego comigo fortes evidências disso) não vai simplesmente mudar suas crenças sobre si mesmo ou repetir frases motivacionais diante do espelho.

✮ VER PARA CRER

Não adianta mostrar a um terraplanista uma foto da Terra esférica, tirada pela Nasa, porque, para acreditarmos no que estamos vendo, precisamos acreditar não apenas na foto, mas na credibilidade da fonte: a Nasa. Os terraplanistas não acreditam em nenhuma das duas; acham que a Nasa é uma fraude, que os astronautas são atores e que a comunidade científica faz parte do complô.

No famoso livro *As armas da persuasão*, Robert Cialdini explica que, quando confiamos na autoridade de alguém em um assunto – quando Lionel Messi diz que as chuteiras da Adidas são melhores que as da Nike, quando um personal trainer diz que estamos levantando os halteres de forma incorreta ou quando um médico nos receita um remédio –, nossa tendência é nos curvar à sua autoridade, adotar sua crença e fazer o que eles dizem.

> "Para algumas de nossas crenças mais importantes, não dispomos de qualquer evidência, a não ser o fato de serem as mesmas de pessoas que amamos e nas quais confiamos. Considerando que sabemos muito pouco, a confiança que temos em nossas crenças é absurda... e essencial."
>
> **Daniel Kahneman, ganhador do Prêmio Nobel em 2002**

Figuras de autoridade são forças poderosas na mudança das crenças, mas a força mais potente é a **evidência em primeira mão captada por nossos cinco sentidos**. Como diz o ditado, é ver para crer. Como a comunidade terraplanista confia muito pouco na ciência, na astronomia e, no fim das contas, em qualquer fonte qualificada, a única forma concebível de quebrar uma crença tão fixa é enviá-los ao espaço para que deem uma olhada por conta própria.

A necessidade de ver evidências com os próprios olhos explica por que tantas teorias conspiratórias malucas resistem ao teste do tempo – por que algumas pessoas fazem pouco-caso das mudanças climáticas, acreditam que a Terra é plana e questionam a eficácia das vacinas, por exemplo. São coisas impossíveis de constatar por conta própria.

Da mesma forma, alguém que carece de confiança na própria capacidade oratória provavelmente não desenvolverá autoconfiança só porque a própria mãe diz que ele é um bom orador – é preciso adquirir evidências em primeira mão: falar em público e receber um retorno positivo de uma plateia imparcial e de confiança.

Acreditamos que nós mesmos e nossos próprios olhos são fontes confiáveis, o que torna importante para os cientistas envolverem os cinco sentidos, tornando suas descobertas acessíveis a todos. Com esse princípio em mente, divulgadores científicos sobre mudança climática passaram a tentar traduzir conceitos técnicos sobre a ocorrência e a velocidade desse fenômeno em "aulas localizadas", mostrando, por exemplo, o impacto na região onde vivemos, para que seja possível constatar por conta própria.

⭐ A CONFIANÇA NAS CRENÇAS EXISTENTES

Tali Sharot, que mencionei na lei anterior, passou anos pesquisando e realizando diversos estudos sobre os motivos por trás da existência das crenças, por que é tão difícil mudá-las e como mudá-las. Certa vez, perguntei a ela: "Como fazer para mudar uma crença nossa ou de outra pessoa?"

Ela me explicou que o cérebro analisa qualquer evidência nova junto às evidências que já tem armazenadas. Portanto, se eu digo que vi um elefante cor-de-rosa voando, seu cérebro vai comparar essa nova evidência com as suas atuais (de que não existem elefantes rosa nem voadores) e provavelmente vai rejeitá-la.

No entanto, se eu contasse a uma criança de 3 anos que vi um elefante cor-de-rosa voando, provavelmente ela acreditaria em mim, porque ainda precisa formar crenças contrárias robustas em relação aos elefantes, à aerodinâmica e às leis da física.

Sharot afirma que existem quatro fatores determinantes para que uma nova evidência isolada mude uma crença atual:

1. As evidências atuais da pessoa.
2. A confiança dela nas próprias evidências atuais.

3. A nova evidência.
4. A confiança dela na nova evidência.

E, como aprendemos com o tão debatido "viés de confirmação", segundo o qual o ser humano tende a procurar, dar preferência e relembrar informações que confirmem ou apoiem suas crenças e seus valores atuais, quanto mais distante a nova evidência for de suas crenças atuais, menos provável é que ele mude seu modo de pensar.

✭ MUDAMOS DE IDEIA QUANDO PARECE UMA BOA NOTÍCIA

Tudo isso significa que é difícil mudar falsos conceitos muito arraigados, mas há uma exceção importante: quando a evidência contrária é exatamente aquilo que você quer ouvir, é muito mais provável que você mude de ideia. Por exemplo, em um estudo de 2011, os participantes foram informados de que os outros os consideravam muito mais atraentes do que os próprios se achavam. A partir daí, mudaram a percepção de si sem qualquer dificuldade. E, em um estudo de 2016 em que informaram às pessoas que seus genes indicavam uma resistência a doenças muito maior do que elas supunham, os envolvidos mais uma vez logo mudaram suas crenças.

E quanto à política? Em agosto de 2016, foi pedido a 900 eleitores norte-americanos que dessem um palpite sobre o resultado da eleição presidencial, colocando uma setinha em uma escala que ia de Hillary Clinton a Donald Trump. Ou seja, se você achasse que Hillary tinha muitas chances de ganhar, colocaria a seta bem perto do nome dela. Se achasse que as probabilidades eram iguais para ambos os lados, colocaria a seta no meio, e assim por diante. Antes disso, perguntou-se às pessoas: "Quem você quer que vença?" A partir das respostas, constatou-se que 50% queriam a vitória de Hillary e 50% a de Trump.

Quando foram questionadas sobre quem elas achavam que *venceria*, ambos os grupos de apoiadores colocaram a seta mais perto de Hillary. Em seguida, foi apresentada uma nova pesquisa, prevendo a vitória de Trump.

Então todos tiveram que responder de novo quem achavam que ia ganhar. Será que a nova pesquisa alterou os palpites dos participantes do estudo?

Sim. Mas alterou principalmente as previsões dos apoiadores de Trump – porque era exatamente o que eles queriam escutar. Eles ficaram maravilhados com a nova pesquisa e logo mudaram de opinião.

Não houve muitas mudanças entre os apoiadores de Hillary. Inclusive, houve até quem não soubesse da nova pesquisa.

⭐ NÃO ATAQUE CRENÇAS, INSPIRE NOVAS

Tali Sharot concluiu que, para mudar crenças, "o segredo é aceitar o funcionamento do cérebro, não lutar contra ele". No entanto, é isso que a maioria das pessoas não consegue fazer.

Não tente destruir ou argumentar contra as evidências atuais da pessoa; **em vez disso, foque em implantar evidências completamente novas,** certificando-se de ressaltar o impacto positivo que elas terão sobre esse indivíduo.

Um exemplo disso é a reação dos pais à informação de que a vacina tríplice viral causaria autismo, em um artigo científico de 1998 que veio a ser desmentido. À medida que essa teoria se espalhou, muitos pais passaram a se recusar a vacinar os filhos, mantendo-se fiéis às próprias crenças. Por fim, um grupo de cientistas conseguiu fazê-los mudar de ideia, não tentando destruir as crenças já existentes – o foco em momento algum foram essas crenças já existentes –, mas oferecendo aos pais novas informações sobre os efeitos altamente positivos da vacina – informação real sobre como ela impede que as crianças contraiam doenças fatais. E funcionou: os pais concordaram em vacinar os filhos.

⭐ UMA AUTOEXPLICAÇÃO DETALHADA PODE ENFRAQUECER QUALQUER CRENÇA

As pessoas não perdem a convicção nas próprias crenças quando você as ataca ou tenta convencê-las com números, e sim quando pede a elas que expliquem ou analisem os *detalhes* dessas crenças. Trata-se de uma técnica que os terapeutas comportamentais cognitivos conhecem bem.

A repórter Elizabeth Kolbert, da revista *The New Yorker*, descreveu um estudo realizado em Yale em que se pediu a universitários que avaliassem o grau de conhecimento em relação ao vaso sanitário da própria casa. Eles tiveram que redigir explicações detalhadas, passo a passo, do funcionamento desse item. Depois disso, pediu-se que avaliassem outra vez o próprio conhecimento. A crença na compreensão do funcionamento do vaso caiu de modo significativo.

Em um estudo parecido, realizado em 2012, perguntou-se às pessoas qual o seu posicionamento acerca de propostas políticas relacionadas à saúde pública. Kolbert conta: "Pediu-se aos participantes que avaliassem quanto concordavam ou discordavam de um tópico. Em seguida, eles foram instruídos a explicar, com o máximo de detalhes, os impactos da implementação de cada proposta. Nesse momento, a maioria das pessoas teve dificuldade." Quando foi solicitado que reavaliassem seus pontos de vista, a convicção nas próprias crenças caiu, e elas passaram a concordar ou discordar com menos veemência.

Pedir a alguém que explique os detalhes e a lógica que sustentam suas crenças arraigadas é um método extremamente poderoso de reduzir a convicção dessa pessoa. Isso funciona também para as crenças limitantes. Por exemplo, quando alguém está com baixa autoestima, pensando que não tem valor algum, pedir a esse indivíduo que explique detalhadamente por que se sente assim e, depois, que questione suas respostas, é uma forma eficaz de fazê-lo abandonar aquela crença.

✭ A ZONA DE CRESCIMENTO É ONDE EXISTEM NOVAS EVIDÊNCIAS

Como vimos na Lei 2, quando eu era mais novo lutava contra um terrível medo de falar em público, que, por sua vez, é causado por uma série de crenças limitantes. Ouvir de alguém que "tudo vai dar certo" não era suficiente para mudar minhas ideias preconcebidas, meu desempenho e a reação dos outros – minhas crenças eram absolutamente indissolúveis.

Eu perdi esse medo – a ponto de hoje eu me sentir 99,9% menos nervoso quando discurso para um ginásio lotado ou ao vivo na televisão – porque continuei a falar em público e a prática me deu evidências novas, positivas, que substituíram as que eu tinha em relação às minhas habilidades. Quanto mais eu subia ao palco para falar, mais autoconfiante me sentia, e, com isso, perdi a convicção na crença em minha incapacidade. O medo que ela gerava diminuiu bastante.

"Faça aquilo que você teme, e continue fazendo.
Esse é o jeito mais rápido e garantido de dominar o medo."
Dale Carnegie

Talvez essa seja a verdade mais importante sobre mudança de crenças e a forma de aumentar a crença de uma pessoa em si mesma: **crenças mudam quando você obtém evidências novas que contradizem** aquelas que você considera irrefutáveis.

Quando alguém tem uma crença limitante em relação a si próprio, a melhor maneira de mudar isso não é ler livros de autoajuda, recorrer a frases inspiradoras ou assistir a vídeos motivacionais, e sim **sair de sua zona de conforto** e encarar uma situação em que a crença limitante será enfrentada com novas evidências em primeira mão.

É assim que você muda até mesmo as crenças inflexíveis. Foi assim que deixei de ser um religioso ferrenho para me tornar agnóstico em um intervalo de doze meses, troquei a baixa autoestima por acreditar em mim mesmo na passagem da adolescência para a idade adulta e deixei de ser um orador aterrorizado para me transformar em alguém com uma autoconfiança inabalável em qualquer palco.

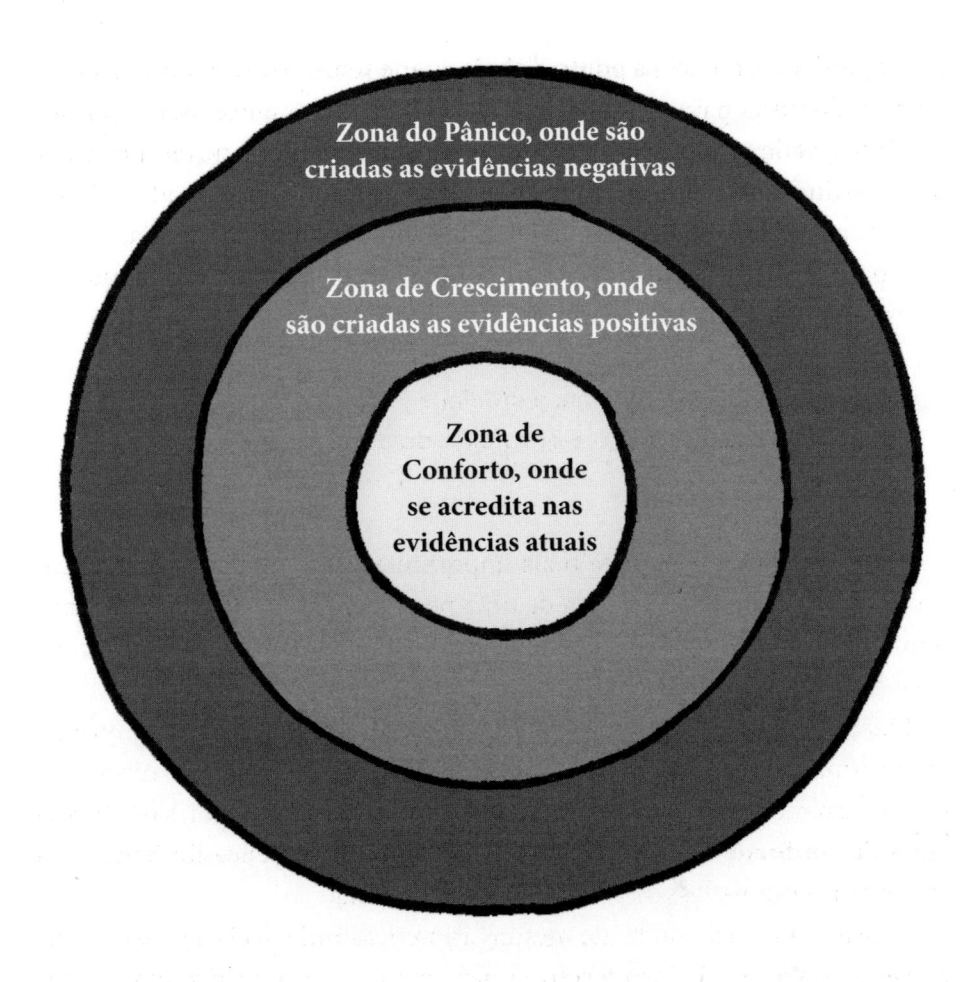

Zona do Pânico, onde são criadas as evidências negativas

Zona de Crescimento, onde são criadas as evidências positivas

Zona de Conforto, onde se acredita nas evidências atuais

✶ A LEI: VOCÊ NÃO ESCOLHE AQUILO EM QUE ACREDITA

As crenças podem ser maleáveis. Para mudá-las, é preciso que a pessoa tenha acesso a evidências novas, convincentes e provindas de uma fonte confiável. Se a fonte das novas evidências estiver de acordo com as crenças atuais, maior é a chance de a pessoa acreditar em sua validade. Evidências que oferecem desfechos positivos são as mais fáceis de acreditar. Se você se questionar a respeito da validade de cada uma das próprias crenças limitantes, detalhando-as, sua convicção nelas vai se enfraquecer. Se você quiser mudar a crença de alguém, não a ataque: faça com que a pessoa testemunhe novas evidências positivas, que vão ao mesmo tempo inspirá-la e combater os efeitos negativos de suas antigas crenças. Crenças limitantes e não contestadas são a maior barreira entre quem nós somos e quem nós poderíamos ser.

Pare de dizer a si mesmo que você não é qualificado, competente ou merecedor.

O crescimento acontece quando você começa a fazer aquilo para o qual não é qualificado.

O diário de um CEO

LEI 5

CONSIDERE COMPORTAMENTOS QUE PAREÇAM BIZARROS

Esta lei foi determinante para o sucesso de todas as empresas que já criei – ensina como estar na vanguarda do mundo em rápida transformação, como capitalizar mudanças e como evitar ficar para trás em qualquer revolução tecnológica.

✸ A HISTÓRIA

"As pessoas adoram música; é por isso que esta empresa nunca vai deixar de existir."

Foram as fatídicas palavras do ex-CEO de uma das maiores redes de lojas de CDs do mundo, enquanto, do balcão do segundo andar, observava o enorme movimento de uma das suas unidades.

Anos depois, a rede global faliu.

Ele tinha razão. As pessoas adoram música. Mas elas não adoram ter que gastar uma hora no trânsito e ainda precisar se acotovelar numa loja lotada para pegar um disco de plástico e entrar na fila para pagar.

O ex-CEO avaliou errado o que os consumidores queriam: eles queriam música, não CDs.

O iTunes, a plataforma de música digital criada pela Apple, surgiu em 2003 e permitiu a seus clientes (que antes compravam discos) que conseguissem o que desejavam – música – sem a parte inconveniente.

Gente que entende do assunto me contou que o CEO em questão desdenhava tanto da música digital que se recusava até a conversar com a diretoria de sua empresa sobre o surgimento desse tipo de formato ou a ameaça que ele representava.

Um de seus parceiros de negócios me disse que **ele não considerou**. Por não entender do assunto, achou que era um ambiente dominado pela pirataria e que não impactaria de maneira direta o gosto das pessoas por CDs.

Também acho que o escritor Clifford Stoll não considerou quando fez a seguinte previsão depreciativa em relação ao futuro da internet, publicada em fevereiro de 1995 na revista *Newsweek*:

> Fico incomodado com essa comunidade tão superestimada e que anda na moda. Visionários enxergam um futuro de trabalhadores remotos, bibliotecas interativas e salas de aula multimídia. Falam em comunidades virtuais e reuniões on-line. O comércio e os negócios vão ultrapassar as paredes dos escritórios e dos shopping centers e tomar as redes e os modems... Bobagem... A verdade é que nenhuma base de dados on-line vai tomar o lugar do seu jornal diário.

A *Newsweek* acabaria encerrando a publicação da revista impressa e transferindo seu modelo de negócios inteiramente para a internet.

Em 1903, o presidente de um grande banco definitivamente não considerou quando disse a Henry Ford, fundador da Ford Motor Company: "O cavalo veio para ficar, mas o automóvel é só uma novidade – uma moda passageira."

Em 1992, Andy Grove, CEO da Intel, disse: "A ideia de um comunicador pessoal em cada bolso é uma fantasia alimentada pela ganância."

E não restam dúvidas de que o ex-CEO da Microsoft Steve Ballmer se enquadrou no mesmo caso quando riu da Apple e afirmou: "Não há nenhuma chance de o iPhone conseguir qualquer fatia significativa do mercado."

Aos 19 anos, participei de uma reunião no belíssimo escritório londrino de uma grande marca de moda. Foi em 2012, quando as redes sociais tinham se popularizado entre os consumidores, mas as marcas haviam ficado para trás – como sempre parecem ficar em relação às novas tecnologias.

Naquele dia, minha missão era convencer o marketing da marca (o diretor do departamento, para ser mais exato) a levar as redes sociais mais a sério – a considerar –, tendo como objetivo específico a criação de perfis próprios da marca. Fracassei. Fui repreendido, ridicularizado e menosprezado. O diretor a quem eu estava vendendo a ideia ficou visivelmente assustado: "Então as pessoas vão poder comentar em nossos posts e nos criticar?", perguntou. "Não quero que a nossa marca viralize. Como é que vamos controlar isso? Publicidade em revistas vem dando certo para nós, e acho perigoso usar redes sociais." Ele encerrou a reunião no meio da minha apresentação e, nem preciso dizer, nunca mais me ligou.

Desde então, minha empresa só cresceu, e é provável que tenha se tornado a agência de marketing mais influente do setor.

A marca com a qual me reuni naquele dia pediu falência em 2019.

✦ A EXPLICAÇÃO

Não "considerar", na minha definição, não é estar "errado". É uma questão de ter uma certeza tão arrogante que você se recusa a escutar, aprender e prestar atenção em informações novas.

Esse sintoma é indicativo não apenas de arrogância. Infelizmente, muitas vezes é também de humanidade. A razão psicológica para tanta gente desconsiderar informações importantes, que podem ser inclusive cruciais, é um conceito muito estudado: **dissonância cognitiva**.

Termo cunhado pelo psicólogo americano Leon Festinger nos anos 1950, "dissonância cognitiva" é a tensão que você vivencia quando seus pensamentos entram em conflito com seu comportamento. Ser fumante, por exemplo, é um comportamento dissonante. É uma atividade que vai na contramão das evidências de que o fumo é extremamente nocivo. Para resolver essa tensão, o fumante pode parar de fumar ou encontrar uma forma de *justificar* o hábito. Podemos pensar em todas as desculpas, desde "Eu só fumo de vez em quando" até "Tem coisa muito pior que a gente faz com o corpo", passando por "Por que não posso ter a liberdade de fazer o que eu quero?".

Para Festinger, a dissonância cognitiva ajuda a explicar por que tanta gente vive a vida baseada em ideias ou valores contraditórios. Ela acaba nos impedindo de mudar de ideia quando deveríamos, mesmo quando isso poderia salvar nossa carreira, nosso emprego, nossa empresa ou nossa vida.

Pesquisas mostram que a dissonância cognitiva é mais prejudicial quando nos deparamos com fatos ou evidências que <u>desestabilizam ou entram em conflito com nossa visão de nós mesmos</u>, que <u>solapam nossa identidade</u> e autoconfiança ou que nos fazem sentir de alguma forma <u>sob ameaça</u>.

No mundo dos negócios, é provável que alguém muito apegado a uma ideologia não consiga a solução para um problema, pois o processo para alcançá-la muitas vezes exige humildade para abandonar a hipótese inicial e dar ouvidos àquilo que o mercado está dizendo.

✪ EU, ERRADO? NEM MORTO!

Declarar publicamente sua opinião sobre alguma coisa, como o CEO da Intel fez no caso dos celulares ou o CEO da Microsoft fez com o iPhone, é correr o risco de dar um tiro no pé, uma vez que, ao se comprometer com determinada crença, nosso cérebro luta incansavelmente para provar que temos razão, mesmo quando é evidente que estamos errados.

Pesquisas mostram o tempo todo que, assim que tomamos qualquer decisão – vou votar no partido X; vou comprar uma casa na região Y; acho que a covid-19 é grave; não, tenho certeza de que estão exagerando os riscos –, automaticamente começamos a justificá-la e a encontrar razões para sustentá-la. Qualquer dúvida inicial que tivermos logo vai desaparecer.

O psicólogo americano Elliot Aronson fez um célebre estudo sobre esse fenômeno. Reuniu um grupo de discussão composto de pessoas arrogantes e maçantes. Algumas delas passaram por um árduo processo de seleção; outras foram admitidas de imediato, sem realizar qualquer esforço. Aqueles que foram submetidos a todo o processo relataram gostar do grupo muito mais do que os que simplesmente foram convidados. Aronson explicou o que aconteceu: sempre que investimos tempo, dinheiro ou energia em alguma coisa, e essa coisa se revela uma absoluta perda de tempo, isto cria uma dissonância, que tentamos minimizar encontrando formas de justificar nossa decisão errada. De maneira inconsciente, os participantes de Aronson focaram naquilo que poderia ser interessante, ou pelo menos suportável, em fazer parte de um grupo que foi criado para ser chato. O grupo que investiu pouquíssimo esforço para participar tinha, portanto, menos dissonância para minimizar a situação e estava mais disposto a admitir que aquilo tinha sido uma enorme perda de tempo.

✪ NÃO DAMOS OUVIDOS AO OUTRO LADO

O diretor de marketing da marca de moda não foi o único a me menosprezar. Nos três primeiros anos da minha agência de marketing de redes sociais, fomos atacados, ridicularizados e criticados todos os dias.

Havia quem nos chamasse de "parasitas", declarasse que nosso negócio era uma "modinha" e previsse que iríamos "à falência em poucos meses". Lembro que precisei consolar minha cofundadora, Hannah Anderson, que ficou aos prantos em 2015, quando o *BuzzFeed News* escreveu um artigo atacando nosso caráter, nossas práticas e nossa credibilidade.

Como era de esperar, os ataques sempre vinham da mídia e do mundo do marketing "tradicionais": televisão, imprensa e rádio. Eles nos enxergavam como os incômodos "novatos". Um jornalista nos chamou de "hackers misteriosos das redes sociais" e outro escreveu que estávamos ganhando milhões com nossas "práticas publicitárias abaixo da crítica".

A verdade é que não estávamos fazendo nada de tão revolucionário. Eles apenas não conseguiam entender, e até certo ponto era ameaçador para o senso de identidade deles, como "um grupo de meninos de 20 e poucos anos de Manchester", segundo a descrição de um jornalista, estava tomando de assalto o mundo do marketing.

Quando não compreendemos alguém, alguma coisa, uma nova ideia ou tecnologia, e quando essa novidade desafia nossa identidade, nossa inteligência ou nosso sustento, em vez de ouvir e considerar – numa tentativa de reduzir nossa dissonância cognitiva –, o mais comum é desconsiderar e partir para o ataque. Isso pode até nos fazer bem, mas um avestruz com a cabeça enterrada no buraco corre mais risco de ser devorado.

Isso explica por que as mais importantes inovações receberam o maior número de críticas ao serem criadas: ameaçavam provocar uma ruptura do senso de identidade, da inteligência e da compreensão das pessoas. É por esse exato motivo que eu sempre acreditei que críticas veementes a uma tecnologia tendem a ser um indicador positivo de seu potencial, um sinal de que há algo que vale a pena considerar. Afinal, alguém está sob ameaça e uma inovação está por vir.

Foi por isso que considerei aquilo que hoje é chamado de Web 3.0, "tecnologia *blockchain*" ou "cripto", e fundei a thirdweb, uma empresa de software nessa área – porque todas as pessoas "certas" estavam depreciando, atacando ou se irritando com aquilo. Essa onda de pessimismo provocou em mim flashbacks de 2012, quando lancei uma empresa de Web 2.0 (redes sociais), o que me levou a rever meus conceitos e pesquisar por conta própria. Por trás de toda a desonestidade, ganância e miopia – comportamentos comuns quando surge uma nova tecnologia –, eu me deparei com uma revolução tecnológica oculta, no *blockchain*, que acredito ser capaz de tornar muitas atividades do cotidiano melhores, mais fáceis, rápidas e baratas. Na última rodada de investimentos, a thirdweb foi avaliada em 160 milhões de dólares, e hoje centenas de milhares de clientes utilizam nossas ferramentas.

Mesmo quando uma inovação não atrai uma enxurrada de críticos, é importante lembrar que ela provoca rupturas apenas por ser diferente. Por definição, ela deve parecer estranha, causar a impressão de não ser convencional, ser mal compreendida e soar errada, estúpida, imbecil ou até ilegal.

Sobre este assunto, entrevistei Rory Sutherland, uma lenda da publicidade, vice-presidente do grupo Ogilvy: "Na maioria das vezes, o que interessa às pessoas não é saber se uma ideia é prática, e sim se ela se encaixa nas ideias preconcebidas de uma convenção ou filosofia dominante. O novo coloca em questão egos, status, empregos e identidades."

Para onde quer que se olhe, há repulsa e dissonância cognitiva. Sempre que nos identificamos com uma ideologia, um político, um jornal, uma marca ou uma tecnologia, essa afinidade distorce as evidências que entram em conflito com ela. Quando acreditamos que alguém está "do outro lado", ocorre uma dissonância antes mesmo que algo seja dito.

⭐ COMO SE TORNAR UMA "PESSOA QUE CONSIDERA"

Segundo Michael Simmons, empreendedor da área de educação: "Uma pessoa que tem 40 anos hoje viverá uma velocidade de transformação quatro vezes maior em 2040, quando estiver na casa dos 60 anos, do que a que experencia agora. O que atualmente demora um ano para acontecer vai precisar de apenas três meses no futuro. Quando uma criança de 10 anos tiver 60, ela vai vivenciar em onze dias o que hoje levaria um ano para acontecer."

O impacto da velocidade extrema das transformações foi resumida por Ray Kurzweil, provavelmente o mais importante futurista do planeta: "Não vamos vivenciar anos de avanços tecnológicos no século XXI; vamos testemunhar o equivalente a 20 mil anos de progresso (medido pela taxa de progresso atual) ou mil vezes mais [a taxa de transformação] do que foi realizado no século XX."

<u>As mudanças vão acontecer cada vez mais rápido</u>, por isso prepare-se para um aumento da sensação de dissonância cognitiva: a sensação de que algo não está fazendo sentido e entra em conflito com o que você sabe.

Como discutido nas Leis 3 e 4, admitir que estamos errados – em vez de optar, por puro reflexo, pela autojustificativa ou pelo menosprezo – exige autorreflexão e, pelo menos durante algum tempo, dissonância.

Você não quer ser o empreendedor que vai deixar passar a próxima revolução tecnológica, não quer ser o diretor de marketing que vai menosprezar a próxima grande oportunidade da área, não quer ser o jornalista que vai fazer pouco-caso da próxima grande inovação da mídia. Você não quer ser a pessoa "que não deu a mínima". Se levarmos em conta a tal taxa de transformação acelerada, vão acontecer muitas coisas que você vai ter vontade de "desconsiderar".

Felizmente, podemos adotar algumas técnicas mentais e práticas para reduzir essa dissonância e a "desconsideração" que ela cria.

Uma delas é sempre acreditar que duas ideias que parecem conflitantes entre si podem ser válidas ao mesmo tempo. É uma técnica que Elliot Aronson e sua colega, a psicóloga social Carol Tavris, chamam de "Solução Shimon Peres". Peres, que foi primeiro-ministro de Israel, irritou-se quando o amigo Ronald Reagan, presidente dos Estados Unidos, fez uma visita oficial a um cemitério na Alemanha onde nazistas estavam enterrados.

Perguntaram a Peres como ele se sentia em relação à decisão de Reagan de visitar aquele local. Ele poderia ter optado por uma das duas formas de reduzir a dissonância:

1. Romper a amizade.
2. Fazer pouco-caso da visita de Reagan, considerando-a irrelevante.

Porém, Peres não recorreu a nenhuma dessas alternativas. Em vez disso, apenas disse: "Quando um amigo comete um erro, esse amigo continua sendo um amigo e esse erro continua sendo um erro."

Peres conseguiu "segurar" a dissonância, resistindo à tentação de forçar a barra para que as duas coisas fizessem totalmente sentido. É uma lição de como evitar reações causadas por reflexo. Em vez disso, aceita-se a sutileza e admite-se que duas coisas aparentemente conflitantes podem ser verdadeiras. Apesar de tudo que o acalorado tribalismo on-line possa deixar você tentado a acreditar, suas crenças mais importantes não precisam ser binárias. Pessoas que consideram conseguem enxergar mérito tanto no jeito antigo quanto no jeito novo, sem a compulsão de rejeitar ou condenar um dos dois.

Nas horas de dissonância, quando nos deparamos com ideias, inovações e informações que não compreendemos, que desafiam nossas ideias preconcebidas ou ameaçam nossa identidade (a Web 3.0, a inteligência artificial, a realidade virtual, as redes sociais, ideologias políticas e movimentos sociais opostos), o segredo é resistir à tentação do julgamento – que, em geral, é apenas uma tentativa de aliviar nossa dissonância cognitiva – e **considerar a ideia**, se aprofundar no assunto e fazer perguntas sinceras: por que acredito no que acredito? É possível que eu esteja enganado? Eu sei do que estou falando? Estou "desconsiderando" porque não consigo compreender? Estou apenas seguindo a linha de raciocínio do meu partido? Essa crença é minha mesmo ou é das pessoas que se parecem comigo?

Aqueles que possuem paciência e convicção para fazer esse exercício sem sombra de dúvida têm um grande futuro diante de si.

Aqueles que não têm vão continuar ficando para trás.

✭ A LEI: CONSIDERE COMPORTAMENTOS QUE PAREÇAM BIZARROS

Quando não entender, considere ainda mais. Quando algo desafiar sua inteligência, considere ainda mais. Quando se sentir um idiota, considere ainda mais. Não considerar vai deixá-lo para trás. Não bloqueie aqueles que discordam de você; siga-os. Não fuja de ideias que o deixam incomodado, corra na direção delas.

Não correr riscos é o maior risco que você corre.

Para chegar ao sucesso, é preciso correr o risco de fracassar.

Para amar, é preciso correr o risco de se decepcionar.

Para ser aplaudido, é preciso correr o risco de ser criticado.

Para realizar algo extraordinário, é preciso correr o risco de ser corriqueiro.

Se você viver evitando o risco, correrá o risco de deixar a vida passar.

O diário de um CEO

LEI 6

PERGUNTE EM VEZ DE MANDAR: O EFEITO PERGUNTA/ATITUDE

Esta lei revela uma das estratégias psicológicas mais simples e eficazes que você pode utilizar para motivar alguém a fazer alguma coisa, formar um hábito ou tomar uma atitude. Você pode utilizá-la consigo mesmo ou com outra pessoa.

Estamos no ano de 1980, nos Estados Unidos. Ronald Reagan é candidato à presidência contra Jimmy Carter, que tinha sido eleito em 1976. A situação econômica vai de mal a pior, e Reagan precisa convencer os eleitores de que é hora de tirar Carter da Casa Branca.

Na última semana da campanha presidencial, no dia 28 de outubro, os dois candidatos realizaram o primeiro e único debate na TV, e 80,6 milhões de espectadores os acompanharam – tornando aquele o debate mais assistido da história dos Estados Unidos até então.

Segundo as pesquisas, no dia da transmissão o presidente Carter estava oito pontos percentuais à frente de Reagan.

Reagan sabia que precisava usar o péssimo desempenho econômico do adversário contra ele, porém, em vez de seguir o que todo candidato à presidência antes dele tinha feito e apresentar esses fatos, ele optou por algo inovador, mas que passou a ser adotado a partir de então. Ele fez uma pergunta simples, mas lendária: "Você está melhor agora do que quatro anos atrás?" Ele também disse:

Na próxima terça-feira, todos vocês irão às urnas, farão fila nas seções eleitorais e vão tomar uma decisão. Acho que nessa hora o ideal seria perguntar a si mesmo: você está melhor agora do que estava quatro anos atrás? Está mais fácil comprar as coisas hoje do que há quatro anos? Há no país mais ou menos desemprego do que havia quatro anos atrás? Os Estados Unidos continuam sendo respeitados no mundo inteiro? (...) E se responder "sim" a todas essas perguntas, então acho que não há dúvidas sobre o candidato em quem você deve votar.

Uma enquete realizada pela ABC News logo depois do debate recebeu cerca de 650 mil respostas – e quase 70% dos espectadores disseram que Reagan tinha se saído melhor no debate. Sete dias depois, em 4 de novembro, Reagan derrotou Carter por 10 pontos de diferença, uma vitória esmagadora e histórica que o tornou o quadragésimo presidente dos Estados Unidos.

Foi só uma pergunta? Não, foi magia política respaldada pela ciência. Por quê? **Perguntas, ao contrário de afirmações, provocam uma resposta ativa, ou seja, fazem as pessoas pensarem.** É por isso que pesquisadores da Universidade do Estado de Ohio concluíram que, quando é evidente que os fatos estão do seu lado, perguntas tornam-se extremamente mais eficientes do que simples declarações.

✯ O PODER DO EFEITO PERGUNTA/ATITUDE

Todos nós assumimos compromissos que não conseguimos cumprir. Quantas vezes você disse "Este ano vou comer melhor" ou "Esta semana vou malhar todos os dias" e acabou não realizando o planejado? É óbvio que nossa intenção é fazer tudo, mas boas intenções não são suficientes para gerar mudanças significativas. Uma *pergunta* bem-feita, porém, pode bastar.

Depois de esquadrinhar mais de cem estudos que abarcam quarenta anos de pesquisas, uma equipe de cientistas de quatro universidades americanas descobriu que, quando se trata de influenciar o comportamento nosso ou o de outras pessoas, é melhor perguntar do que mandar.

David Sprott, um dos coautores da pesquisa da Universidade Estadual de Washington, afirma: "Quando você questiona uma pessoa sobre a tomada de uma atitude futura, a probabilidade de que essa atitude se concretize muda." Perguntas geram uma reação psicológica diferente da produzida por declarações.

Isto significa, por exemplo, que um cartaz com os dizeres "Recicle, por favor" tem uma efetividade muito menor do que "Você vai reciclar?". Dizer a si mesmo "Hoje eu vou comer verduras" funciona muito menos do que fazer a si mesmo a seguinte pergunta: "Hoje eu vou comer verduras?"

Surpreendentemente, os pesquisadores concluíram que transformar uma declaração em uma pergunta pode influenciar o comportamento da pessoa por até seis meses.

O Efeito Pergunta/Atitude é ainda mais poderoso quando a pergunta só pode ser respondida com sim ou não. Chega ao ápice com perguntas usadas para estimular atitudes que condizem com as ambições pessoais e sociais do destinatário (ou seja, quando responder "sim" o aproxima de quem ele quer ser).

Começar a pergunta com "você vai" sugere responsabilização e ação e intensifica ainda mais o Efeito Pergunta/Atitude do que começar o questionamento com palavras como "você pode" ou "você poderia", que dão a entender que a questão tem mais a ver com capacidade do que com ação. Essa construção também é mais forte do que uma que comece com "você faria", que é condicional e indica mais possibilidade do que probabilidade.

⭐ COMO USAR A DISSONÂNCIA COGNITIVA A SEU FAVOR

Na Lei 5, expliquei como o fenômeno da dissonância cognitiva pode ser prejudicial. Agora, vou mostrar como pode ser benéfico.

"Dissonância cognitiva" é o desconforto mental que você sente quando sua melhor versão – a pessoa que você quer ser – não corresponde à pessoa que você é no momento. Digamos que você seja aspirante a mestre de tai chi chuan e que um amigo lhe pergunte se você pratica todos os dias. Responder "não" criaria uma dissonância cognitiva, pois chamaria a atenção para uma incompatibilidade desconcertante entre quem você quer ser e quem você de fato é. Para se livrar desse descompasso, é provável que você responda sim. E, tendo feito isso, aumenta a probabilidade de sua aspiração se tornar realidade, porque a pergunta não apenas lhe lembrou de quem você quer ser, mas da trajetória necessária para se tornar essa pessoa, e você estabeleceu uma intenção de seguir essa trajetória – tudo sob a forma de uma curta mas poderosa pergunta.

Isso funciona com ainda mais eficiência quando se responde a uma pergunta "sim ou não" porque essas escolhas binárias não dão margem a justificativas e desculpas – duas coisas que nos permitem fugir da realidade de quem desejamos ser e do que precisamos fazer para chegar lá.

Caso tenha lido meu primeiro livro, você já sabe que minha maravilhosa assessora pessoal, Sophie, adora anunciar todas as semanas que vai voltar para a academia "na segunda que vem". Às vezes, quando tenho a ingenuidade e a credulidade de lhe perguntar se ela cumpriu o prometido, Sophie responde com uma justificativa longa e detalhada explicando por que não conseguiu, seguida de um novo anúncio de que na semana seguinte, com certeza, ela irá. Já faz oito anos que ela faz a mesma coisa.

A melhor coisa de uma pergunta "sim ou não" é que ela <u>não lhe dá nenhum espaço para enganar a si mesmo</u>. Ela força você a se comprometer, de um jeito ou de outro.

Portanto, se você começar a dar desculpas pelo seu comportamento ou quiser dar sermão em alguém sobre como deve agir, experimente fazer o seguinte: faça a si mesmo, ou à outra pessoa, uma pergunta simples que só possa ser respondida com "sim" ou "não". Funciona bem mesmo quando o questionamento é focado em uma área em que uma motivação a mais seria bem-vinda. "Vou à academia hoje?" "Peço comida saudável para o almoço?" Não dê espaço para explicações. Apenas "sim" ou "não". Recentemente, saí para dar uma corrida perto da casa da minha namorada, na cidade do Porto, em Portugal. É uma região conhecida pelas ladeiras íngremes, e conforme me aproximava de um morro ainda mais desafiador, tão íngreme que parecia quase vertical, o Efeito Pergunta/Atitude me salvou. Perguntei a mim mesmo: "Você vai continuar correndo até chegar ao alto da ladeira?" Respondi a mim mesmo: "Sim." Não tenho como explicar, mas por algum motivo aquilo me ajudou de verdade, e consegui chegar ao topo sem precisar parar no caminho. A resposta matou qualquer desculpa possível que eu poderia ter usado para interromper a corrida, criando uma promessa a mim mesmo que eu não queria descumprir.

Utilize o Efeito Pergunta/Atitude para ajudar os outros. Pergunte a um amigo ou à pessoa amada: "Você vai adotar uma dieta mais saudável?" ou "Você vai pedir para ser promovido?". Já foi provado inúmeras vezes que esse tipo de desafio gentil leva a mudanças significativas e duradouras e incentiva as pessoas a serem a melhor versão de si mesmas.

Use isso no trabalho. Se você for um garçom servindo uma mesa de clientes bem-humorados, em vez de dizer a eles "Espero que tenham gostado" ao tirar os pratos, pergunte "Que tal a comida?" bem na hora em que estiver entregando a conta, logo antes de eles decidirem quanto dar de gorjeta. Como nos ensinou o presidente Reagan, quando é evidente que os fatos estão do nosso lado, perguntas se tornam ferramentas extremamente poderosas para incentivar o comportamento que você deseja.

✬ A LEI: PERGUNTE EM VEZ DE MANDAR: O EFEITO PERGUNTA/ATITUDE

Caso queira criar um comportamento positivo, não faça afirmações: faça perguntas que exijam respostas binárias, "sim ou não". Essa postura aumenta a probabilidade de receber um "sim", se for algo que aproxime as pessoas daquilo que elas querem ser. Além disso, uma vez dito em voz alta, o "sim" possui mais chances de fazer com que o esperado se realize.

Faça perguntas sobre suas ações, e suas ações vão responder.

O diário de um CEO

LEI 7
NUNCA FAÇA CONCESSÕES EM SUA HISTÓRIA PESSOAL

Esta lei apresenta um conceito chamado "história pessoal"; mostra como sua história pessoal determina seu sucesso na vida e lhe oferece a estratégia secreta para escrever uma história pessoal melhor sobre si mesmo, de modo que você consiga realizar grandes ambições.

"Muita gente não sabe disso...", afirmou Chris Eubank Jr., inclinando-se ameaçadoramente para a frente na cadeira.

Chris Eubank Jr., campeão de boxe e filho da lenda Chris Eubank, pugilista do Hall da Fama, passou na minha casa para me dar uma entrevista para este livro.

Ele prosseguiu:

> (...) mas 80% do trabalho de um lutador é mental. A coragem, o instinto e a garra que você precisa ter para andar em meio a milhares de pessoas. E, enquanto você caminha, sabe que ao chegar ao ringue e subir aqueles degraus vai ter que tirar o roupão. O gongo vai soar e você vai ter que enfrentar alguém. Vai ter que se machucar e vai ter que machucar alguém, na frente de milhões que estarão assistindo no mundo inteiro. A maioria das pessoas no planeta não é capaz sequer de encarar apenas essa caminhada, que dirá a luta em si, que exige uma enorme força mental.

Eu: Você acha que é possível treinar alguém para ter essa resistência mental?

Eubank Jr.: Sim. Vi lutadores adquirirem essa força, que é mesmo necessária. No fim das contas, haverá momentos no treinamento, no *sparring* e com certeza na luta em que você vai se machucar de verdade. Em dado momento você vai questionar a si próprio. O que estou fazendo aqui? Eu vou ficar bem? Dá pra ganhar desse cara? Devo desistir? Devo achar uma saída? É coisa demais. Olha, todo lutador passa por isso.

Eu: Você já pensou seriamente em desistir no meio de uma luta?

(Longa pausa)

Eubank Jr.: Teve uma vez, sim. Foi em Cuba, eu nem era profissional ainda. Lá, os caras são uns animais. São monstros. Subi no ringue para uma sessão de *sparring* como outra qualquer e o peso-pesado que representou Cuba nos Jogos Olímpicos subiu os degraus e entrou no ringue. Achei que ele estava entrando ali para um *shadow boxing*, um aquecimento para a sessão de *sparring* com outro cara. Aí disseram: "Não, não, não, não, vocês é que vão fazer o *sparring*." Eu fiquei tipo: "Hã, ele tem o triplo do meu tamanho. Como assim?" E eles disseram: "Não, não, ele vai trabalhar com você, é só um *sparring* normal." Aí eu pensei: *Claro. Tudo bem. Vamos nessa.*

O gongo soou para o primeiro assalto e o cara veio com tudo correndo para cima de mim. Foram os piores socos que eu já levei. Pow-pow-pow. Eu me esquivava, saía da frente, dava voltas pelo ringue. Mas ele não parava de vir pra cima e eu não conseguia manter a distância.

Pow-pow-pow. Ele me jogou pra fora do ringue! É uma queda de mais de 1 metro em cima do cimento duro. Meu joelho bateu no cimento e minha perna ficou totalmente dormente. Tentei me levantar, mas minha perna já era. Olhei pra cima e vi o tal peso-pesado cubano debruçado nas cordas, me olhando. Eu estava num dilema e precisava tomar uma decisão. Será que eu dizia "Escuta, meu joelho não tá legal. Você é grande demais" ou voltava pra lá? Eu estava sentado no cimento, olhando em volta.

Todo mundo me encarava, meu pai estava lá. Então tomei uma decisão. Fiquei, tipo, quer saber, vamos nessa, dane-se. Voltei, e o cubano partiu pra cima, me enchendo de porrada sem parar durante dois assaltos doídos... Mas a única coisa em que eu conseguia pensar era: *Preciso terminar os três assaltos, porque eu disse que ia fazer três assaltos. Não vou sair daqui com todo mundo achando que eu desisti. Porque não vou conseguir conviver com isso. Preciso chegar em casa e conseguir dormir. Não vou conseguir fazer isso sabendo que um cara me fez desistir.* Então voltei para o ringue e levei uma surra. E, daquele dia em diante, nunca mais tive medo. Foi a pior experiência da minha vida, mas também a melhor, porque a partir dali eu sabia do que era capaz. Sabia que contava com essa força interna que me impedia de desistir. Se aquele cara não conseguiu me fazer desistir, quem iria? Ninguém. E foi essa fé que me acompanhou pelo resto da minha carreira.

Eu: Incrível. Você está contando uma história que escreveu sobre si mesmo, para você mesmo. Essa história é fundamental para definir como você vai se comportar no futuro.

Eubank Jr.: Isso mesmo. No treino, é o que mais acontece: às vezes estou correndo na esteira e sinto uma cãibra na panturrilha e ainda me restam oito minutos dos quarenta que eu tinha previsto. Mesmo com a cãibra, eu continuo com uma perna só, literalmente mancando. Afinal, se uma esteira é capaz de me fazer desistir, o que vai acontecer quando eu subir ao ringue com um cara que vai me bater e me machucar? Ele também vai me fazer desistir. Isso é muito importante, porque ensina você a acreditar que, por mais difícil que as coisas estejam, você é o tipo de pessoa que vai dar um jeito de sair daquela situação.

Pouco importa se tem gente assistindo ou se ninguém fosse ficar sabendo que eu desisti. Não dá pra desistir só porque ninguém está vendo – o ideal é nunca entrar nessa, não aceitar esse tipo de estado de espírito, é preciso manter distância desses demônios. São verdadeiros demônios, e se você lhes der uma abertura, eles vão se apossar de você!

> "Eu odiava cada minuto do treino, mas dizia: 'Não desista. Sofra agora e viva o resto da sua vida como um campeão.'"
>
> **Muhammad Ali**

⭐ SUA HISTÓRIA PESSOAL CRIA A "RESISTÊNCIA MENTAL"

As Forças Armadas dos Estados Unidos estão entre as mais poderosas da Terra. Todos os anos, cerca de 1.300 cadetes entram para a Academia de West Point, famosa pelo rigor. Parte da iniciação inclui uma série de desafios extremamente difíceis, chamada de "Acampamento das Feras". Segundo pesquisadores que analisaram os novatos de West Point, são desafios "elaborados com o propósito de testar os limites máximos da capacidade mental dos cadetes".

Quando li pela primeira vez sobre esse estudo, pensei, como a maioria das pessoas, que os cadetes com mais energia, inteligência, força física e capacidade atlética seriam os mais bem-sucedidos. Porém, quando Angela Duckworth, pesquisadora da Universidade da Pensilvânia, estudou as façanhas deles, e, mais especificamente, como a resistência mental, a perseverança e o entusiasmo impactaram sua capacidade de atingir metas, ela descobriu algo muito surpreendente.

Duckworth acompanhou quase 2.500 cadetes, distribuídos em duas classes de iniciação. Comparou diversas métricas, entre as quais o desempenho no ensino médio, a nota nos exames de admissão para a faculdade, os testes de aptidão física e a Escala de Garra (que mede a perseverança e o entusiasmo diante de metas de longo prazo, avaliado com uma nota entre um e cinco).

Revelou-se que não eram fatores como a força física, a inteligência e o potencial para a liderança que proporcionavam as maiores probabilidades de ser bem-sucedido no Acampamento das Feras. O crucial era a resistência mental, combinada com a determinação para realizar uma meta de longo prazo. A perseverança era a característica mais importante. Acredite se quiser: os cadetes que estavam apenas um ponto de desvio-padrão acima na Escala de Garra tinham uma probabilidade 60% maior de passar no Acampamento das Feras.

As pesquisas continuam a revelar que sua história pessoal, sua "resistência mental", sua "garra" ou sua "resiliência" são mais relevantes que qualquer outra coisa para atingir suas metas nos negócios e na vida. É muito bom saber disso, porque, embora não dê para fazer muita coisa em relação aos talentos inatos ou você não consiga aprimorar tanto a parte física, é possível fazer muita coisa para desenvolver sua história pessoal.

Para nossa infelicidade, a história pessoal é influenciada não apenas pelas evidências em primeira mão que vamos reunindo a nosso próprio respeito, mas também pelos estereótipos à nossa volta. Por exemplo, caso a sociedade em que você esteja inserido fomente o estereótipo de que os negros são menos capazes do que os brancos – e caso você seja negro –, pode ser que você internalize essa crença e ela se torne parte de sua história pessoal; estudos científicos mostram como o mero estereótipo já pode causar um impacto significativo sobre sua história pessoal, seu desempenho e, no fim das contas, seus resultados.

Aos 8 anos, eu estava todo animado, colocando meu calção de banho no vestiário da escola, antes da minha primeira aula de natação, quando um colega se virou para mim e disse, em tom casual: "Você sabia que os negros não conseguem nadar? O corpo deles é diferente, então não vai ser nada fácil pra você hoje!" Sou descendente de ingleses e africanos. Foi naquela hora, a partir daquele comentário inesperado, que não apenas minha empolgação foi pelos ares, mas também a minha crença de que um dia eu seria capaz de nadar. Nem preciso dizer que não fui bem na aula de natação: eu me debati como um cachorro se afogando e acabei desistindo. Precisei de dezoito anos e uma pessoa de confiança para me convencer de que aquilo não era verdade, para que eu enfim aprendesse a nadar.

Um estudo impactante, publicado em 1995, usou um conceito chamado *priming* para demonstrar os efeitos que esse tipo de "ameaça do estereótipo" pode ter sobre sua história pessoal. Os pesquisadores deram a um grupo de estudantes um teste de vocabulário difícil. Porém, antes de iniciar o exame, fizeram a alguns dos alunos negros perguntas sobre a raça deles. Supreendentemente, os estudantes negros a quem se perguntou sobre a raça tiveram um desempenho inferior no teste, com notas mais baixas tanto em relação aos alunos brancos quanto aos alunos negros que não receberam qualquer pergunta. Mais importante ainda: entre os alunos que não tinham respondido àquelas perguntas, as notas estavam similares.

Não é apenas em questões raciais que se observa o impacto traiçoeiro que um estereótipo negativo pode ter sobre a história pessoal. Em outro estudo, os pesquisadores tentaram verificar o controverso mito segundo o qual as mulheres não são tão boas quanto os homens em matemática. Antes que a prova fosse entregue aos universitários e universitárias, alguns participantes ouviram o pesquisador dizer que, de forma geral, homens e mulheres tiravam notas diferentes naquele teste; a outros, foi dito que homens e mulheres tiraram notas iguais em testes anteriores.

As mulheres que ouviram os comentários negativos tiveram um desempenho significativamente pior, relataram mais ansiedade e tiveram expectativa de ter um desempenho inferior ao dos homens. O experimento confirmou estudos anteriores ao concluir que, quando os participantes são expostos a um comentário sobre o gênero, uma ameaça de estereótipo se instala e o desempenho é prejudicado.

O que aconteceria, então, se uma mulher conseguisse escapar da própria identidade, mudasse a história pessoal e fingisse ser outra pessoa ao fazer o teste?

Uma pesquisadora chamada Shen Zhang decidiu pôr isso à prova. Zhang entregou a 110 universitárias e 72 universitários uma prova com trinta questões de múltipla escolha de matemática. Antes do teste, foi dito a cada participante (de ambos os gêneros) que os homens se saem melhor que as mulheres nos testes de matemática. Além disso, foi pedido a alguns voluntários que fizessem o teste com o nome verdadeiro, mas que outros o preenchessem com um dos quatro pseudônimos: Jacob Tyler, Scott Lyons, Jessica Peterson ou Kaitlyn Woods.

Os homens superaram as mulheres no teste. Porém, o mais surpreendente foi que as mulheres que assumiram um pseudônimo, masculino ou feminino, se saíram melhor que as que não assumiram. E – ainda mais significativo – as mulheres que adotaram um pseudônimo se saíram tão bem quanto os homens!

Isto demonstrou de uma vez por todas os méritos de testes e entrevistas que usam métodos alternativos de identificação e evitam o emprego de nomes. Segundo a pesquisadora, isto pode "permitir a indivíduos estigmatizados que se desconectem de uma situação de ameaça" e, de forma crucial, "desarme estereótipos negativos".

✦ A CIÊNCIA POR TRÁS DO DESENVOLVIMENTO DE UMA HISTÓRIA PESSOAL FORTE PARA A SAÚDE, O TRABALHO E A VIDA PESSOAL

A "história pessoal" que Chris Eubank Jr. descreveu é uma teoria que os cientistas e os psicólogos conhecem bem, referindo-se a ela como "autoconceito". É nossa crença pessoal a respeito de quem somos, que abarca todos os nossos pensamentos e sentimentos a nosso respeito – física, pessoal e socialmente. Isto inclui as crenças que temos a respeito de nossas habilidades, nosso potencial e nossa competência.

Sua história pessoal se desenvolve mais rapidamente na infância e na adolescência, porém continua a se formar e transformar à medida que reunimos mais evidências sobre nós mesmos ao longo da vida adulta.

SUA HISTÓRIA PESSOAL GERA RESISTÊNCIA MENTAL

A professora de psicologia Fatwa Tentama afirma que a "resiliência" individual é influenciada por uma história pessoal positiva. Indivíduos que contam com isso serão mais otimistas, vão perseverar por mais tempo diante de adversidades, lidarão melhor com o estresse e terão mais facilidade em alcançar as próprias metas.

> "Pessoas com autoestima baixa se acham e se veem como fracas, incompetentes, indesejadas, perdem interesse pela vida, são pessimistas e desistem com facilidade."
> **Laura Polk, cientista e expert em liderança**

Uma pesquisa sobre estudantes realizada por Eka Aryani, cientista da Universidade Mercu Buana, em Yogyakarta, na Indonésia, buscou compreender a relação entre a história pessoal e a resiliência, e concluiu que a "história pessoal" representa quase 40% daquilo que torna um estudante "mentalmente forte". Os outros 60% capazes de afetar a resiliência individual seriam compostos pelas verdadeiras competências, por fatores familiares e por fatores sociais.

Como fazer, então, para melhorar sua história pessoal, de modo que você se torne <u>resiliente e otimista</u>, <u>atinja suas metas</u> e <u>persevere diante das adversidades</u>?

COMO CRIAR UMA HISTÓRIA PESSOAL MAIS FORTE

Você talvez já tenha escutado esta frase de John Wooden, lendário técnico de basquete universitário dos Estados Unidos: "O verdadeiro teste do caráter de um homem é o que ele faz quando ninguém está olhando." É verdade, mas, segundo a ciência, também é verdade que o caráter da pessoa é criado, reforçado ou destruído quando ninguém está olhando.

Tudo que você faz — com ou sem uma plateia — proporciona evidências a você mesmo sobre <u>quem você é</u> e <u>o que é capaz de fazer</u>.

Como descobrimos na Lei 4, as evidências em primeira mão – isto é, tudo que você capta com os próprios sentidos – são, de longe, as mais poderosas quando se trata de criar ou alterar uma crença.

Você está sozinho na academia, puxando ferro, na última série e tem que fazer dez repetições para completar o treino do dia. Você chega à nona repetição e seus músculos estão queimando. O que faz?

Sua decisão, nesse momento, pode parecer inofensiva, mas toda decisão que tomamos escreve no capítulo de hoje de nossa história pessoal mais uma linha de uma poderosa evidência em primeira mão, que nos informa sobre quem somos, como reagimos à adversidade e o que somos capazes de fazer.

Esse não é o tipo de evidência que se concretiza apenas na academia; decisões do tipo vão permear o restante da sua vida e influenciar de forma constante o seu comportamento.

Essa evidência vai cochichar no seu ouvido quando a situação estiver complicada: "Pode largar os halteres", "Desista", "Lembre-se, você não consegue fazer isso". E os resultados científicos apontam que, diante das adversidades, as evidências negativas que você possui de si mesmo lhe causarão mais estresse, mais preocupação e mais ansiedade do que uma história de si repleta de perseverança, superação e triunfos.

Aquilo em que acreditamos a nosso respeito provoca pensamentos e emoções; nossos pensamentos e emoções determinam nossos atos; e nossas evidências se baseiam nesses atos. Para criar evidências, é preciso mudar seus atos.

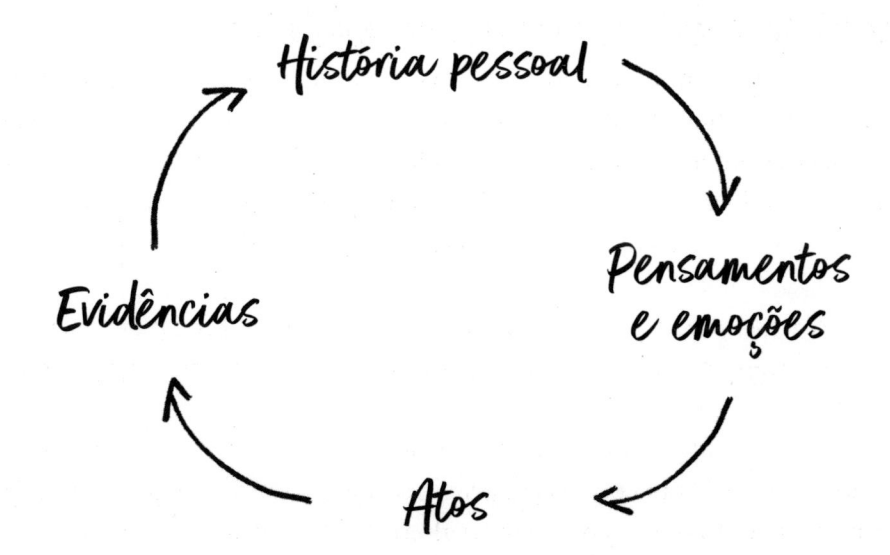

História pessoal → Pensamentos e emoções → Atos → Evidências → História pessoal

No treino, insista em fazer a décima repetição, mesmo que seja mais fácil parar na nona. Escolha ter aquela conversa difícil, mesmo que seja mais conveniente evitá-la. Opte por fazer aquela perguntinha a mais, mesmo que seja mais cômodo ficar em silêncio. Prove a si mesmo – de milhares de pequenas formas diferentes, a cada oportunidade que aparecer – que você possui o que é necessário para superar os desafios da vida. E, se fizer isso, só então terá de fato o que é necessário para superar os desafios da vida: uma história pessoal forte, positiva e com base em evidências.

✭ A LEI: NUNCA FAÇA CONCESSÕES EM SUA HISTÓRIA PESSOAL

É preciso ter resistência mental para alcançar um sucesso duradouro, e essa resistência vem, acima de tudo, de uma história pessoal positiva.

Assim, para criá-la, você precisa de evidências, que, por sua vez, vêm das decisões que você toma diante das adversidades. Tome cuidado com as evidências do contrário e com o traiçoeiro impacto de longo prazo que elas podem provocar sobre sua crença em si mesmo e no seu comportamento. Quando um menino de 8 anos disser que você não vai conseguir nadar, mande-o se ferrar.

O indício mais convincente de que alguém vai atingir novos resultados no futuro é assumir um novo comportamento no presente.

O diário de um CEO

LEI 8

NUNCA LUTE CONTRA OS MAUS HÁBITOS

Esta lei revela algumas verdades surpreendentes em relação à forma de abandonar qualquer mau hábito. Mostra por que lutar contra os maus hábitos é uma estratégia perdedora – que muitas vezes leva à reincidência – e qual é a melhor postura a adotar.

Desde criança eu tinha medo de que meu pai morresse.

Em algum momento antes dos 10 anos, eu e meus irmãos descobrimos que ele fumava escondido – talvez para que não imitássemos seu hábito. Mas, depois que ficamos sabendo das cigarrilhas dele, ele passou a fumar na nossa frente.

Para minha surpresa, ele só fumava quando estava dentro do carro. Nunca nas festas, nunca em casa, nunca no trabalho, só no carro. Fiz algumas tentativas sutis de convencê-lo a parar, mas nenhuma deu certo. Até o dia, uma década depois, em que sem perceber eu o fiz finalmente abandonar um hábito de quarenta anos.

Para explicar o que aconteceu, primeiro preciso dar uma breve explicação sobre como os hábitos se formam.

O conceito de **ciclo do hábito** foi proposto por Charles Duhigg em seu livro *O poder do hábito*, em que ele analisa como e por que os hábitos se formam, como eles se consolidam e como podemos rompê-los. Simplificando, o ciclo do hábito consiste em três elementos centrais:

- DEIXA: O gatilho para o comportamento habitual (por exemplo, uma reunião estressante ou um acontecimento negativo).
- ROTINA: O comportamento habitual (por exemplo, fumar um cigarro ou comer chocolate).
- RECOMPENSA: O resultado/impacto do comportamento habitual sobre você (por exemplo, uma sensação de alívio ou felicidade).

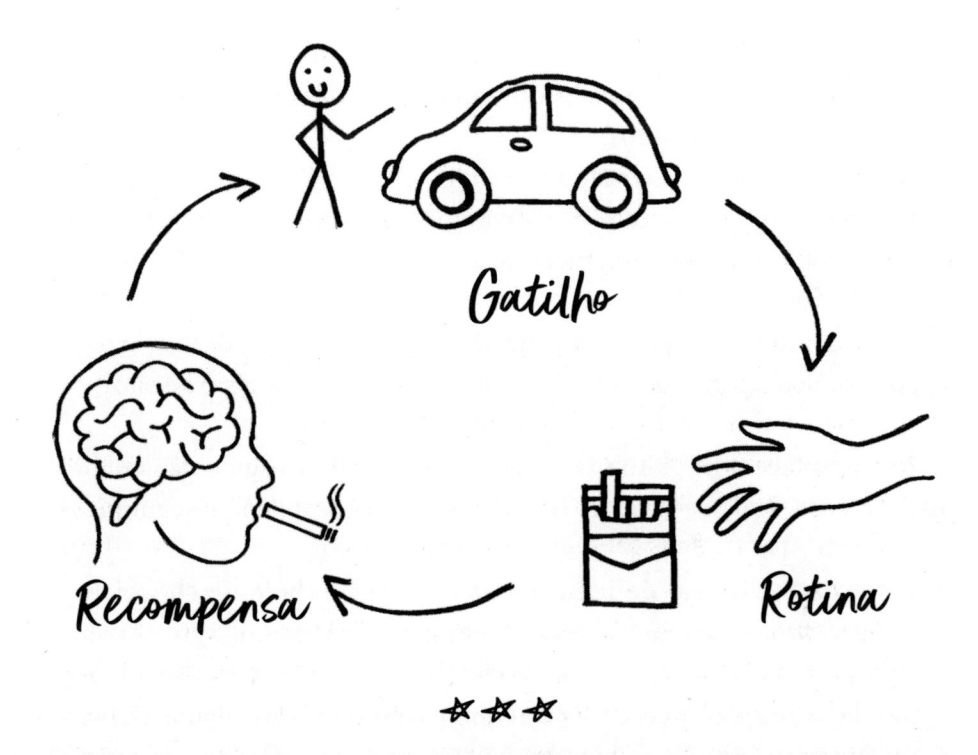

✭ ✭ ✭

Quando eu tinha 18 anos, depois de largar a universidade para criar minha primeira startup de tecnologia, li um livro chamado *Hooked (Engajado): como construir produtos e serviços formadores de hábitos*, de Nir Eyal, em que ele explica como as grandes empresas de redes sociais e tecnologia viciam os usuários em seus produtos ao explorar esse ciclo do hábito. Enquanto eu estava lendo, um dia dei uma passada em casa e, por distração, deixei o livro no banheiro do meu pai.

Meu pai adora ler quando está no banheiro, então pegou o livro. Acabou aprendendo sobre o ciclo do hábito, e enfim compreendeu a deixa (o carro), a rotina (procurar o maço na porta do carro, pegar um cigarro e acender) e a recompensa (a nicotina libera dopamina em seu cérebro) que o faziam fumar.

No dia seguinte, ele foi até o carro e substituiu os cigarros por pirulitos, e nunca mais fumou. O ciclo do hábito tinha sido interrompido. Um hábito novo e menos viciante tomara o seu lugar, e com isso a saúde do meu pai melhorou bastante.

Mesmo que meu pai não tenha percebido, a ciência comportamental mostra que o mais importante não foi ele tentar lutar contra o hábito, e sim **romper o estágio final do ciclo do hábito com uma recompensa muito menos viciante:** os pirulitos.

Algumas pesquisas científicas recentes e incríveis revelaram que não adianta tentar lutar contra os maus hábitos – e por que sempre parece que temos uma recaída quando tentamos.

Você já notou que, quando foca demais em parar com alguma coisa, é aí que acaba reincidindo e reforçando ainda mais o hábito?

Isso acontece porque somos seres voltados para a ação, e não voltados para a inação. Tali Sharot, que mencionei na Lei 3, explicou o seguinte:

Para conseguir algo de bom na vida – seja um bolo de chocolate ou uma promoção no trabalho –, em geral precisamos agir e fazer algo para merecer aquilo. Por conta disso, nosso cérebro se adaptou de forma a compreender que uma ação está relacionada a uma recompensa. Por isso, quando esperamos algo de bom, um sinal de "vai" é acionado, o que nos torna mais suscetíveis a agir – e agir rapidamente.

Sharot descreve uma experiência em que se pediu a voluntários que ou apertassem um botão para obter uma recompensa (1 dólar) ou apertassem um botão para evitar uma ação negativa (perder 1 dólar). Talvez não tenha sido uma surpresa, mas os voluntários que apertaram o botão para obter a recompensa o fizeram muito mais prontamente que os que apertaram o botão para não perder o dinheiro.

O cérebro associa a recompensa à ação. Por isso, é preciso casar uma ação com uma recompensa.

Existem também alguns estudos que mostram que, quanto mais você tenta reprimir uma ação ou um pensamento, maior a probabilidade de que execute aquela ação ou tenha aquele pensamento. É uma forte evidência do "poder da manifestação" – você consegue aquilo em que pensa –, porém é mais uma evidência de que tentar combater ou não pensar em um hábito é uma estratégia vã.

Um estudo de 2008, publicado na revista *Appetite*, concluiu que o grupo de voluntários que tentou não pensar em comida comia mais do que o que não pensava. O primeiro conjunto demonstrou algo que é conhecido como "efeito comportamental de recaída".

Da mesma forma, um estudo de 2010 da revista *Psychological Science* concluiu que o grupo de fumantes que tentava não pensar em cigarro pensava nisso ainda mais do que o grupo que não tentava.

Isto me faz recordar um pequeno conselho que meu instrutor da autoescola me deu quando eu tinha 18 anos: "Steven, o carro vai para onde seu olhar for. Se quiser evitar bater nos carros estacionados, não se concentre neles, porque você vai acabar desviando na direção deles. Olhe para a frente, bem longe, para onde você quer que o carro vá."

Parece uma analogia pertinente para romper e criar hábitos: você acaba fazendo aquilo em que concentra sua mente; por isso, não se concentre em parar de fumar, não resista; concentre-se no comportamento que você quer que substitua o hábito do fumo.

O diretor do Laboratório de Neurociência Social e Afetiva da Universidade do Oregon, Elliot Berkman, diz que, quando você é fumante e diz a si mesmo para não fumar, seu cérebro continua ouvindo "fumar". De maneira inversa, quando você diz a si mesmo para mascar um chiclete toda vez que quiser um cigarro, seu cérebro tem uma meta mais positiva, voltada para a ação, na qual focar. Isso explica por que os pirulitos fizeram meu pai parar de fumar: ele não se limitou a tirar os cigarros da porta do carro; ele os substituiu por uma nova ação, na qual seu cérebro podia se concentrar. No caso, chupar pirulitos.

✭ CASO QUEIRA SE LIVRAR DE UM HÁBITO, VÁ DORMIR

"A que horas você dorme?" é uma pergunta que tantos entrevistadores, jornalistas e moderadores de painéis me fizeram nos últimos anos que já não consigo mais me lembrar quantos. A premissa por trás dela – que sempre me deixou perplexo – é que seria impossível eu obter tamanho êxito pessoal e, ao mesmo tempo, dormir o suficiente. Só que a verdade é o exato oposto: eu sempre dormi bem. Não marco nenhuma reunião, chamada ou compromisso para antes das onze da manhã, e raramente uso despertador, porque sempre soube que o sono é a base do sucesso, e não um inibidor dele.

"Quando você está estressado, há uma maior probabilidade de fazer aquilo que não quer", diz Russell Poldrack, professor de psicologia da Universidade Stanford. Ou seja, quando você está estressado é mais provável que busque um pico de dopamina, sob a forma de açúcar, alimentos processados, drogas, pornografia ou álcool.

Portanto, uma das coisas mais importantes que você pode fazer para que os novos hábitos "vinguem" e para realizar repetições suficientes na fase inicial (de modo que seus neurônios sejam acionados e conectados) é manter baixos os níveis de estresse – sobretudo nessa fase inicial crucial, de formação do novo hábito.

Uma das coisas mais eficazes que você pode fazer também é das mais simples: uma boa noite de sono. O que quer que você esteja tentando melhorar, da sua vida social ao seu vício em cigarro, o sono vai ajudar.

Quando você está tentando entrar em forma, um sono reparador melhora sua velocidade, sua potência e sua resistência. Caso esteja tentando melhorar o desempenho no trabalho, é importante saber que a privação de sono o deixará menos produtivo – e menos atento, menos focado, menos animado e até menos ético.

Se estiver tentando perder peso ou comer de maneira mais saudável, evite a privação do sono: ela diminui a leptina, o hormônio que sinaliza a seu corpo que você está saciado. Também leva a um aumento correspondente da grelina, conhecida como o "hormônio da fome", que provoca um salto no apetite e no acúmulo de gordura, o que pode levá-lo a tomar decisões alimentares nocivas à saúde.

Portanto, caso você queira romper hábitos antigos e criar novos, esqueça todas as dicas, os truques e malandragens complicados, e concentre-se no básico: suas chances de sucesso serão maiores **se você estiver se sentindo bem, não estiver estressado demais e caso tenha tido uma boa noite de sono.**

✭ NÃO ATAQUE MAIS DE UM HÁBITO POR VEZ

Todos nós sabemos que a força de vontade é crucial para o sucesso, mas até cerca de 25 anos atrás uma visão simplista a tratava como uma competência que, uma vez adquirida, permanecia constante. Tudo mudou quando, durante seu doutorado, Mark Muraven (hoje professor da Universidade de Albany, em Nova York) postulou que a força de vontade parece diminuir à medida que a utilizamos mais.

Em 1998, ele realizou uma experiência que se tornou famosa. No laboratório, dispôs uma tigela de rabanete e uma tigela de biscoitos recém-saídos do forno. Em seguida, separou os participantes em dois grupos, levando-os a crer que era uma experiência sobre percepção de paladar. O primeiro grupo recebeu instruções para comer os biscoitos e ignorar os rabanetes, enquanto o outro deveria ignorar os biscoitos e comer só os rabanetes.

Passados quinze minutos de experiência, um pesquisador entrou na sala. Depois de um intervalo de quinze minutos, entregou aos dois grupos um enigma impossível de resolver.

Os que haviam comido os biscoitos, que até então não tinham tido que recorrer à força de vontade, estavam incrivelmente relaxados e tentaram resolvê-lo várias vezes, alguns durante mais de meia hora. Em média, esses participantes gastaram quase dezenove minutos tentando até desistirem.

Os que comeram rabanetes – que tiveram que se conter para não comer os deliciosos biscoitos, tendo já gastado uma boa dose de força de vontade – se comportaram de forma muito diferente. Ficaram frustrados e expressaram o incômodo. Alguns deitaram a cabeça na mesa, desesperados; outros se descontrolaram e se rebelaram contra a tarefa, reclamando que aquilo era uma perda de tempo. Em média, os que tinham comido rabanete se esforçaram durante cerca de oito minutos – menos da metade do tempo do grupo dos biscoitos – até desistirem.

Desde o estudo dos biscoitos e rabanetes, vários pesquisadores testaram e comprovaram o "esgotamento da força de vontade": a ideia de que, em vez de ser uma mera habilidade, a força de vontade é mais como um músculo, que se cansa quando é utilizado em excesso. Em outro experimento, os participantes que deveriam não pensar em certas coisas durante uma primeira experiência foram incapazes de conter o riso quando o pesquisador tentou fazê-los rir. Em outro estudo, os participantes foram instruídos a assistirem a um filme triste sem ceder às próprias emoções; em um teste posterior com uma tarefa física, e não emocional, os participantes – igualzinho aos coitados que comeram rabanete – desistiram mais rapidamente.

Portanto, se a ciência estiver correta neste caso, e a força de vontade for um recurso finito, é óbvio que, quanto mais pressão, restrições e estresse você colocar sobre si mesmo ao tentar criar novos hábitos e se livrar dos antigos, menor sua chance de ser bem-sucedido e maior a de sofrer uma recaída.

Lutar contra os hábitos é uma má ideia – isso vai sugar sua força de vontade e aumentar a probabilidade de que volte a eles, como um ioiô sendo puxado. É por isso que as dietas mais radicais são insustentáveis: na maioria das vezes em que você se esforça para se privar de algo que deseja muito, fracassa. Por exemplo, em um estudo de 2014, quase 40% das pessoas disseram que não conseguiram cumprir as resoluções de Ano-Novo porque a meta era insustentável ou irreal demais, e 10% disseram que fracassaram porque tinham resoluções demais.

É por isso que é de suma importância certificar-se de que seus hábitos são pequenos e realizáveis a ponto de serem sustentáveis – sem a necessidade de grandes sacrifícios, que esgotariam sua força de vontade. Em vez de abandonar todos os maus hábitos de uma vez, o objetivo deve ser o estabelecimento de uma quantidade menor de metas, o que aumenta a probabilidade de você cumprir pelo menos algumas. Se elas foram grandes demais, irreais demais, muito baseadas no sacrifício, sua força de vontade sofrerá uma enorme pressão, acabará se esgotando, você vai fracassar e ter uma recaída.

É por isso também que tantos psicólogos e cientistas concluíram que a melhor forma de criar um hábito novo não é combatendo um antigo ou privando-se de recompensas – o que pode produzir o resultado contrário ao desejado –, mas **encontrando recompensas novas, mais saudáveis e menos viciantes, que garantam que você** *continue* **recompensando a si mesmo.**

⭐ A LEI: NUNCA LUTE CONTRA OS MAUS HÁBITOS

Caso você queira abandonar algum hábito, não lute contra ele. Use o ciclo do hábito em seu benefício e adote ações positivas para substituí-lo. Não tente se livrar de mais de um hábito por vez; quanto mais você tentar mudar, menores as chances de qualquer mudança ser bem-sucedida. Enquanto estiver formando um novo hábito, certifique-se de cuidar bem de si e dormir o máximo que puder.

Durma, malhe, mexa-se, sorria, gargalhe, ouça. Leia, poupe, hidrate-se, faça jejum, construa, crie.

Seus hábitos são o seu futuro.

O diário de um CEO

LEI 9

SEMPRE PRIORIZE SEU MAIOR ALICERCE

Esta lei afirma que a maioria de nós escolhe as prioridades erradas – e incentiva você a voltar a priorizar sua saúde, a fim de viver tempo o bastante para desfrutar de todas as suas outras prioridades.

Warren Buffett, um dos homens mais ricos do planeta, sentou-se diante de um pequeno grupo de universitários em Omaha, no estado americano do Nebraska, e ofereceu seu conselho mais importante:

Quando eu tinha 16 anos, só me importava com duas coisas: garotas e carros. Eu não levava muito jeito com as garotas. Por isso, eu me concentrava nos carros. Também pensava em garotas, só que tinha mais sorte com os carros.

Vamos supor que, quando eu fiz 16 anos, um gênio tivesse aparecido na minha frente e dito: "Vou lhe dar o carro que quiser. Amanhã de manhã ele estará aqui com um enorme laço de fita amarrado. Novinho em folha. E será todo seu!"

Depois de ouvir tudo que o gênio me falasse, eu diria: "Onde está a pegadinha?" E o gênio responderia: "Tem só uma... Esse é o único carro que você terá pelo resto da vida. Então tem que durar para sempre."

Se isso tivesse acontecido, eu teria aceitado o carro, mas imagine só: sabendo que teria que durar o resto da minha vida, o que eu faria com ele?

Leria o manual umas cinco vezes. Faria a manutenção dele o tempo todo. Se aparecesse o menor arranhão ou amassado, consertaria na mesma hora, porque não ia querer que enferrujasse. Trataria o carro como um bebê, porque teria que durar para sempre.

É exatamente nessa situação em que você se encontra em relação à sua mente e ao seu corpo. Você só tem uma mente e só tem um corpo. E ambos têm que durar sua vida inteira. Pois bem, é muito fácil deixar as coisas rolarem, sem grandes preocupações, durante anos e anos.

Mas, se você não tomar conta dessa mente e não tomar conta desse corpo, daqui a quarenta anos os dois estarão arruinados, assim como o carro estaria.

É aquilo que você está fazendo aqui e agora que determina como sua mente e seu corpo vão funcionar daqui a dez, vinte e trinta anos.

Você precisa tomar conta deles.

Passei a maior parte da minha vida priorizando trabalho, namoros, amigos, família, meu cachorro e meus bens materiais.

Quer dizer, até chegar aos 27 anos, quando eu e o resto do mundo testemunhamos uma doença chamada covid-19 devastar o planeta e provocar a morte de mais de 6 milhões de pessoas.

Devido ao privilégio da juventude e à ingenuidade que a acompanha, até então eu considerava natural "estar saudável". Para ser sincero, eu não me importava com a minha saúde, e sim com minha aparência – correr atrás de uma barriga tanquinho –, mas "estar saudável" era algo com que, felizmente, eu não precisava me preocupar.

Acho que a pandemia causou um trauma psicológico na maioria das pessoas, mas, se aprendi algo com ela, foi que o trauma desses dois anos fixou na minha mente uma verdade absoluta: **minha saúde precisa ser minha maior prioridade.**

Uma equipe internacional de pesquisadores anunciou que dados reunidos a partir de dezenas de artigos revisados por pares, abrangendo quase 400 mil pacientes que contraíram o novo coronavírus, concluíram que pessoas obesas tiveram 113% mais chances de adoecer a ponto de necessitar de hospitalização. A probabilidade de morrer foi significativamente maior entre os indivíduos com alguma comorbidade.

Tenho a forte impressão de que nenhum de nós acha que um dia vai de fato morrer – isso fica evidente pela forma como vivemos, pelas bobagens que nos preocupam e pela nossa postura em relação ao risco. No entanto, a covid-19 trouxe a morte para a minha realidade. Eu a vi de perto e de forma extremamente pessoal pela primeira vez na vida. Isso me permitiu ponderar sobre algumas características incertas, aterrorizantes e libertadoras dela.

Com esses insights, percebi como até então não tinha priorizado minha vida pessoal. Notei que meu trabalho, minha namorada, meus amigos, meu cachorro, minha família e tudo ao redor eram apenas itens sobre uma mesa frágil, chamada "minha saúde".

A vida podia tirar qualquer um desses itens da mesa – como costuma fazer – que o restante continuaria sobre ela. Você poderia tirar meu cachorro – Deus me livre! –, e eu ainda teria todo o resto ali em cima; você poderia tirar minha namorada da mesa, e eu ainda contaria com as demais coisas; mas, se você tirar a mesa – a minha saúde –, todo o resto cai no chão. Eu perderia tudo.

Tudo depende da mesa.

Tudo depende da minha saúde.

Minha saúde é meu maior alicerce.

Portanto, minha saúde tem que ser minha maior prioridade, todos os dias, para sempre.

E é importantíssimo lembrar que, ao abraçar essa realidade – ao priorizar ao máximo a saúde –, a tendência é viver por mais tempo, de modo a desfrutar de todas as minhas demais prioridades (meu cachorro, minha parceira, minha família) ainda mais.

Não existe forma de gratidão maior que <u>cuidar de si mesmo</u>.

Essa constatação mudou a trajetória da minha vida, e nos últimos três anos fiz mudanças alimentares radicais: cortei o açúcar, os alimentos processados e os grãos refinados. Comecei a me exercitar seis vezes por semana (rigorosamente) e aumentei bastante o consumo de água, alimentos de origem vegetal e probióticos.

Estou saudável, o que é ótimo, mas também me sinto muito bem – e isso é ainda melhor. O impacto positivo sobre todos os aspectos da minha vida – carreira, produtividade, sono, relacionamento, humor, vida sexual, autoconfiança – foi tão profundo que eu não conseguiria escrever este livro sem incluir, como uma lei inevitável da excelência, o cuidado com seu maior alicerce.

"Aqueles que acham que não têm tempo para exercitar o corpo mais cedo ou mais tarde terão que encontrar tempo para a doença."
Edward Stanley

⭐ A LEI: SEMPRE PRIORIZE SEU MAIOR ALICERCE

Cuide do seu corpo, afinal é o único veículo que você possui, a única nave que você usará para explorar o mundo e a única casa que você pode realmente chamar de lar.

Sua saúde é seu maior alicerce.

O diário de um CEO

PILAR 2
A HISTÓRIA

LEI 10

O INÚTIL E O ABSURDO DEFINEM VOCÊ MELHOR QUE O ÚTIL E O PRÁTICO

Esta lei mostra como fazer seu marketing ou a mensagem da sua marca viajar dez vezes mais longe e atingir dez vezes mais pessoas por um centésimo do orçamento.

Abri minha primeira agência de marketing quando eu tinha 20 anos. Ela cresceu em um ritmo mais rápido do que a minha experiência, e um ano depois de fundá-la aceitei um investimento de 300 mil dólares do nosso maior cliente.

Quando alguém oferece muito dinheiro a um CEO de primeira viagem, inexperiente e com 20 anos – e que nunca tinha visto um montante assim na vida –, há uma grande chance de que ele faça algo verdadeiramente idiota. E essa é uma descrição perfeita do que aconteceu.

Assinei um contrato de aluguel de dez anos de um galpão gigantesco de 1.400 metros quadrados em Manchester, no norte da Inglaterra, grande o bastante para abrigar centenas de funcionários... quando éramos apenas dez.

Antes mesmo de comprar mesas onde minha equipe pudesse trabalhar, mandei construir um mezanino e instalei uma sala de jogos, um local para videogames. Insatisfeito com a perspectiva de usar escadas para sair da sala de jogos, resolvi gastar 13 mil libras em um enorme escorregador azul, que terminava em uma imensa piscina de bolinhas.

Quando as mesas finalmente chegaram, eu já tinha instalado uma cesta de basquete, um bar abastecido, chopeiras, uma árvore enorme bem no meio da sede e vários outros itens de decoração imaturos.

Ao longo dos anos seguintes, embora a média de idade dos nossos funcionários fosse de apenas 21 anos, a empresa se tornou a mais badalada, a mais mencionada, a mais revolucionária e com o maior crescimento no setor. Nossas vendas cresceram em média mais de 200% ao ano durante vários anos consecutivos. Tínhamos como clientes as maiores marcas do planeta e, quando completei 25 anos, contávamos com mais de quinhentos funcionários.

E a parte mais fascinante dessa história é que nunca tivemos uma equipe de vendas.

Não precisávamos de uma equipe de vendas porque tínhamos um enorme escorregador azul.

Sei que parece loucura – um exagero, uma hipérbole –, mas, de verdade, o maior fator isolado que impulsionou nossa publicidade na mídia, durante os primeiros anos de existência, foi aquele escorregador azul gigante.

Todos os grandes veículos de imprensa que falaram da gente, todos os canais de TV e blogs, citaram, fizeram piada ou focaram no enorme escorregador azul.

No terceiro aniversário da empresa, o escorregador já tinha sido fotografado centenas de vezes pelos jornalistas, e tantos me pediram para posar mergulhando na piscina de bolinhas que isso deu origem a uma piada recorrente no escritório. Assim que um repórter aparecia na recepção para me entrevistar, alguém na redação gritava para mim, impreterivelmente: "Pula na piscina de bolinhas!"

BBC, BuzzFeed, VICE News, Channel 4, Channel 5, ITV, *Forbes*, *GQ*, *The Guardian*, *The Telegraph*, *The Financial Times*, todos eles fizeram fila para visitar nossa sede, escrever sobre nossa história e nos entrevistar, e a imagem que ilustrava a reportagem quase sempre era a daquele imenso escorregador azul. Em uma matéria da BBC, o escritório foi chamado de "o mais descolado" do país, e quando a VICE News veio fazer um documentário a nosso respeito, a equipe de filmagem passou a maior parte do tempo registrando a piscina de bolinhas e o grande escorregador de diferentes ângulos.

Em retrospectiva, todos os nossos fundadores concordam que gastar 13 mil libras daquele investimento no grande escorrega foi uma das melhores decisões financeiras que tomamos – apesar de ter sido estúpida, acidental e imatura.

Reconheço que só o vi em uso meia dúzia de vezes nos sete anos em que toquei a empresa. Mas a utilidade dele não poderia ser medida por seu propósito original, e sim por sua eficácia enquanto mensagem de marketing.

O escorregador era uma declaração em alto e bom som sobre quem éramos: dizia "esta empresa é diferente", "esta empresa é jovem", "esta empresa é revolucionária" e "esta empresa é inovadora". Transmitia essa mensagem de forma mais chamativa e convincente do que qualquer campanha de marketing que elaboramos.

Se uma imagem vale mais que mil palavras, nosso grande escorregador azul valia um livro inteiro... e era um livro que descrevia os nossos valores, quem éramos, no que acreditávamos e como nos comportávamos.

Não estou de modo algum sugerindo que você torre seu dinheiro em um grande escorregador azul. Estou dizendo, isso sim, que a impressão do público não será nem de longe definida por todas as coisas práticas e úteis que você realiza – em muitos casos, nem mesmo pelos produtos que vende –, mas pelas coisas **absurdas e inúteis** que estão associadas à sua marca.

Pouco tempo atrás, um amigo meu começou a malhar em uma academia de Londres chamada Third Space. Ela é, provavelmente, a maior academia de luxo da cidade, ocupando três andares. Na tentativa de me convencer a me matricular, ele disse: "Você tem que ir lá. É bom demais, eles têm até uma parede de escalada de 30 metros na entrada!"

Percebeu o que aconteceu? Ele fez o que todo mundo faz. Não citou as centenas de aparelhos de exercícios muito úteis, as prateleiras de halteres incrivelmente práticas ou os vestiários desenvolvidos para oferecer o máximo de funcionalidade. Ele tentou me convencer com base na característica mais absurda que a academia possuía.

E, preciso ser sincero, funcionou. Já faz mais de um ano que frequento a Third Space e, durante esse período, não vi, nem uma vez sequer, nenhuma pessoa se aproximar da tal parede de escalada de 30 metros.

Porém, quando você ouve que uma academia tem uma parede de escalada de 30 metros, seu subconsciente pensa: *Se essa academia tem uma parede de escalada de 30 metros, então eles devem ter de tudo!* Ou: *Se essa academia tem uma parede de escalada de 30 metros, deve ser enorme.* Ou se você pertence à Geração Z ou for um millennial: *Se essa academia tem uma parede de escalada de 30 metros, eles devem ter um monte de outras coisas divertidas e malucas, ótimas para postar nas redes sociais!*

A publicidade de uma marca é definida mais por suas coisas inúteis e absurdas que por suas coisas úteis e práticas: a coisa mais absurda a seu respeito é a que diz tudo a seu respeito.

A ESTRATÉGIA DE MARKETING DA TESLA É O ABSURDO

Em uma fração do tempo que foi necessário para alguns de seus concorrentes se estabelecerem, a Tesla se tornou uma das empresas que mais vendem automóveis no mundo. Seu Model Y é o carro mais vendido da Europa e o Model 3 é um dos veículos de luxo mais vendidos dos Estados Unidos. A verba publicitária da Tesla é de zero dólar.

Assim como minha agência de marketing não precisava de equipe de vendas, e a academia que frequento não deve precisar de uma equipe de marketing, a Tesla não precisa fazer propaganda, porque é uma marca impulsionada e definida pelo absurdo.

A Tesla é abarrotada de características intencionalmente absurdas, criadas para fazer os clientes, a mídia e o público em geral debaterem, rirem e compartilharem as novidades sobre os carros. Enquanto a maioria das empresas dá a seus modos de direção adjetivos como "conforto", "padrão" e "esporte", a Tesla assumiu com um humor o poder do absurdo, optando por "insano", "ridículo" e "ridículo+".

Em 2019, seus carros ganharam uma nova função: a "Caraoke", que permite ao proprietário transformar o carro em uma máquina de karaokê; e, em 2015, eles causaram um rebuliço com o "modo defesa contra armas biológicas", que protege o motorista das tais "armas biológicas". A empresa lançou um modo "Arcade", que transforma o carro em um fliperama sobre rodas; instalou os chamados *Easter Eggs* – funcionalidades ocultas que o motorista precisa encontrar, entre elas o trenó do Papai

Noel, que transformava a visualização da estrada à frente em um arco-íris, e até um "modo pum", que faz o carro produzir sons de flatulência de qualquer assento.

Tudo isso parece imaturo e estúpido... igual ao meu grande escorregador azul. Porém, quando analisamos os dados de audiência nas redes sociais, essas características absurdas geram mais burburinho do que a soma de todas as características úteis de seus concorrentes.

Ninguém se sente impelido a refletir, falar ou escrever a respeito de coisas que mantêm o status quo. Mas todos têm um tremendo incentivo para compartilhar coisas absurdas que ridicularizem, ponham abaixo ou sejam irreverentes em relação a esse mesmo status quo.

✴ UMA DUCHA COM CERVEJA AJUDOU A BREWDOG A FATURAR BILHÕES

A cervejaria *indie* BrewDog tornou-se a marca de cerveja que mais cresceu no Reino Unido em 2019. Eles também eram bem mais novos do que a maioria dos rivais e tinham apenas uma fração do orçamento de marketing de alguns de seus concorrentes globais – alguns com dois séculos de existência ou mais. Porém, mais uma vez, uma desvantagem financeira não tolheu o alcance do marketing da empresa, por conta de uma estratégia que recorre intencionalmente ao poder do absurdo – para o bem ou para o mal – de disseminar a mensagem.

Quando lançou a rede de hotéis BrewDog, em 2021, a empresa instalou minicervejeiras em todos os banheiros, para que cada cliente pudesse aproveitar uma durante o banho. Tenho quase certeza de que ninguém – pelo menos ninguém em sã consciência – vai fazer isso, mas uma rápida busca no Google Images mostra que muitas das fotos do hotel exibem a cervejeira ao lado do chuveiro. A coisa mais absurda a respeito da marca é a mesma que diz tudo sobre ela.

Sem dizer nada de maneira explícita, a presença do minibar de cerveja é uma afirmação gritante para o cliente: "Existimos para quem gosta de cerveja", "somos uma marca descolada", "não estamos nem aí para as convenções", "somos disruptivos", "temos senso de humor", "este hotel é para gente diferente", e, mais uma vez, caso você seja da geração mais jovem, vai interpretar esse minibar como: "Este hotel lhe oferece um ótimo conteúdo para as suas redes sociais."

✯ ✯ ✯

Se é tão poderoso assim, por que nem sempre recorremos ao absurdo? É porque a maioria dos líderes das empresas, diretores financeiros e contadores exigem que o marketing e as iniciativas relacionadas à marca e ao produto tenham um ROI (retorno sobre investimento) que possa ser medido de maneira direta. Os absurdos que descrevi são incrivelmente difíceis de medir ou quantificar, e, como tantas outras coisas no marketing, ou você acredita em *storytelling* e em *branding* ou não acredita.

Pelo que testemunhei ao longo dos meus mais de dez anos de experiência aconselhando as maiores marcas do planeta, os poucos que acreditam de verdade no poder do absurdo, e tomam uma atitude a respeito, quase sempre são os fundadores das empresas (em geral os CEOs contratados têm aversão ao risco, menos controle financeiro e menos controle sobre os valores da marca). Esses fundadores quase sempre investem no marketing dez vezes mais que seus rivais e sempre parecem deixar o restante da concorrência no chinelo no longo prazo. E o mais importante: é bem mais divertido trabalhar com eles.

Se você der uma olhada à sua volta, perceberá que as narrativas mais poderosas das marcas tiram proveito do poder do absurdo, da falta de lógica, do desperdício, da ineficiência e do *nonsense*, porque aquilo que é convencional, racional e parecido com o resto, por mais útil que seja, não transmite nenhuma mensagem sobre quem você é ou deixa de ser.

> "O sentido é transmitido pelas coisas que fazemos que não são do nosso próprio interesse de curto prazo, pelo preço e pelos riscos que assumimos."
>
> **Rory Sutherland, vice-presidente da rede Ogilvy de propaganda**

⭐ A LEI: O INÚTIL E O ABSURDO DEFINEM VOCÊ MELHOR QUE O ÚTIL E O PRÁTICO

Você será conhecido pelas coisas mais absurdas que fizer. O absurdo será o responsável por contar tudo a seu respeito, sem que você tenha que dizer *nada*. O absurdo é mais eficaz e divertido, porém não serve para os medrosos: é para aqueles que assumem riscos, os idiotas e os gênios.

O normal
é ignorado.

O absurdo
vende.

O diário de um CEO

LEI 11

FUJA A TODO CUSTO DO "PANO DE FUNDO"

Esta lei vai ensinar a ciência de atrair a atenção das pessoas para tudo que você escreve, diz e produz. É o segredo por trás de todos os mais famosos contadores de histórias, profissionais de marketing e criadores do planeta.

"Vou ter que arrancar meu braço."

Durante seis dias, Aron Ralston manteve-se vivo, graças a uma determinação ferrenha, a uma esperança inspiradora e à capacidade inata e poderosa que o ser humano tem de sobreviver – algo que todos temos programado em nosso âmago –, o que lhe permitiu ignorar a dor extrema por tempo suficiente para amputar o próprio braço.

Em um dia da primavera de 2003, Ralston pegou o carro e viajou sozinho para Moab, no estado americano de Utah, para realizar a impressionante trilha Slickrock de *mountain bike* e passar alguns dias fazendo uma escalada solitária nos cânions da região, preparando-se para a subida do Denali, no Alasca (antes conhecido como monte McKinley), dali a alguns meses. Ele adentrou o cânion Bluejohn em 26 de abril e cerca de 8 quilômetros adiante chegou a um trecho onde enormes rochas estavam presas entre as paredes do cânion. Ao avançar lentamente, ele deslocou uma delas, de mais de 360 quilos, que deslizou e esmagou sua mão direita contra a parede.

Não apenas a mão sangrenta ficou inutilizada, como ele não tinha como deslocar a rocha. Estava preso. Não tinha contado a ninguém onde estava, carregava consigo apenas uma bolsa d'água e barrinhas de cereais, e levaria dias até seu desaparecimento ser declarado.

Ralston estava preso.

Depois de um tempo de incredulidade e desespero, tentando libertar o braço, ele conseguiu se acalmar.

O canivete suíço barato que ele levava consigo era o único caminho imaginável para recuperar a liberdade. Nos primeiros dias, ele tentou desgastar a pedra, sem êxito. Depois, escavar a parede do cânion – de novo, sem sucesso. Ele estava ficando sem tempo: no começo, ele tinha 3 litros de água. Só lhe restava 1 litro.

Em suas próprias palavras: "A dor eu já tinha superado, o medo eu já tinha superado, mas não tinha como superar a sede."

Fazia cinco dias que Ralston estava preso no cânion. Sem alternativa, decidiu pelo impensável. Juntou suas coisas com a mão livre, respirou fundo e começou a amputar o próprio braço.

Por alguns instantes, ele contemplou a lâmina suja do canivete, e então enterrou-a no membro que estava preso. O processo demorou mais de uma hora, e foi bem-sucedido: Ralston estava consciente, vivo e, por fim, livre.

Exausto e ensanguentado, mas repleto de alívio e adrenalina, percorreu o caminho de volta pelo cânion. Depois de quase 10 quilômetros, foi encontrado por um grupo de turistas, que o levou a um local seguro.

No livro escrito pelo próprio Ralston, assim como no filme *127 horas*, que retrata seu suplício, é impressionante observar como ele enfrentou a situação de forma curiosamente fria, calma e focada.

"Todo o resto – a dor, a esperança de um resgate, o acidente em si – fica para trás. Vou partir para a ação", conta.

Esse exemplo, embora radical, ressalta uma das várias ferramentas de sobrevivência que vêm "de fábrica" no cérebro humano: a capacidade de ignorar informações que ele não considera relevantes, de modo a conseguir focar nas informações novas e incomuns que são mais importantes para o bem-estar e a sobrevivência, ainda que – como foi o caso de Ralston – esses dados venham sob a forma de uma dor insuportável, uma situação complicadíssima e um sentimento de desesperança.

Ao descrever seu ferimento, Ralston comenta no livro: "Talvez o mais estranho seja que eu não sentia a dor do machucado – tinha tantas outras coisas erradas na situação em que me encontrava que esse sofrimento não era importante o suficiente para roubar a atenção do meu cérebro."

O que Ralston descreve é o importante fenômeno psicológico da *habituação*.

✡ A HABITUAÇÃO

A **habituação** é uma característica neurológica de nascença que nos ajuda a focar no que importa e a ignorar as coisas que não exigem concentração urgente.

Elie Wiesel, sobrevivente do Holocausto, prisioneiro dos campos de concentração de Auschwitz e Buchenwald na Segunda Guerra Mundial, descreveu como ele e os companheiros aguentaram a ameaça constante de violência e morte, além dos sons assustadores e os cheiros nauseantes. Quanto mais tempo passavam no campo, mais o cérebro deles se habituava: dessensibilizavam-se dos perigos, dos sons, dos odores e dos demais tormentos enfrentados.

Pavel Fischl, jovem poeta tcheco, ao chegar ao gueto de Theresienstadt, controlado pelos nazistas, contou como as pessoas logo se acostumavam ao ambiente novo e apavorante:

> Todos nós nos acostumamos ao ruído de passos nos corredores dos alojamentos. Já estávamos acostumados às quatro paredes escuras que cercavam cada alojamento. Já nos acostumamos a fazer longas filas, às sete da manhã, ao meio-dia e novamente às sete da noite, segurando uma tigela para ganhar um pouco de água quente com gosto de sal ou café, ou algumas batatas. Tornou-se normal dormir sem cama, viver sem rádio, toca-discos, cinema, teatro, e sem as preocupações típicas das pessoas comuns. Nós nos acostumamos a ver gente morrendo na própria sujeira, a ver os enfermos em meio ao nojo e à imundície (...) Nós nos acostumamos a usar a mesma camisa a semana inteira; afinal, a gente se acostuma com tudo.

Na habituação, o cérebro se ajusta a estímulos repetitivos, <u>ignorando</u> ou <u>minimizando</u> a <u>importância</u> deles.

Por exemplo: se você estiver em um cômodo com um burburinho baixo e constante, no começo isso pode até incomodá-lo, mas provavelmente depois de alguns minutos você não o notará mais, porque seu cérebro se adaptará e deixará de processar o ruído.

Trata-se de um fenômeno cognitivo que libera a nossa capacidade mental para outras coisas – coisas novas que podem nos ajudar a sobreviver – e que pode ser encontrado em qualquer animal com cérebro. Em um estudo, os pesquisadores colocaram ratos em um labirinto que levava a um chocolate. Então, monitoraram a atividade cerebral deles: "Na primeira vez em que o rato entrava no labirinto, farejando o ar e arranhando as paredes, seu cérebro estava explodindo de atividade, como se analisasse cada novo odor, visão e som. Embora a aparência do animal fosse de calma, o cérebro do rato processava tudo freneticamente."

Contudo, depois que o rato encontrava o chocolate e era colocado de volta ao labirinto para encontrar um segundo pedaço escondido no mesmo lugar, a atividade cerebral desaparecia por completo. O rato entrava no piloto automático. Já não precisava mais processar as coisas – estava acostumado com o labirinto –, por isso avançava correndo, no piloto automático, direto para o chocolate, sem se deter, da mesma forma que passamos inconscientemente pelas coisas da vida com as quais estamos acostumados, seja no trabalho, na academia ou dentro de casa. Não pensamos, processamos informações, tampouco percebemos detalhes conhecidos de nossos arredores.

Como o cérebro do rato passou para o piloto automático, ele liberou capacidade cognitiva para pensar em outras coisas. Portanto, na teoria, o rato podia ir correndo para o chocolate ao mesmo tempo que refletia sobre uma questão complicada que tenha surgido no trabalho naquele dia. Em um mundo em que não nos acostumássemos ao entorno, nosso cérebro explodiria de tantos estímulos sensoriais que ele teria que processar.

✸ SACIEDADE SEMÂNTICA

Pai. Pai. Pai. Pai. Pai. Pai. Pai. Pai. Pai. Pai. Pai. Pai. Pai. Pai. Pai. Pai. Pai. Pai. Pai. Pai. Pai. Pai. Pai. Pai. Pai. Pai. Pai.

Já percebeu que, quando repete uma palavra sem parar, ela começa a perder o sentido? Até quando você a lê, repetida o tempo todo, como foi o caso na página anterior, o cérebro acaba apagando o significado dela. Essa perda de familiaridade pode dar a impressão de que a palavra pertence a outro idioma. Observe-a por mais tempo e talvez ela fique parecendo um mero amontoado de letras. Contemple-a por ainda mais tempo e ela se tornará apenas traços sem sentido em uma folha de papel.

Provavelmente você já vivenciou situações em que, de uma hora para outra, de tão repetida, uma palavra começa a parecer estranha, esquisita e confusa... Uma palavra que usou com tanta frequência em um curto intervalo que você precisou parar por um instante para conferir se ela fazia sentido.

Tudo isso se deve a uma forma de habituação chamada **saciedade semântica,** um termo cunhado por Leon James, professor de psicologia na Faculdade de Ciências Sociais da Universidade do Havaí. É quando o sentido de uma palavra ou de uma expressão torna-se temporariamente inacessível, em consequência da repetição e da tendência do cérebro de ignorar coisas a fim de poupar recursos.

Esse efeito também pode ser constatado na vista em si. Quando pacientes recebem uma droga que paralisa a musculatura ocular, depois de alguns segundos o mundo diante deles começa a desaparecer. Eles não adormeceram, mas a incapacidade de mexer os músculos oculares faz com que exatamente o mesmo padrão luminoso atinja os receptores no fundo do olho. Isso também acontece com todos os nossos sentidos, quando uma informação é constante: nós a ignoramos aos poucos, por meio de um processo de habituação que cancela aquilo que é constante. No caso, trata-se do mundo visual como um todo. Basta agitar a mão (ou qualquer coisa que se mexa) diante do rosto do paciente para que seu mundo visual retorne.

✭ COMO OCORRE A HABITUAÇÃO

O neurocientista Eugene Sokolov costuma dizer que, quando o indivíduo recebe um estímulo (palavras, sons ou até sensações físicas), o sistema nervoso cria, basicamente, um "modelo" daquilo que causou o estímulo, o que ele é e como o cérebro deve reagir. Na maioria dos estímulos sensoriais, não há necessidade de reação. Por isso, quando ocorre um estímulo sem importância, o modelo criado pelo cérebro inclui instruções para ignorar aquele estímulo dali por diante.

Uma curva hipotética de habituação em resposta a estímulos repetidos

⭐ O MEDO RETARDA A HABITUAÇÃO

PERIGO. PERIGO. PERIGO. PERIGO. PERIGO. PERIGO. PERIGO. PERIGO. PERIGO. PERIGO. PERIGO. PERIGO. PERIGO. PERIGO. PERIGO.

Curiosamente, qualquer palavra pode ser afetada pela saciedade semântica, mas há variação no tempo que demora até que cada uma comece a perder o sentido. Por exemplo, palavras emotivas ou com conotações dramáticas – como "PERIGO!" – parecem não sofrer o efeito da saciedade semântica. Como nosso cérebro estabelece outras associações fortes com essas palavras, é improvável que seu sentido se perca.

★ ★ ★

De todas as expressões faciais, aquelas relacionadas às ameaças parecem ter o maior impacto. Por razões óbvias, voltadas à sobrevivência, é importante para o ser humano conseguir distinguir a expressão de alguém ameaçado de uma que reflete serenidade. Foi demonstrado que os bebês, já aos 7 meses, prestam mais atenção em semblantes amedrontados do que em expressões felizes ou neutras.

Tendo feito testes A/B com mais de duzentas miniaturas de vídeos em meu canal do YouTube ao longo dos últimos dois anos, verifiquei de forma constante que, quanto mais animada, ameaçadora ou apavorante é a expressão na miniatura, mais cliques o vídeo obtém. Rostos que apresentam neutralidade – que o cérebro se acostumou a ignorar e considerar "pano de fundo" – têm um desempenho significativamente pior em termos de cliques, qualquer que seja o canal.

★ VOCÊ SE ACOSTUMA COM A MÚSICA E O SOM

Ao longo dos anos, Leon James demonstrou que a saciedade semântica é bem mais do que simplesmente algo que impacta aquilo que lemos: ela funciona para qualquer visão, odor ou som.

Se você tem um gato ou um cachorro, já deve ter notado como eles dormem facilmente enquanto você assiste à Netflix, conversa ou ouve música alta. Isso se deve ao mesmo processo da habituação. Em um estudo, um som em volume alto foi reproduzido para um gato adormecido. Ele acordou imediatamente. Porém, quanto mais tempo o mesmo som era tocado, o gato demorava um pouco mais para acordar, até que por fim ele continuou dormindo. No entanto, se o tom variava um pouco, o animal despertava na mesma hora.

James também explorou esse fenômeno na música. Ele concluiu que as canções que disparavam para o topo da parada de sucessos – sendo, assim, tocadas no rádio com mais frequência – também eram aquelas que saíam da lista mais rapidamente. Tinham atingido a habituação. Por sua vez, as músicas que subiam na lista de maneira mais lenta, até as primeiras posições, caíam com a mesma lentidão. Sua luz ia se apagando aos poucos em vez de desaparecer por completo de uma vez.

Com isso em mente, dá para entender por que gostamos de ouvir a mesma música várias vezes. Essa questão me leva a mais um fenômeno psicológico, chamado de **"efeito de mera exposição"**. Ele diz respeito à tendência dos indivíduos de adquirir preferência por coisas ou pessoas que lhes são mais familiares, por conta da exposição repetitiva.

Em um experimento conduzido em 1968 pelo psicólogo social Robert Zajonc, os participantes foram expostos a uma série de palavras sem sentido. Cada uma delas foi apresentada 1, 2, 5, 10 ou 25 vezes. Os participantes deram às palavras ouvidas 5, 10 e 25 vezes notas mais altas do que àquelas com uma ou duas exposições. O efeito de mera exposição foi, desde então, comprovado por diversas experiências.

Assim, se algo chama nossa atenção, mas preferimos aquilo com que estamos familiarizados, existiria um nível de exposição "ideal" a fim de que tal novidade seja ao mesmo tempo desconhecida o bastante para que nosso cérebro reaja, mas familiar o suficiente para gostarmos dela? A resposta é sim, e os cientistas dão a isso o nome de **"nível ótimo de exposição"**.

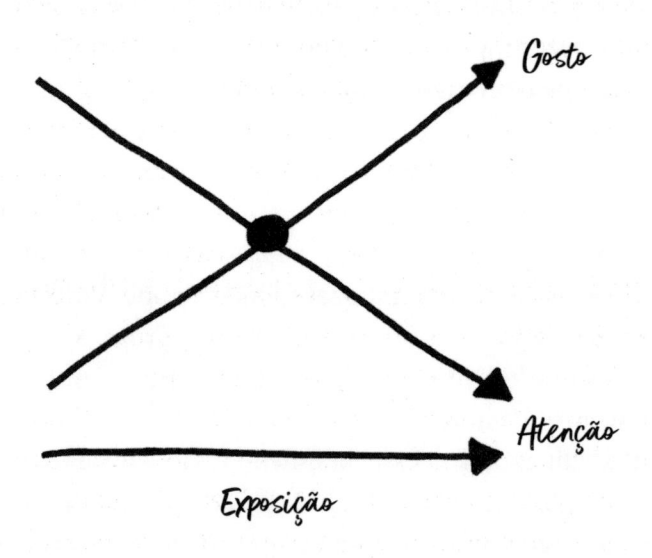

Criar produtos que atinjam esse ponto ideal de "novo o bastante para atrair a atenção do cérebro" mas "conhecido o bastante para ser amado" é a luta de toda gravadora e todo produtor musical. É por isso que são criados vários remixes das músicas de sucesso, que novos artistas fazem *samples* de clássicos e que a maioria das canções tem acordes, sons e melodias que nos são familiares.

✭ NÓS NOS ACOSTUMAMOS AOS CHEIROS

Seu cérebro também se acostuma com cheiros. É por isso que as pessoas precisam perguntar ao amiguinho se estão fedendo: os receptores nas narinas se habituaram e os sinais deixaram de ser enviados para o cérebro. Ou seja, elas não conseguem mais sentir o cheiro do próprio odor.

Caso você tenha experimentado amostras de perfume uma atrás da outra, já conhece esse fenômeno. Às vezes os vendedores o incentivam a cheirar grãos de café entre diferentes fragrâncias, na tentativa de reduzir o efeito da habituação nasal.

Em um estudo, os pesquisadores deram aos participantes um purificador de ar que soltava no quarto um cheiro forte, mas agradável, de pinho. A quantidade usada foi a mesma, todos os dias, durante três semanas. Os cientistas observaram que "a cada dia, os participantes ficavam menos sensíveis ao odor, e perguntavam com cada vez mais frequência: 'Tem certeza de que ainda está funcionando?'"

✭ A HABITUAÇÃO E A SACIEDADE SEMÂNTICA NO MARKETING

É irônico que eu tenha passado tanto tempo lendo sobre "saciedade semântica" (consultei milhares de artigos, estudos e vídeos) que o termo aos poucos tenha ficado desprovido de sentido e virado "pano de fundo" na minha cabeça.

Em vários momentos, enquanto pesquisava e escrevia sobre esta lei, tive que parar para checar se estava usando a expressão certa, porque era como se meu cérebro tivesse ficado entorpecido, anestesiado e insensível a ela.

Da mesma forma, graças às pesquisas recentes sobre o conceito, os profissionais de marketing estão repensando suas estratégias de vendas. Um exemplo oportuno é aquilo que vem sendo chamado de "torpor da Black Friday". Com o uso excessivo, o termo "Black Friday" já não é mais um chamariz. Foi aplicado tantas vezes que, para muita gente, agora passa despercebido.

No marketing, qualquer palavra ou expressão eficaz acabará sendo explorada em excesso, levando ao abuso e à perda de potencial. O jornalista e escritor Zachary Petit afirmou:

> Outro exemplo interessante seria a palavra "revolução". Em 1995, um colega jornalista e eu iniciamos um projeto, depois de notarmos a frequência com que os termos "revolução" e "revolucionário" eram usados em anúncios impressos. Vasculhamos diversas edições de um jornal, entre 1950 e 1995. Nossa conclusão foi que a palavra "revolução" era usada apenas de forma esparsa até o final dos anos 1960, geralmente em referência a autênticas revoluções políticas.
>
> Contudo, no final dos anos 1960, a palavra começou a ser empregada com frequência, tanto pelos partidos políticos convencionais, de esquerda e de direita, quanto por grupos de jovens. Então, em uma edição do jornal de meados dos anos 1970, nos deparamos com uma propaganda de uma marca de móveis cujas cadeiras de escritório eram fabricadas com uma "revolucionária tecnologia suíça". Depois disso, encontramos um anúncio atrás do outro, desde produtos eletrônicos e medicamentos até chocolate, leite, óleo de cozinha e sabão em pó, todos afirmando serem "revolucionários".
>
> Algumas décadas depois, de tão usado, o termo "revolucionário" perdeu seu sentido, tanto no campo político quanto em termos de apelo de marketing. Na prática, seu poder desapareceu.

✫ COMO EVITAR O FILTRO DE HABITUAÇÃO

Aqui vai um segredo que eu gostaria que você guardasse para si, a fim de evitar que estas palavras sejam exploradas demais e percam sua potência.

Quando lancei meu podcast *The Diary of a CEO* no YouTube, gerávamos milhões de visualizações mensais para o canal, mas cerca de 70% dos ouvintes frequentes não se inscreviam. Numa tentativa preguiçosa de forçá-los a fazer isso, acrescentei a expressão "por favor, curta e se inscreva no canal" na introdução, que é a expressão adotada por todo criador de conteúdo para o YouTube.

Aquilo não teve quase nenhum impacto sobre o meu índice de conversão em inscrições. Meu canal continuou a receber inscrições em um ritmo de conta-gotas. Ao refletir a fundo sobre as possíveis causas, formulei a hipótese de que, como a expressão "curta e se inscreva" é o padrão usado por todos os criadores de conteúdo como *call to action* (chamada para ação ou apelo à ação), talvez o cérebro dos usuários já tivesse se habituado a ela. Talvez a frase esteja sendo tão utilizada que as pessoas nem a ouçam quando a digo.

Elaborei uma expressão nova, com base nas leis da habituação. Nos segundos iniciais dos meus vídeos no YouTube, passei a falar:

"Setenta e quatro por cento de vocês que assistem a este canal com frequência não estão inscritos nele."

(É um dado tão específico, revelador e instigante que o cérebro presta atenção nele, evitando o filtro de habituação.)

"Caso você tenha gostado de algum dos vídeos, poderia me fazer um favor e clicar para se inscrever?"

(É um apelo à reciprocidade: um fenômeno psicológico segundo o qual as pessoas farão algo por você caso sintam que você fez algo por elas.)

"Isso ajuda o canal mais do que você imagina, e quanto mais popular ele ficar, mais importantes serão os convidados."

(É uma promessa de recompensa futura: se você se inscrever, terá como benefício convidados mais importantes.)

Depois de usar uma única vez esse novo *call to action*, a taxa de conversão de visualização para inscrições no canal aumentou incríveis 430%! Com isso, viramos o podcast do YouTube que mais crescia no mundo, superando o do lendário Joe Rogan. Passamos de 100 mil para milhões de inscritos em questão de meses, e o site SocialBlade.com prevê que, dentro de cinco anos, superaremos os 30 milhões.

Na minha definição, o **"pano de fundo"** – o uso excessivo de termos, expressões e *calls to action* que se popularizaram a tal ponto que o cérebro se acostuma com eles e os ignora – é o inimigo de um *storytelling* e de um marketing eficazes e de sucesso. Os profissionais da área recorrem ao lugar-comum por preguiça, aversão ao risco e falta de criatividade. Mas esta lei explica que, quando você tem uma mensagem importante e quer se infiltrar no cérebro das pessoas, atraindo sua atenção e tendo o sentido da mensagem captado, deve usar uma terminologia inesperada, incomum e que ainda não tenha sido saturada.

✭ A REPETIÇÃO NÃO É A CHAVE PARA O SUCESSO

No marketing, costuma-se dizer que a repetição é a chave para o sucesso. Um princípio valorizado na publicidade de massa é que, quanto mais o consumidor vê seu anúncio, mais provável é que ele o incite a agir. Em um primeiro momento isso até pode ser verdade, porque todo aprendizado depende da apresentação repetitiva de certo estímulo. Mas é importante compreender as condições que tornam esse estímulo repetitivo algo construtivo, como ocorre com o aprendizado, e não destrutivo, como na saciedade.

Em inúmeros estudos, pesquisadores constataram que a relação entre a frequência da exposição a uma mensagem publicitária e a profundidade de seu significado pode ser representada por um U invertido.

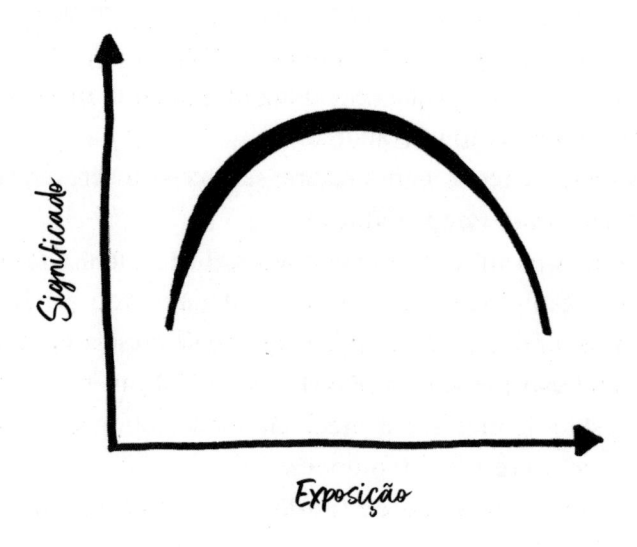

A parte ascendente da curva (que indica um *aumento* do sentido) é chamada de "geração semântica"; a parte descendente (*perda* de sentido) é a "saciedade semântica". O ponto ideal, para os publicitários, é onde a curva *muda* de direção. É ali que o termo, a mensagem ou a expressão atingiu o máximo de eficácia e sentido na mente do consumidor.

Após alcançar esse ponto crítico, a mensagem deixa de ser eficaz – mesmo que ainda seja memorizável – para provocar uma atitude, impulsionar vendas e causar uma reação emocional. Nessa hora – caso a expressão, as palavras ou os sons tenham sido utilizados originalmente para impulsionar ações –, é preciso ser criativo e bolar um jeito novo de furar o filtro de habituação do cérebro.

> O melhor marketing é o que causa <u>desconforto</u>. Ele incita o cérebro inativo a um frenesi neurológico.

O marketing poderoso exige uma opinião, uma reação e uma emoção. Ele não quer "curtidas"; quer amor ou ódio. E quando enfim atinge o ponto de uma familiaridade habituada, ele muda de forma, capturando mais uma vez a atenção do público.

✭ A LEI: FUJA A TODO CUSTO DO "PANO DE FUNDO"

As palavras são dotadas de uma grande importância – e o destino das ideias, dos políticos e das marcas pode ser decidido por elas. Saber como se comunicar de um jeito que ultrapasse as barreiras, atraia a atenção do público e supere nossos filtros de habituação fará a diferença entre o sucesso e o fracasso em várias iniciativas vida afora. Seu cérebro possui uma ferramenta de sobrevivência pré-histórica profunda, o filtro de habituação, que permite adaptar-se e ignorar até os estímulos mais dolorosos, incômodos ou fedorentos. Para que sua mensagem seja ouvida, conte histórias de um jeito genuíno, não repetitivo e não convencional.

Faça as pessoas sentirem algo, de um jeito ou de outro.

O diário de um CEO

LEI 12

É PRECISO DEIXAR AS PESSOAS COM RAIVA

Esta lei vai explicar por que deixar as pessoas com raiva é uma consequência inevitável da construção de uma marca relevante e por que "ódio" é um sinal de que você está dizendo as coisas certas.

Durante a preparação deste livro, passeei pela livraria Barnes & Noble em Los Angeles para estudar um pouco as tendências do mercado editorial. Uma das coisas que encontrei foi um número enorme de livros de autoajuda com palavrões no título!

Essa tendência de usar palavrões no título teve um boom em 2016, com *A sutil arte de ligar o f*da-se*. Segundo seu autor, Mark Manson, que entrevistei em determinado momento da escrita deste livro, a obra vendeu mais de 15 milhões de exemplares. É um dos sinais mais evidentes de que os autores – que concorrem em gêneros saturados – estão tentando evitar a "saciedade semântica" e conquistar a atenção do seu cérebro driblando o "filtro do pano de fundo".

Em 2018, além de *A sutil arte de ligar o f*da-se*, os 25 livros mais vendidos da Amazon contavam com títulos como *What the F*@# Should I Make for Dinner?* (*C*ralho, o que faço para o jantar?*, em tradução livre), *Des foda-se* e *Calma aí, p*rra!*. Ao consultar os registros dos best-sellers, notei que nenhum dos livros no topo da lista de uma década antes tinha um palavrão no título.

Michael Szczerban, editor da escritora Sarah Knight, responsável pela publicação de vários livros boca-suja que venderam milhões de exemplares, entre eles *Calma aí, p*rra!*, afirmou:

Tanto os editores quanto os autores estão à procura de formas de cortar caminho por todo o ruído e as distrações e alcançar as pessoas. Pelo visto, foi um jeito que alguns livros encontraram para conseguir isso, e, com esse tipo de sucesso, outros tentam surfar na onda. Há quem não goste. Alguns livreiros não querem expor um livro que tem um palavrão no título. Mas as vantagens mais que compensam.

Quando ele diz que as vantagens compensam, está tocando em um dos princípios mais básicos do marketing: evitar a saciedade semântica e fazer com que sua mensagem atinja o público.

Esse é um preceito que todas as minhas equipes de marketing exploraram, defenderam e executaram durante mais de uma década, a ponto de termos uma inscrição na parede do escritório com: "Faça as pessoas sentirem algo, de um jeito ou de outro."

Indiferença – quando as pessoas não amam nem odeiam você – é o resultado menos lucrativo para o profissional de marketing.

A indiferença às suas palavras, sua mensagem ou seus *calls to action* é o caminho mais garantido para o temido filtro de habituação mencionado na lei anterior.

Entrevistei Jane Wurwand, ilustre fundadora e visionária chefe da Dermalogica e do International Dermal Institute. Wurwand é uma das mais reconhecidas e respeitadas autoridades do setor de beleza. Sob o comando dela, a Dermalogica cresceu até se tornar uma marca líder nos cuidados com a pele, usada por mais de 100 mil especialistas em tratamentos de pele em mais de cem países de todo o mundo. Com isso, Wurwand tornou-se uma das mulheres mais ricas da indústria de cosméticos.

Seu segredo de marketing número um, para driblar o filtro de habituação dos clientes, é dizer e fazer coisas que "deixam as pessoas com raiva". Ela explicou:

Temos que estar preparados para deixar 80% das pessoas com raiva; senão, nunca vamos chamar a atenção dos 20%. Se não fizermos isso, ficaremos em cima do muro, medíocres, medianos, palatáveis, mas não definíveis. Um produto pode ter essas características. Uma marca, não. Uma marca desencadeia uma reação emocional. Por isso, virou um lema no nosso departamento de marketing: "Precisamos deixar 80% das pessoas com raiva e chamar a atenção de 20%." Não precisamos que todo mundo goste da gente. E, se não formos um pouco contestadores, todo mundo pode até gostar da gente, mas não vai nos amar. Se algumas pessoas nos odiarem, outras vão nos amar.

Porém, tome cuidado: toda tática emocional tem um prazo de validade – "ganchos" emocionais têm retornos decrescentes, à medida que o cérebro se habitua e a mensagem perde o significado original.

Ao comparar a predominância na lista de best-sellers de títulos repletos de palavrões em 2018 e a configuração atual, fica evidente que a eficácia da tática do xingamento está perdendo a força. Aquilo que torna eficaz qualquer mensagem emocional é o que acaba por popularizá-la, até que, pelo poder da habituação, ela logo se transforma em "pano de fundo".

✷ A LEI: É PRECISO DEIXAR AS PESSOAS COM RAIVA

Não tenha medo de repelir alguns indivíduos com abordagens de marketing emocionais, ousadas e até controversas: despertar uma reação emocional que engaje 20% do seu público e irrite 80% pode ter mais valor que uma abordagem que deixa 100% das pessoas indiferentes.

Alguns vão amar você.

Alguns vão odiar você.

Alguns serão indiferentes.

Você só vai se conectar com os dois primeiros grupos.

Com o terceiro, não.

A indiferença é o resultado menos lucrativo.

O diário de um CEO

LEI 13

PRIORIZE SUA MISSÃO LUNAR PSICOLÓGICA

Esta lei mostra como criar alta percepção de valor na mente do seu cliente com alterações surpreendentemente pequenas, superficiais e muitas vezes sem custo no seu produto. Também revela os truques psicológicos que suas marcas favoritas estão usando neste exato instante para pegar você.

Faz três anos que meu barbeiro me manipula.

Ele vem à minha casa toda semana no mesmo dia e horário, e corta meu cabelo do mesmo jeito. Continuo com ele porque sempre o achei bastante detalhista. É um perfeccionista, o que sempre me inspirou confiança.

Um dia, depois de um de seus atendimentos de rotina, tivemos nosso primeiro problema. O corte feito, ele tirou meu avental e anunciou: "Terminou, amigo."

Meu instinto me disse que havia algo de errado. Por algum motivo que eu não conseguia explicar, tive a impressão de que ele havia se apressado, sem dar a atenção habitual aos detalhes.

Respondi: "Sério? Foi rápido!" Hesitante, fui até o espelho da cozinha e comecei a me examinar, em busca de algum pedaço do couro cabeludo que ele tivesse esquecido. Para minha surpresa, o corte estava perfeito, como sempre.

Ainda achando que ele tinha realizado o atendimento com pressa, chequei o horário no celular: ele gastou o mesmo tempo de sempre cortando meu cabelo.

Sem entender por que eu continuava me sentindo tão inexplicavelmente mal atendido, comentei: "Por algum motivo, fiquei com a sensação de que você cortou meio rápido." Por um instante, ele ficou com um ar de total perplexidade. Então, como se tivesse captado uma piada, explodiu em uma crise incontrolável de riso. "Ah, desculpe, desculpe, cara; de tanto que conversamos, esqueci de fazer minha 'sequência do arremate'!", explicou.

Sequência do arremate? Daí ele me contou um truque psicológico que ele chama de "o último acerto", que ele vinha usando comigo e com todos os clientes havia dez anos.

Explicou ter percebido que o pessoal sempre tem a impressão de ter recebido um serviço melhor quando, no final, ele finge fazer uma inspeção do resultado antes de realizar um último – e fictício – acerto.

Assim, ao terminar cada corte – inclusive todos os meus anteriores –, ele fazia uma "sequência do arremate". Trata-se de desligar a máquina de corte, fazer uma longa pausa, caminhar em volta do cliente como se estivesse inspecionando de perto o cabelo e, por fim, fingir dar um pequenino arremate no cabelo, antes de anunciar que havia terminado.

Naquele dia, ele apenas se esqueceu dessa pequena sequência, e eu percebi instintivamente. Senti que meu corte estava pior, por ter sido feito de modo apressado ou descuidado. Isso tudo porque ele se esqueceu de um truque psicológico de dez segundos que me convencera de modo inconsciente de que ele possuía uma tremenda atenção aos detalhes.

Na verdade, o truque do "arremate" não melhorava em nada meu corte – ele confessou que não cortava nem sequer um fio de cabelo naquele momento. Mas era muito útil para melhorar minha percepção de que ele tinha feito um trabalho completo. É esse o poder da "missão lunar psicológica" (psychological moonshot), termo cunhado pelo já citado Rory Sutherland, da agência de publicidade Ogilvy.

Uma missão lunar <u>psicológica</u> é um <u>investimento relativamente pequeno</u> que <u>melhora drasticamente</u> a percepção de alguma coisa.

As missões lunares psicológicas provam que quase sempre é mais barato, mais fácil e mais eficaz investir na percepção do que na realidade.

⭐ A UBER É UMA MISSÃO LUNAR PSICOLÓGICA

"E se você pudesse pedir pelo telefone?"

Essa foi a pergunta que surgiu em uma conversa entre Travis Kalanick e Garrett Camp, em uma noite congelante em Paris. Eles tinham ido à Europa para uma conferência sobre tecnologia e esperaram uma eternidade por um táxi, enfrentando um suplício com o qual a maioria de nós está familiarizado: é péssimo não saber se ou quando o dito-cujo vai aparecer. A pergunta simples que eles fizeram naquela noite, que surgiu da incerteza e da frustração, levaria à criação da Uber, hoje o aplicativo padrão para serviços de transporte de passageiros para mais de 100 milhões de pessoas todos os meses, em seiscentas cidades e 65 países.

Em situações de forte estresse, quando estamos atrasados para um voo, uma reunião ou um evento, cada segundo parece um minuto, cada minuto parece uma hora e cada hora parece um dia. Todos nós nos identificamos com a sensação de angústia que esse roteiro cria; essa é a terrível ansiedade da incerteza enquanto cliente.

Reduzir o desgaste psicológico dos clientes tornou-se o desafio-chave da Uber. Por isso, a empresa criou uma equipe interna de cientistas (de dados) comportamentais, psicólogos e neurocientistas, o que seria chamado de "Uber Labs".

Em suas pesquisas, a Uber Labs descobriu vários princípios psicológicos cruciais que impactam a satisfação do cliente com a empresa e a percepção da experiência como um todo: a "regra do pico-fim"; a aversão ao ócio; a transparência operacional; a ansiedade da incerteza; e o efeito gradiente de meta. Compreender essas cinco poderosas forças psicológicas permitiu à Uber reestruturar por completo todo um setor e criar uma empresa avaliada em 120 bilhões de dólares.

1. REGRA DO PICO-FIM: OS DOIS MOMENTOS QUE MAIS IMPORTAM

A regra do pico-fim é um viés cognitivo que descreve como as pessoas se lembram de uma experiência ou de um evento. Em suma: avaliamos uma experiência de acordo com o que sentimos no pico e no fim, e não em alguma média perfeita de cada momento que vivenciamos. O fundamental é que isto se aplique tanto às experiências boas quanto às ruins! Empresas e marcas, prestem atenção: **o cliente vai julgar a experiência inteira por apenas dois momentos: a melhor (ou pior) parte e o fim.**

Essa perspectiva nos ajuda a entender por que pegar um voo terrível no começo das férias tem um impacto menos negativo sobre a satisfação do que um voo horroroso na volta; por que um jantar maravilhoso pode ser arruinado por uma cobrança adicional surpresa na hora da conta; e por que uma briga de dois minutos no fim de um passeio agradável com seu cônjuge compromete a lembrança da noite como um todo.

Isso também explica por que os motoristas da Uber são treinados para serem excepcionalmente gentis com você no fim da corrida, momentos antes de você atribuir uma nota e oferecer uma gorjeta.

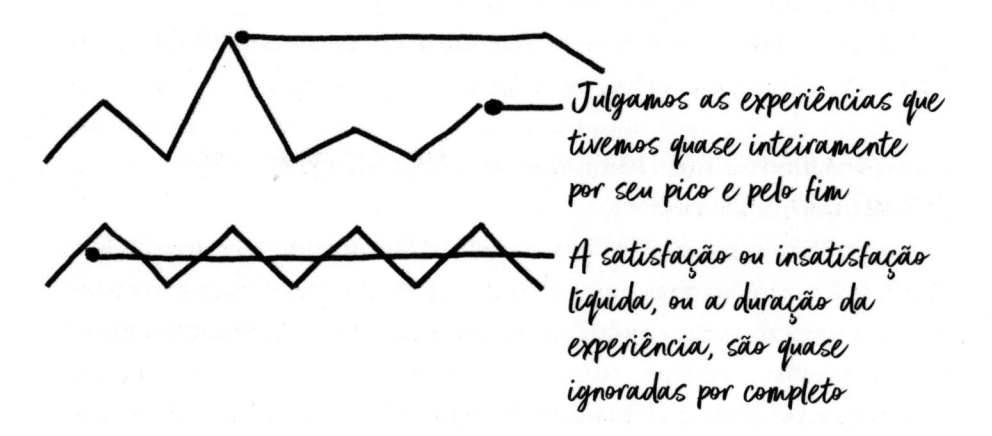

Julgamos as experiências que tivemos quase inteiramente por seu pico e pelo fim

A satisfação ou insatisfação líquida, ou a duração da experiência, são quase ignoradas por completo

2. AVERSÃO AO ÓCIO: NOSSA NECESSIDADE DE UMA JUSTIFICATIVA PARA NOS MANTERMOS OCUPADOS

A Uber Labs citou pesquisas que indicam que **pessoas ocupadas são mais felizes do que pessoas ociosas** – mesmo quando não estão ocupadas por vontade própria (isto é, foram obrigadas a exercer alguma atividade). Na verdade, até uma justificativa falsa – uma razão fictícia – pode motivar as pessoas a agirem, tamanho é nosso apetite por distrações e atividades. A conclusão que se tira disso é que muitas das "metas" que estabelecemos não passam, na verdade, de desculpas para nos mantermos ocupados.

No caso da Uber, isso significa que, se pudessem manter os clientes ocupados dando-lhes algo para assistir ou com o qual se engajar, eles ficariam significativamente mais felizes e menos propensos a cancelar corridas.

Em vez de apenas informar aos usuários em quanto tempo o motorista vai chegar, a equipe da Uber Labs instalou várias animações envolventes – entre elas um carro avançando por um mapa, o que oferece ao cliente algo para assistir enquanto espera – em um esforço para evitar a "infelicidade ociosa".

De maneira notável, a pesquisa citada pela Uber mostra que a maioria das pessoas optaria por um tempo de espera longo – se puder fazer algo durante esse intervalo –, em vez de um tempo de espera curto em que não se mantém ocupada. Isso explica, em parte, por que os restaurantes oferecem cortesias enquanto você espera; por que sites de *streaming*, como a Netflix e o YouTube, mostram pré-visualizações quando o usuário passa o cursor sobre os vídeos; e por que o Google Chrome mostra um joguinho de tiranossauro quando a conexão cai.

Estudos mostram que manter o cliente ocupado aumenta a felicidade, a retenção e a conversão em mais de 25%!

3. TRANSPARÊNCIA OPERACIONAL: AS MARCAS PRECISAM SER REDOMAS DE VIDRO

Conseguir um táxi em 2008 era uma missão cheia de incertezas. O consumidor não tinha como saber quando o táxi ia chegar (nem mesmo *se* ia aparecer), quem seria o motorista ou por que estava demorando tanto. Na época, se você entrasse em um táxi sem taxímetro, o motorista, na prática, inventava uma tarifa do nada, com base numa tabela imaginária. Se pegasse um táxi *com* taxímetro, ficaria com medo de que o motorista tomasse um caminho mais longo de propósito para aumentar a tarifa.

Essa falta de transparência é um veneno para a experiência do cliente. Ela gera desconfiança, o que nos deixa descrentes, ressentidos e infiéis à marca.

Ao considerar tudo isso, a Uber Labs usou um princípio psicológico chamado **transparência operacional** e começou a explicar cada estágio do que acontece nos bastidores, exibindo o índice de progresso durante a espera. Isso inclui o cálculo de uma estimativa de tempo de chegada, uma subdivisão detalhada de como a tarifa é calculada, estimativas justificadas para tudo e atualizações rápidas (com a devida justificativa) quando ocorre uma alteração.

Essas mudanças resultaram em uma redução de 11% na taxa de cancelamentos de pedidos, o que, para a Uber, com mais de 7 bilhões de pedidos de viagem por ano, é um avanço que vale bilhões de dólares.

4. ANSIEDADE DA INCERTEZA

Em 2008, a Domino's Pizza passou por um curioso desafio operacional e de experiência do cliente. O consumidor que esperasse por sua pizza além do previsto telefonava para o restaurante e perguntava o que tinha acontecido. Isso interrompia todo o processo de produção da pizza, porque o responsável por prepará-la tinha que explicar o atraso ao funcionário que tinha atendido ao telefone. No fim das contas, o cliente acabava recebendo uma resposta vaga e incerta. Sem querer, quem tinha ligado acabava atrasando a entrega da própria pizza, devido à falta de transparência operacional da experiência.

Algumas redes de pizzarias reagiram ao problema com melhores bolsas térmicas para manter a pizza quente, contratação de mais funcionários e entregadores, garantias de devolução do dinheiro pago em função do tempo de entrega e pãezinhos de cortesia nas entregas demoradas. Mas o telefone não parava de tocar.

O que ninguém conseguia enxergar era que o cerne do problema era a frustração psicológica: os consumidores não queriam entregas mais rápidas. Queriam **menos incerteza** em relação à entrega.

A Domino's compreendeu isso e, em 2008, por meio do software interno de gestão de pedidos já em uso, criou o "Rastreador de Pizzas da Domino's", que mostra ao cliente exatamente onde está o pedido, dentro de um processo de cinco etapas.

Essa pequena sacada psicológica e a inovação que ela gerou transformaram os negócios. A incidência de telefonemas irritados despencou, a satisfação e a retenção de clientes dispararam, e, nesse processo, a Domino's economizou e ganhou milhões de dólares.

Uma pesquisa publicada na revista *Nature* mostrou que é menos psicologicamente estressante saber que algo negativo está para acontecer (por exemplo, saber que a pizza chegará com meia hora de atraso) do que ficar na incerteza (não temos ideia de quando a pizza vai chegar). Isso porque a região do nosso cérebro que tenta antecipar consequências é mais ativada quando estamos diante de uma incerteza: ela fica de prontidão. Como explica Rory Sutherland no livro *Alchemy*, um alerta de "ATRASADO" no painel do aeroporto irrita muito mais do que um alerta de "ATRASADO 50 MINUTOS".

✴ ✴ ✴

A cada dia, mais de trezentos *shinkansen* (trens-balas) chegam e partem das quatro plataformas da estação de Tóquio, a um intervalo médio de cerca de quatro minutos. Os trens só ficam parados na estação durante dez minutos e demoram apenas dois para desembarque e três para embarque.

A Tessei, subsidiária da rede ferroviária do Japão, é quem cuida da limpeza dos trens-balas, deixando-os mais asseados para os mais de 400 mil passageiros que utilizam o serviço todos os dias. É comum os clientes reclamarem da limpeza e da higiene dos vagões, considerando que não há como limpá-los adequadamente em um intervalo tão curto.

Teruo Yabe, CEO da Tessei, decidiu mudar essa percepção: para ele, os trens estavam limpíssimos, na verdade – só que era algo que os clientes não notavam. Assim, em vez de contratar mais funcionários para a limpeza, Yabe decidiu dar mais destaque aos já existentes: mudou a cor dos uniformes, de camisas azul-claras para jaquetas vermelho-vivo impossíveis de não ver, e pediu ao pessoal da limpeza que dessem um show – o que hoje é conhecido pelo mundo todo como "o teatro de sete minutos do shinkansen" – para saudar os clientes que chegam e os que saem.

Quando o trem está se aproximando da plataforma, os funcionários formam uma fila diante das portas e se curvam quando ele chega. Segurando bolsas abertas, cumprimentam os passageiros que chegam e agradecem por receber seu lixo. Em seguida, as equipes percorrem rapidamente o trem, catando os detritos, varrendo e desinfetando as superfícies. Tudo pronto, os limpadores formam uma fila dentro dos vagões e se curvam pela segunda vez, para demonstrar respeito pelo trem que sai e pelos novos passageiros.

Não apenas as queixas sobre a limpeza despencaram, como também há relatos de que os funcionários da Tessei – graças ao orgulho recém-adquirido pelo próprio trabalho, inspirado pelo aumento do respeito vindo dos passageiros – passaram a fazer uma limpeza mais meticulosa, com mais alegria e mais motivação. Aquilo que ficou conhecido como "o milagre de sete minutos" reposicionou a rede ferroviária japonesa como uma das mais limpas do mundo.

Isso mostra que até a incerteza sobre a higiene pode ser resolvida com uma "missão lunar psicológica", oferecendo mais uma prova de que **quase sempre é mais barato, mais fácil e mais eficiente investir na percepção do que na realidade.**

5. O EFEITO GRADIENTE DE META: ACELERANDO PERTO DA LINHA DE CHEGADA

Em 1932, um cientista comportamental chamado Clark Hull estava estudando ratos em um labirinto. Ao implantar sensores nos roedores, ele monitorava a velocidade deles ao correr rumo a uma recompensa (no caso, um alimento). Hull percebeu que, quanto mais os ratos se aproximavam do fim do labirinto – e do prêmio –, mais rápido eles avançavam.

Hull deu a esse princípio o nome de "efeito gradiente de meta".

> Já foi várias vezes demonstrado que <u>aquilo que mais nos motiva é a proximidade de atingir uma meta</u>: quanto mais perto do sucesso, mais rápido trabalhamos.

Clientes de um café que colecionam selos como parte de um programa de pontos compram com mais frequência conforme se aproximam de ganhar uma bebida de graça; usuários de internet que dão notas para músicas em troca de vale-presentes fazem mais avaliações conforme se aproximam da obtenção da recompensa; e usuários do LinkedIn ficam mais propensos a acrescentar informações quando aparece um medidor de "força do perfil" detalhando como estão perto de completá-lo.

Ao criar seus mapas, a Uber Labs fez um esforço enorme para ressaltar quanto o carro está perto, tanto do ponto de partida da corrida quanto do destino.

Todos esses truques psicológicos fizeram da Uber a mais famosa empresa de transporte de passageiros do mundo, dominando seu setor. E, por conta do trabalho realizado pelos especialistas em tecnologia na Uber Labs, a empresa afirma que agora bastam 2,7 viagens para um usuário se tornar um cliente fixo.

✶ O PODER DAS MISSÕES LUNARES PSICOLÓGICAS

O termo "missão lunar" vem do projeto da nave espacial *Apollo 11*, que levou o primeiro ser humano à Lua em 1969, no que foi descrito pelo astronauta Neil Armstrong como "um grande salto para a humanidade". Uma missão lunar psicológica é um grande salto à frente, baseado no poder da tecnologia.

Quando entrevistei Rory Sutherland, ele disse:

> É difícil aumentar a satisfação do cliente multiplicando por 10 a velocidade do trem; muito mais fácil é aumentá-la por meio de princípios psicológicos que tornam a viagem 10 vezes mais agradável. Acho que os governos não precisariam, como o Reino Unido, gastar 50 bilhões de libras com trens mais rápidos; bastaria fazer o wi-fi funcionar melhor dentro deles. É provável que os maiores avanços dos próximos cinquenta anos não venham de melhorias na tecnologia, e sim da psicologia e do design bem pensado.

Aqui vale apontar que, na maioria dos elevadores, o botão "fechar porta" não funciona. As portas são projetadas para fechar depois de certo período, por razões de segurança e jurídicas. Segundo Karen Penafiel, ex-diretora-executiva da National Elevator Industry Inc., "o público dos elevadores não pode acelerar o fechamento das portas". Mas é um placebo ilusório que cria a impressão de controle, reduz a incerteza, dá mais sensação de segurança e, com isso, aumenta a satisfação do cliente.

Alguns fabricantes de sabonete colocam mentol, hortelã ou eucalipto nos produtos com o único propósito de gerar um formigamento nas mãos e, com isso, criar um efeito psicológico poderoso – o mesmo constatado com a medicina e os suplementos – de que uma coisa funciona porque dá para *senti-la*.

Recentemente, o McDonald's lançou mão de suas próprias missões lunares psicológicas, instalando quiosques de autoatendimento e telas enormes mostrando em que pé estão os pedidos e dando ao cliente uma senha assim que ele realiza a compra. Ao recorrer ao efeito gradiente de meta, reduz-se a incerteza, o tempo de espera e a frustração. Essa mudança produziu uma série de resultados para a marca, alguns da magnitude de missões lunares.

Nas palavras de Don Thompson, ex-presidente do McDonald's, "as pessoas comem primeiro com os olhos". Enxergar cada item – em contrapartida de ler palavras em uma lista – aumenta a probabilidade de o indivíduo desejar aquele produto. Antes, esta não era uma possibilidade viável, devido ao limite de espaço nos painéis da lanchonete. Além disso, pesquisas mostraram que o uso de uma tela sensível ao toque cria uma sensação de entretenimento e novidade, o que aumenta a propensão do cliente a se permitir consumir mais. Para completar, não há a possibilidade de a pessoa se sentir envergonhada ao listar diretamente ao caixa um grande pedido guloso e cheio de detalhes, o que dá mais segurança ao consumidor, sob uma perspectiva psicológica, para fazer seu pedido.

Essa mudança relativamente pequena gerou resultados multibilionários para a empresa ao redor do mundo: as vendas subiram quase 10%, a satisfação dos clientes aumentou e, embora o processo de produção não tenha mudado, a percepção do público em relação à parte *fast* de um restaurante fast-food sofreu um grande impacto positivo.

✭ A LEI: PRIORIZE SUA MISSÃO LUNAR PSICOLÓGICA

As missões lunares psicológicas permitem que as marcas criem maior percepção de valor com mudanças mínimas, superficiais e às vezes sem custo. Elas são a primeira coisa que empreendedores e profissionais do marketing e da criação precisam considerar na tentativa de criar (a ilusão de) valor.

Não entre em guerra contra a realidade, invista em moldar percepções.

Nossa verdade não é aquilo que enxergamos.

É a narrativa em que escolhemos acreditar.

O diário de um CEO

LEI 14

O ATRITO PODE GERAR VALOR

Esta lei mostra uma verdade que parece desafiar a lógica: às vezes, o cliente vai querer mais o seu produto... se você piorar a experiência dele.

Durante meu período como CEO de marketing, participei de várias reuniões de branding com a Coca-Cola, nossa cliente, em que os executivos de marketing da empresa estavam perplexos com o sucesso da Red Bull e, de modo mais amplo, do setor de bebidas energéticas.

As vendas de refrigerantes doces estavam despencando; porém, a categoria das bebidas energéticas, tão prejudicial à saúde quanto, e de gosto azedo, só disparava. O que estava acontecendo para uma categoria crescer tanto e com tanto sucesso e a outra, não? Nossa pesquisa revelou que os clientes de categorias diferentes tinham expectativas diferentes, e estas trazem consigo diferentes missões lunares psicológicas.

Na minha conversa com Rory Sutherland, ele comentou que, em termos de expectativa psicológica, a Red Bull entrega a noção de que a bebida melhora seu desempenho e "te dá asas", intencionalmente oferecendo um sabor ruim. Por ter mais gosto de remédio do que de uma agradável bebida gasosa, o consumidor é convencido de que a bebida está repleta de substâncias químicas poderosas e eficazes. Se tivesse um gosto "melhor", o produto poderia se tornar menos desejável – dependendo das expectativas do cliente.

Um de meus melhores amigos fundou e administrou uma das marcas de suplementos alimentares que mais crescem na Europa. Volta e meia ele me confessava que a maior dificuldade que tinha era que o gosto dos produtos era tão bom que os clientes simplesmente não acreditavam que fizessem efeito. Em determinado momento, ele cogitou piorar o sabor dos produtos, na tentativa de aumentar as vendas.

Estes exemplos provam que <u>facilitar as coisas nem sempre é a melhor maneira de estabelecer uma missão lunar psicológica</u>; às vezes é preciso fazer o contrário: aumentar o atrito, o tempo de espera e a inconveniência, para atingir o mesmo <u>aumento na percepção de valor</u>.

A General Mills lançou diversas misturas para bolo nos anos 1950, sob a famosa marca Betty Crocker. Era preciso adicionar água à preparação, misturar tudo e levar ao forno. Incluía leite e ovos em pó, e era impossível errar. Quando esses produtos foram lançados, houve uma enorme expectativa por parte do público. Mas eles não vingaram e foram recebidos com apatia, se muito.

A General Mills não conseguia entender o que tinha dado errado. Na época, a empresa queria poupar tempo de esposas e mães ocupadas, mas, por algum motivo, não deu certo. Uma equipe de psicólogos foi contratada para investigar. A conclusão foi que, embora o produto economizasse tempo e esforço, na comparação com fazer um bolo do zero, as consumidoras se sentiam culpadas por darem a impressão de terem passado horas na cozinha quando isso não era verdade ou se sentiam obrigadas a admitir que pegaram um atalho e não deram tudo de si. Por isso, elas retornaram ao processo tradicional.

A General Mills poderia ter criado uma campanha publicitária para tratar da questão, porém, de olho no aspecto psicológico, seguiu outro caminho: um que ia contra todas as ideias preconcebidas de marketing. Eles tiraram o ovo da pré-mistura e, no modo de preparo, escreveram: "Adicione um ovo." A "técnica de subtração" gerou mais atrito, tornou o produto menos prático e fez o cliente gastar mais tempo no preparo. Ou seja, de forma objetiva, resultou em um produto de menor valor. Porém, ao adotar essa solução, a empresa fez o consumidor se sentir mais valorizado, e, por isso, as vendas decolaram.

Da mesma forma, toda vez que um restaurante deixa na mesa um bife cru e uma chapa para grelhá-lo, fica evidente para mim que eles estão empregando, de forma intencional ou não, uma poderosa missão lunar psicológica.

A preferência de cada um pelo ponto da carne é algo muito específico – o que torna o bife um dos itens que mais retornam para a cozinha, mesmo nos estabelecimentos mais sofisticados. Parece não fazer sentido pedir que o próprio cliente prepare seu prato para aumentar a satisfação e a percepção de valor da experiência como um todo. Mas é justamente isso que acontece quando se coloca a chapa na mesa.

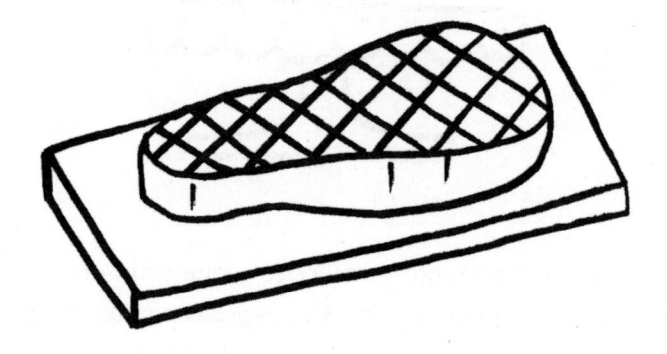

Ao trazer a carne crua, o restaurante reduz a espera, poupa tempo do chef e aumenta minha probabilidade de satisfação ao permitir que eu prepare meu bife do jeito que gosto (ao ponto para malpassado), ficando com a sensação de ter me empenhado na refeição. Além disso, há uma redução na quantidade de reclamações e de pratos devolvidos. Ao me manter ocupado, ainda se evita o problema de ociosidade. Nesta missão lunar psicológica, a transparência operacional, a aversão à ociosidade e o efeito gradiente de meta atuam todos ao mesmo tempo!

Sites de busca de voos, hotéis e seguros compreendem que o atrito é capaz de criar valor. Eles descobriram que um tempo de pesquisa menor no site muitas vezes resulta em menos vendas. Passaram a aumentar artificialmente o tempo de busca, mostrando todos os sites que consultaram, na tentativa de convencer o usuário de que fizeram uma busca minuciosa e que não é necessário procurar em outro lugar. Essa tática resultou em um aumento das vendas, da retenção de clientes e do índice de retorno.

✭ A LEI: O ATRITO PODE GERAR VALOR

Parece uma ideia *nonsense* que o atrito possa gerar valor, mas as empresas que adotam as missões lunares psicológicas compreendem que o ser humano não é lógico: é irracional, absurdo e fundamentalmente incoerente no comportamento e na tomada de decisões. Portanto, caso você queira influenciá-lo com êxito, às vezes precisa criar, produzir e dizer coisas que não fazem sentido.

"Valor" não é algo exato.

É uma percepção que alcançamos quando atendemos a expectativas.

O diário de um CEO

LEI 15

A MOLDURA É MAIS IMPORTANTE QUE O QUADRO

Esta lei explica como a forma de apresentar um produto ao consumidor afeta drasticamente a percepção de seu valor.

Um único erro banal destruiu meu caso de amor com minha marca favorita.

As pessoas costumavam me ver sempre coberto da cabeça aos pés com uma marca específica de roupa. Alguns anos atrás, eu me apaixonei por ela depois de descobrir a história do fundador, sua visão, sua dedicação inabalável aos detalhes, sua criatividade, seu senso estético e toda a habilidade técnica que ele instilava em cada obra-prima. Era uma marca que criava designs únicos para peças do dia a dia, tudo isso a preços um tanto mais altos.

Até um dia fatídico em que eu estava de bobeira nas redes sociais e me deparei com um vídeo postado pelo fundador da empresa. Era ele fazendo um tour da linha de produção, na China, onde suas criações ganhavam vida. O objetivo da publicação era ostentar a enorme escala da operação e a ascensão meteórica da marca, mostrando quantos produtos eram fabricados, como eram feitos e o processo que orientava a linha de produção.

Naquele mesmo instante, o feitiço foi quebrado; o encanto e a ilusão que a marca lançara sobre mim tinham desaparecido.

O que me marcou não foi o fato de as peças serem feitas na China, nem o rosto dos operários por trás das roupas, nem mesmo as condições de produção. O problema foi ver os mesmíssimos calçados que eu vestia sendo regurgitados por uma máquina monstruosa e jogados em uma pilha de milhares de pares idênticos. Foi ver a exata camiseta que eu estava usando naquele instante empilhada de qualquer jeito em cima de milhares de outras, em um contêiner colossal, igual a uma caçamba de lixo, com uma cascata de camisetas transbordando em uma lixeira lotada.

Embora a marca nunca tenha dito isso de forma explícita, minha mente de fã sempre imaginou seus produtos como peças de arte únicas, cada uma costurada à mão, com amor, pelo próprio e dedicado fundador. Se eu olhasse aquilo de forma lógica, teria imaginado algum nível de produção em massa, mas não é a lógica que guia o consumo, e sim as narrativas em que decidimos crer, com base nas evidências que nos são apresentadas. Até então, a única narrativa que a marca tinha elaborado era a de arte, exclusividade e romantismo.

> O jeito de embalar tem um <u>grande impacto</u> na recepção do produto. <u>A forma de enquadrar algo</u> afeta a <u>percepção</u> e o <u>valor</u> da marca. Naquele momento, o enquadramento da minha marca favorita mudou de forma irreversível.

Não se trata de uma descoberta comportamental recente. As famosas campanhas Pepsi Challenge, dos anos 1970, submetiam consumidores a um teste cego de Pepsi e Coca-Cola, bebidas ora em copos brancos sem qualquer distinção, ora direto de latas e garrafas com as respectivas marcas. As pessoas prefeririam Pepsi quando bebiam dos copos, mas, surpreendentemente, prefeririam a Coca-Cola quando ela era servida em uma garrafa ou uma latinha. A forma de enquadrar a bebida mudou o gosto dela para o consumidor.

Se você entrar em uma loja de eletrônicos, daquelas menores que não fazem parte de uma rede, é provável que se veja em meio a uma selva esmagadora de cabos, geringonças e baterias, empilhados do piso ao teto. A ideia convencional no merchandising de produtos era que, quanto mais itens eram expostos, maiores as chances de uma venda ser realizada. É um jeito bastante lógico de pensar, mas a Apple sabe que o ser humano é tudo, menos lógico, e que outras forças psicológicas predominantes importam muito mais.

Todas as Apple Stores do planeta recorrem ao incrível poder do enquadramento, ao convencer inconscientemente o comprador de que gastar milhares de dólares em um aparelhinho eletrônico – como o iPhone – vale a pena.

A Apple projetou suas lojas para se parecerem mais com galerias de arte – conhecidas por peças únicas e de alto valor – do que com as abarrotadas lojas de eletrônicos. Os cientistas comportamentais da empresa sabem que a moldura que criam afetará o valor da bugiganga dentro dela. Ao expor apenas uma pequena quantidade de itens, recorrem ao poder da escassez (uma forma de enquadramento), segundo o qual a demanda e, portanto, a percepção de valor de um produto aumentam quando a oferta parece limitada. Todos sabemos, de forma intuitiva, que o espaço em uma loja é caro. Por isso, oferecer muito espaço a cada produto isolado é uma forma de sinalizar que ele vale tanto que merece o gasto. Psicologicamente, atribuímos ao próprio produto o valor do espaço livre em volta dele – igual a uma peça de arte. A Apple enquadra seus produtos em um palco chamativo para a nossa psique.

Para ilustrar quanto a moldura pode ser poderosa na mudança da percepção, dê uma olhada neste exemplo visual:

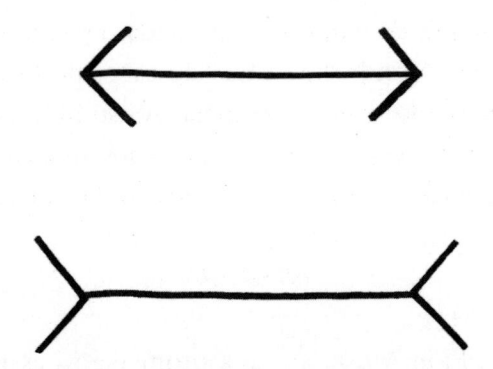

As linhas entre as duas pontas das flechas têm o mesmo comprimento

Eu sou investidor e embaixador de uma empresa chamada WHOOP, que faz *wearables* (dispositivos vestíveis) que monitoram seus principais dados relativos à saúde. A empresa foi avaliada recentemente em 3,6 bilhões de dólares, domina seu setor e tem entre seus clientes um pouco de todo mundo, de Cristiano Ronaldo a LeBron James, passando por Michael Phelps.

Ela é líder em uma categoria repleta de gigantes com orçamentos de marketing colossais (Apple, Fitbit, Garmin), em parte por causa do foco genial no enquadramento.

O CEO da WHOOP me contou que a empresa resistiu a todos os pedidos para acrescentar um relógio ao bracelete, ainda que fosse muito fácil implementá-lo, e pela exata questão do enquadramento. A WHOOP é hoje o único bracelete ou *wearable* de saúde em sua categoria que não tem tela nem mostra a hora ao usuário.

Por quê? Porque eles acreditam que o acréscimo de uma tela mudaria a percepção que o cliente tem do aparelho: de um instrumento de saúde de elite, usado por atletas, para um relógio. Acrescentar algo que possui valor real – a capacidade de informar a hora – reduziria o valor psicológico do produto. Em um mundo de missões lunares psicológicas, menos muitas vezes é mais, e uma única palavra, um ajuste ou uma decisão pode fazer uma enorme diferença na percepção do valor de um produto.

Em 2019, atuei como consultor para um grande grupo mundial de B2B e o aconselhei a banir o cargo de "vendedor", a parar de usar o termo "vendas" e a substituí-lo por uma equipe de "parceiros". Isso aumentou o número de respostas aos e-mails da empresa, e as vendas cresceram 31%. Como eu desconfiava, a palavra "vendas" no título do cargo do funcionário faz com que, ao entrar em contato com o potencial consumidor, este acredite que será importunado para que compre algo que não quer. De forma inversa, o enquadramento da palavra "parceiro" sugere que a pessoa está do seu lado.

✮ ✮ ✮

Alguns anos atrás, Elon Musk fez uma promessa às associações em prol dos direitos dos animais: os carros da Tesla não usariam mais couro. O empreendedor cumpriu sua palavra, e, a partir do Tesla Model 3, a empresa passou a utilizar um material curiosamente chamado de "couro vegano".

Rory Sutherland, a lenda da publicidade que cunhou o termo "missão lunar psicológica", me contou que a Tesla compreendeu de maneira instintiva o poderoso impacto das missões lunares psicológicas sobre a percepção de valor: em vez de chamar os novos bancos de "plástico" (que é o que são), a empresa aferrou-se com tudo à palavra "couro" e sua conotação de luxo, para manter a percepção de valor do estofamento. Esse tipo de enquadramento é uma das formas mais comuns de conseguir missões lunares psicológicas, sem realizar qualquer melhoria real de um produto ou de uma experiência.

> O enquadramento não é <u>mentir nem enganar</u>: é uma questão de <u>saber como apresentar seu produto</u> ou serviço por meio da perspectiva mais factual e convincente.

Por exemplo, é mais chamativo dizer que um produto alimentar é 90% magro do que dizer que contém 10% de gordura. As duas afirmações são verdadeiras, mas o primeiro enquadramento é psicologicamente mais sedutor.

São exemplos que ilustram um princípio importante, mas bastante esquecido no branding, no marketing e nos negócios: **a realidade nada mais é que percepção, e o contexto é o imperativo.**

✬ A LEI: A MOLDURA É MAIS IMPORTANTE QUE O QUADRO

Aquilo que você diz não é tudo o que você diz. Aquilo que diz é determinado pelo contexto no qual sua mensagem, seu produto ou seu serviço existe. Ao mudar o enquadramento, você muda sua mensagem. Seu cliente ouvirá tudo… inclusive as coisas que não foram ditas. Não foque apenas naquilo que você diz: foque em como o enquadramento em torno daquilo que está tentando dizer distorce positiva ou negativamente a sua mensagem.

Uma boa moldura transforma o banal.

O diário de um CEO

LEI 16

USE CACHINHOS DOURADOS A SEU FAVOR

Esta lei mostra um truque poderoso, porém simples, que você pode utilizar para fazer aquilo que está vendendo parecer ter um valor maior, sem alterar o preço.

"Por que ele quer me mostrar imóveis nos quais não estou interessado?", perguntei a Sophie, minha assistente pessoal, quando ela começou a ler em voz alta o roteiro das casas que eu ia visitar no dia seguinte com Clive, meu corretor.

"Não sei direito, ele insiste que você tem que ver todos os tipos de opção", respondeu ela.

Alguns dias depois, enviei uma proposta de compra da segunda das três propriedades que ele tinha me mostrado. Obrigado, Clive.

Mas a história não acaba aí... Alguns meses depois, pesquisando os diversos truques psicológicos que as marcas e os profissionais de marketing empregam para influenciar nosso comportamento, eu me deparei com uma coisa chamada Efeito Cachinhos Dourados.

O Efeito Cachinhos Dourados é um tipo de **"ancoragem"**.

A ancoragem é um <u>viés cognitivo</u> em que as pessoas <u>confiam excessivamente</u> em informações <u>que parecem ser irrelevantes</u> (a "âncora") ao tomarem decisões.

Dentro do contexto do Efeito Cachinhos Dourados, ao apresentar duas opções "extremas" junto à alternativa que você espera vender, a opção intermediária pode parecer ainda mais atraente ou razoável.

Na maioria dos contextos, o "verdadeiro" valor nada mais é do que um palpite. É por isso que buscamos pistas relacionadas ao contexto e ao preço que nos ajudem a tomar uma decisão. Quando o Efeito Cachinhos Dourados entra em ação, temos a percepção de que a opção mais cara é um luxo exagerado. Em compensação, enxergamos a alternativa mais barata como arriscada, insuficiente e inferior, enquanto no meio temos aquela que supomos ser a melhor escolha – acreditamos que ela reúne os benefícios das outras duas: é uma aposta segura, com bom custo-benefício e boa qualidade.

Ao refletir sobre as visitas a imóveis que fiz com Clive, percebi que o único que eu pedi para ver foi o segundo, mas que ele insistiu em me mostrar três. A primeira casa era pequena demais e mais cara do que aparentava valer. A segunda era espaçosa, e só um pouquinho mais cara do que a primeira, enquanto a terceira, que ficava na mesma área, tinha o preço exageradamente alto. Como uma marionete manipulada por Clive, é lógico que decidi na mesma hora fazer uma proposta pela segunda propriedade.

Curioso para saber se Clive tinha me manipulado de caso pensado, enviei-lhe uma mensagem perguntando se ele conhecia o Efeito Cachinhos Dourados. Primeiro, ele me respondeu com uma carinha gargalhando e uma piscadela, e em seguida disse: "Nunca mostre às pessoas apenas uma opção!"

Malandro #@$%.

Clive não é a única pessoa, marca ou organização a aplicar o Efeito Cachinhos Dourados para influenciar o comportamento. A Panasonic utilizou-o em 1992, ao oferecer um micro-ondas premium por 199,99 dólares, além dos já existentes, por 179,99 e 109,99 dólares. As vendas daquela que passou a ser a opção de preço intermediário (o micro-ondas de 179,99 dólares) dispararam, o que levou a Panasonic a aumentar para 60% sua participação no mercado!

✶ ✶ ✶

Em uma experiência, pediu-se aos participantes que optassem entre um fim de semana *all-inclusive* (pacote com tudo pago) em Paris e um fim de semana *all-inclusive* em Roma. Paris levou a melhor.

Experiência 1

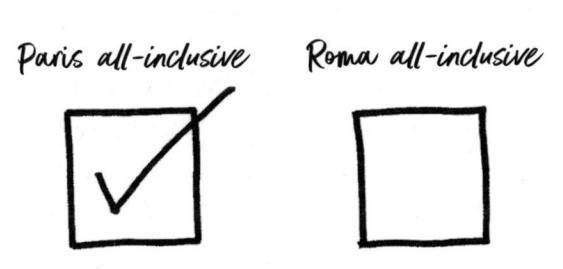

Paris all-inclusive ✓   Roma all-inclusive ☐

Daí, porém, realizou-se uma segunda pesquisa, dessa vez acrescentando uma opção em Roma que era *all-inclusive*, exceto pelo café. A proposta *all-inclusive* para Roma tornou-se não apenas mais popular que a versão sem café, mas também mais popular que a viagem *all-inclusive* para Paris.

Experiência 2

Paris all-inclusive ☐   Roma all-inclusive (sem café) ☐   **Roma all-inclusive** ✓

Diante de tão poucas informações, o cérebro busca pistas de contexto em relação ao valor das três opções. A presença da opção "Roma sem café" proporciona uma pista do tipo, dando a entender que a viagem a Roma valia tanto que foi preciso tirar dela alguma coisa, de tão bom negócio que era.

Para que o Efeito Cachinhos Dourados funcione, volta e meia as marcas precificam a opção intermediária acima do preço mais baixo, porém bem longe do mais alto. Por exemplo, uma companhia aérea britânica que vende voos para Nova York, com ida e volta, cobraria 800 libras pela classe econômica, 2 mil libras pela classe executiva e 8 mil libras pela primeira classe. Muitos clientes vão considerar a passagem de 2 mil libras como a de melhor valor, embora não seja o melhor preço disponível.

Tudo aquilo que foi descrito na lei da missão lunar psicológica serve para ressaltar uma ilusão básica que guia nossa forma de contar histórias e entregar experiências: a crença de que somos racionais. Prova disso é a dissonância cognitiva que eu crio toda vez que digo a você que suas decisões não fazem sentido. Por isso, quando fazemos marketing para os outros, supomos que eles também são racionais e mergulhamos na tarefa de melhorar a realidade, em vez de buscar o recurso mais fácil baseado na psicologia.

> Nossas decisões não são guiadas pelo bom senso, e sim pelo *nonsense* gerado por sugestões sociais, medo irracional e instinto de sobrevivência.

Os melhores profissionais de marketing, contadores de histórias e criadores na área de branding compreendem que a busca por uma missão lunar psicológica não é algo do mal, antiético ou trapaceiro. É natural que essas percepções psicológicas atuem contra o seu produto ou serviço, criando atalhos para percepções desfavoráveis. Por isso, é justo que você tenha a oportunidade de utilizar esses mesmos contextos, forças, estereótipos e percepções a seu favor, criando atalhos para uma percepção que permita ao mundo enxergar uma representação mais real da beleza, do valor e da importância autêntica do que você criou.

Nas missões lunares psicológicas, tudo é válido.

✭ A LEI: USE CACHINHOS DOURADOS A SEU FAVOR

As pessoas tendem a fazer juízos de valor com base no contexto. Por isso, oferecer uma gama de opções (entre elas, uma econômica, uma padrão e uma premium do produto) pode criar uma narrativa e afetar a possível percepção do cliente quanto à sua oferta-padrão.

O contexto cria o valor.

O diário de um CEO

LEI 17

SE DEIXAR PROVAR, O CLIENTE VAI COMPRAR

Esta lei revela o jeito mais fácil de fazer alguém adorar um produto instantaneamente.

"Não, tio Steven! É meu!", gritou minha sobrinha, os olhos marejados, quando, constrangido, pedi que ela devolvesse o presente de Natal que eu tinha acabado de lhe dar.

Na pressa de embrulhar os presentes para a família inteira, o que incluía minha sobrinha e meu sobrinho, cometi o erro de principiante de esquecer de anotar o nome do destinatário em cada presente. Foi por isso que, sem querer, entreguei à minha sobrinha um boneco do Buzz Lightyear (personagem favorito do meu sobrinho). Naquele momento, eu estava prestes a ver meu sobrinho desembrulhar um pacote contendo uma boneca Elsa (a preferida da minha sobrinha).

A sala ficou em silêncio enquanto eu buscava palavras, tentando salvar a situação. Minha sobrinha segurou com força o Buzz Lightyear contra o peito, olhinhos cerrados de tanta determinação. "Mas, mas...", balbuciei, "olha, é que houve uma pequena confusão. O Buzz, na verdade, é para o seu irmão!"

A tensão na sala era palpável, enquanto a atenção da minha sobrinha alternava entre mim e o novo brinquedo querido. Meu sobrinho, percebendo o drama, parou de abrir o próprio presente, esticando o pescoço para ter uma visão melhor do espetáculo.

Entreguei os pontos.

"Tudo bem, pode ficar com ele." Eu não estava preparado para negociar com a resolução férrea de uma menina chorosa de 3 anos. Não valia a pena insistir nessa novela.

Para minha surpresa, meu sobrinho, que àquela altura já tinha desembrulhado sua boneca Elsa novinha em folha, também parecia contente. Não reclamou, não tentou trocar e se agarrou à boneca com o mesmo carinho com que a irmã segurava seu Buzz Lightyear novo. Ambos adoraram o que tinham ganhado, embora eu soubesse que, se pudessem ter escolhido o próprio presente na loja de brinquedos, optariam pelo contrário.

Esse fiasco com os presentes de Natal me ensinou uma importante lição psicológica em relação a um fenômeno que os cientistas comportamentais chamam de **"efeito dotação"**. O efeito dotação é um viés cognitivo que faz as pessoas supervalorizarem um bem pelo simples fato de o possuírem, sem se importar com seu valor real. Em outras palavras, o indivíduo tende a ter um apego muito maior a itens que possui, em comparação com objetos semelhantes que não são seus. Esse é um poderoso truque psicológico que as marcas utilizam com os consumidores o tempo todo.

A Apple é uma delas: todas as lojas proporcionam uma experiência interativa para os clientes, em que todos os produtos são expostos e podem ser tocados.

Além disso, a Apple faz questão de que todos os aparelhos na loja estejam carregados e funcionando, repletos de aplicativos e conectados à internet, e que todas as telas estejam no mesmo ângulo de inclinação, de modo a atrair mais experiências em potencial. A equipe é rigorosamente treinada para não forçar os clientes a comprar (o que é reforçado pelo fato de não receberem comissão pelas vendas) nem a pedir que saiam da loja, oferecendo, assim, um tempo ilimitado para mexer nos produtos.

Nos serviços "one to one", o objetivo é capacitar o consumidor para que acabe encontrando as soluções por conta própria. Os vendedores não tocam no computador sem a permissão do cliente.

Pode parecer que se trata mais de gentileza ou boas maneiras, mas posso garantir que é algo muito mais calculado. A Apple recorre ao poder de dois feitiços psicológicos inconscientes: o efeito de mera exposição, que vimos na Lei 11, responsável por criar um carinho pelo produto, ao aumentar a exposição do cliente a ele; e o efeito dotação, que aumenta a percepção de valor do produto, ao dar ao cliente a posse temporária desse produto. Simplificando: o efeito de mera exposição faz você gostar mais do produto, e o efeito dotação faz você valorizá-lo mais.

A Apple considera que criar uma **"experiência de propriedade"** é algo mais poderoso que forçar a venda. É esse o foco das experiências multissensoriais implantadas nas suas lojas.

É algo tão poderoso que em 2003 a Procuradoria-Geral do estado americano do Illinois divulgou uma advertência a quem estivesse comprando presentes de Natal, aconselhando a tomarem cuidado ao segurarem os produtos como se já fossem seus. Embora pareça um pouco bizarro, esse aviso é justificado por três décadas de pesquisas.

Em um estudo de 2009, realizado pela Universidade do Wisconsin, grupos de estudantes receberam instruções para avaliarem dois produtos: uma mola de brinquedo e uma caneca. Na primeira experiência, um grupo foi autorizado a tocar nos objetos; o outro não. Na seguinte, um grupo foi autorizado a imaginar que possuía o item; o outro não. O surpreendente foi que tocar nos objetos ou até imaginá-los em sua posse aumentava as estimativas de valor feitas pelos participantes.

A estratégia da Apple de permitir aos clientes que fiquem e mexam no produto por um período ilimitado também é proposital, baseada em outras pesquisas que comprovam que, quanto mais tempo o cliente experimenta o produto, maior a probabilidade de que venha a comprá-lo.

Empresa global presente em mais de quatrocentos endereços, a Build-A-Bear se baseia na oferta de uma experiência altamente multissensorial, envolvente e interativa. Em suas lojas, as crianças podem escolher e participar de todo o processo de criação de seus próprios bichinhos de pelúcia. A Build-A-Bear não é uma "loja" – eles dão a seus pontos físicos o nome de "oficinas", e acima de cada ursinho há um letreiro que recorre aos efeitos de mera exposição e de dotação, incentivando as crianças a tocarem nos ursinhos: Escolha minhas roupas, Me dê um abraço, Escute o que estou dizendo, Me aperte, Me escolha!

Uma evidência a mais do efeito de dotação vem de um estudo de 1984, no qual os pesquisadores presentearam os participantes ou com um bilhete de loteria ou com 2 dólares. Em seguida, ofereceu a cada um deles a oportunidade de trocar o bilhete por dinheiro ou o dinheiro por um bilhete de loteria. Poucos foram os indivíduos dispostos a fazer a troca.

E no mundo real? Dan Ariely e Ziv Carmon, da Universidade Duke, analisaram o efeito de dotação na vida cotidiana. Em Duke, o esporte mais popular é o basquete, porém o ginásio não tem capacidade suficiente para acomodar todos que desejam assistir aos jogos. Por isso, a universidade criou um sistema de loteria para distribuir os ingressos de forma aleatória.

Carmon e Ariely realizaram a experiência no momento ideal, o quadrangular final da March Madness, o campeonato universitário de basquete dos Estados Unidos, quando a demanda por ingressos é maior que a normal. Os estudantes pesquisados pelos economistas aguardavam no campus da universidade, com a maior paciência, para concorrer à loteria.

O experimento dos ingressos

US$ 2.400 — Ganhadores da loteria "Por quanto você venderia?"

US$ 175 — Perdedores da loteria "Por quanto você compraria?"

Uma vez sorteados os números da loteria, perguntou-se aos ganhadores por quanto eles venderiam seus ingressos, caso alguém quisesse adquiri-los. Àqueles que não foram sorteados, perguntou-se quanto estariam dispostos a gastar em um ingresso.

Na média, aqueles que não tinham ingresso disseram que pagariam no máximo 175 dólares. Aqueles que foram sorteados disseram que não venderiam o deles por menos que 2.400 dólares! Portanto, os que tinham ingresso faziam uma avaliação quase 14 vezes superior em relação àqueles que não tinham.

✭ A RAZÃO POR TRÁS DA POSSESSIVIDADE

A possessividade existe há milhares de anos. Até hoje ela é observada em alguns dos nossos primos primatas.

Em 2004, dois economistas realizaram uma experiência com chimpanzés, sacolés de frutas e um tubo de manteiga de amendoim. Escolheram-se especificamente esses alimentos porque não podem ser ingeridos com muita rapidez, assim durariam o bastante para que se realizasse um escambo. Com a possibilidade de escolha, 58% dos chimpanzés preferiram a manteiga de amendoim aos sacolés. Sem surpresa, entre os chimpanzés que receberam manteiga de amendoim, cerca de 79% optaram por não trocá-la pelos sacolés. Porém, entre os chimpanzés que receberam sacolés, 58% se recusaram a trocá-los pela manteiga de nozes.

Os economistas concluíram que o efeito de dotação faz parte da natureza do ser humano desde o início da evolução. Mas por que os primeiros seres humanos eram tão protetores com relação ao que possuíam, relutantes em negociar ou pagar pelo que ainda não tinham? A resposta parece ser que o risco associado ao escambo – em especial, quando a outra parte não age de forma justa – tinha um alto poder desencorajador. Nossos ancestrais não dispunham de uma forma confiável de garantir que as condições de uma negociação fossem respeitadas, por isso se mostravam dispostos a pagar pouco pelas coisas (o valor da troca) para compensar o risco de acabar com nada ou com menos do que deveriam receber.

✭ A LEI: SE DEIXAR PROVAR, O CLIENTE VAI COMPRAR

Colocar o produto nas mãos do cliente continua a ser uma ferramenta incrivelmente poderosa para vendedores, profissionais de marketing e marcas. Da próxima vez que tentar fazer alguém amar alguma coisa e pagar um preço alto por ela, não relate apenas as vantagens do produto. Use o poder do efeito de dotação e copie a fórmula da Apple: deixe a pessoa tocar, mexer, testar e provar. Fazendo isso, talvez ela não queira mais devolver, exatamente como aconteceu com a minha sobrinha.

> Quando se tem a propriedade, o ordinário se torna extraordinário.

O diário de um CEO

LEI 18

LUTE PELOS PRIMEIROS CINCO SEGUNDOS

Esta lei mostra que, no marketing, nas vendas e nos negócios, seu êxito muitas vezes depende de apenas cinco segundos. Se você acertar neles, terá sucesso. Se não, vai fracassar.

Pausa constrangedora de dez segundos, com o olhar fixo e assustador na plateia.

"'É exatamente por isso que você foi expulso da escola: você é INCAPAZ de persistir em alguma coisa quando não acredita nela. E você sempre acha que vai dar um jeito. NÃO LIGUE PRA MIM, nem pra ninguém da família, enquanto não voltar pra faculdade!' E, depois de dizer isso, minha mãe desligou o telefone."

Foi assim que abri as palestras que dei em mais de trezentos palcos, em todos os cantos do mundo, entre 2015 e 2020. Foram as palavras dramáticas que ouvi da minha mãe quando liguei para avisar que estava abandonando a faculdade para abrir uma empresa.

Eu não dizia meu nome nem o da empresa que eu estava representando. Eu sabia que, nos primeiros cinco segundos, ou os filtros de habituação dos espectadores iam atraí-los, garantindo que eu tivesse a sua atenção, ou eles iam decidir que eu era um "pano de fundo", se distraindo e se concentrando em alguma outra coisa. É por esse exato motivo que **os primeiros cinco segundos, em qualquer história, são o momento mais decisivo.**

Como já mencionei, minhas empresas de marketing nunca tiveram uma equipe de vendas externas e, mesmo assim, atraímos como clientes as maiores marcas do mundo (Amazon, Apple, Samsung, Coca-Cola) e geramos receitas de nove dígitos.

Se pudesse atribuir nosso sucesso a uma única coisa, eu diria sem sombra de dúvida – ainda que o escorregador azul mencionado na Lei 10 chegue perto – que seria o fato de contarmos as histórias mais cativantes, surpreendentes e emocionantes. Eu nunca, jamais, "fiz um *pitch*". Nunca bombardeei uma plateia com gráficos, estatísticas e dados. Toda palestra que eu dava começava e terminava mais como algo saído de uma história de Harry Potter do que como uma apresentação de vendas.

Como a maioria das pessoas, tenho uma janela de atenção terrivelmente pequena quando fico entediado... A ponto de ter sido expulso da escola por dormir enquanto o professor falava, matar aulas e ter um índice de frequência de 31%. Quando fui para a faculdade, caí no sono na primeira aula depois fui embora e nunca mais voltei. Acho que, por isso, sempre entendi quanto é importante contar histórias cativantes: um interlocutor de tom monótono aciona o botão soneca no meu cérebro.

Porém, por algum motivo, a maioria das histórias apresentada nos palcos é horrivelmente chata. Depois de anos derramando sangue, suor e lágrimas para criar alguma coisa, a pessoa por trás do produto ou serviço quase sempre acaba em uma bolha autocentrada e delirante. Começa a acreditar ter criado algo tão revolucionário, fascinante e importante que o torna digno da atenção absoluta do mundo.

A partir desse ponto de vista distorcido e egocêntrico, uma das armadilhas mais comuns e traiçoeiras para o criador da tal coisa, ao contar sua história, é acreditar que a plateia se importa com ele, com seu produto, com seu trabalho árduo e com sua "inovação" tanto quanto ele. Quando isso acontece, seu relato se torna demorado e sem graça.

De maneira inversa, quando o contador de histórias compreende que ninguém – ninguém mesmo – se importa com ele tanto quanto ele se importa consigo (ninguém quer saber que a pasta de dentes dele tem mais gosto de menta, que a agência de marketing dele é um pouco mais ousada ou que a marca de roupas dele tem o melhor caimento), ele passa a contar histórias cativantes, comoventes, poderosas, que deixam o público sem escolha, a não ser dedicar atenção total a cada palavra dita.

Para quem não conhece, MrBeast deve ser o youtuber mais famoso do mundo: no momento em que estou escrevendo isso, ele tem mais de 150 milhões de inscritos em seu canal, 30 bilhões de visualizações, e consta que seus vídeos geram centenas de milhões de dólares por ano. Recentemente, ele anunciou que vai se tornar o primeiro youtuber bilionário – e tendo a acreditar nele.

Qual o segredo dele? Em suas próprias palavras, os primeiros segundos de cada vídeo são os mais importantes: nos cinco segundos iniciais, ele entrega o que chama de "gancho". É uma promessa clara e atraente, explicando por que você precisa assistir àquele vídeo, com uma mensagem que supera o filtro de habituação do seu cérebro, faz você pensar "Que m... é essa?" e, com isso, impede o espectador de se distrair e clicar em outra coisa.

MrBeast afirma que não existe outro jeito de começar um vídeo: você não deve se apresentar, exagerar nas explicações, nem usar a típica sequência de imagens acompanhada por músicas que a maioria dos criadores de conteúdo escolhe. O que ele faz é gritar uma promessa atraente na cara do espectador, e essa manobra capta a atenção dele por tempo suficiente para que ele cumpra com sua palavra. Aqui vão alguns exemplos dos primeiros cinco segundos dos vídeos dele:

Vídeo 1:
RECRIEI TODOS OS CENÁRIOS DE *ROUND 6* NA VIDA REAL, E A PESSOA DE UM TOTAL DE 456 QUE SOBREVIVER MAIS TEMPO GANHARÁ 456 MIL! (350 milhões de visualizações)

Vídeo 2:
VOU COLOCAR 100 PESSOAS DENTRO DE UM CÍRCULO GIGANTE, E O ÚLTIMO QUE SAIR DO CÍRCULO VAI GANHAR 500 MIL DÓLARES! (250 milhões de visualizações)

Vídeo 3:
GASTEI 2,5 MILHÕES DE DÓLARES NESTE JATINHO PARTICULAR E DEIXEI 11 PESSOAS TOCAREM NELE. O ÚLTIMO A TIRAR A MÃO DO JATINHO GANHA O JATINHO! (100 milhões de visualizações)

Nos últimos dez anos, eu fiquei conhecido por repetir um roteiro hipotético. Sempre que estou diante de uma equipe de marketing que lamentavelmente se vê presa em uma bolha delirante autocentrada – por ter caído na armadilha de superestimar quanto o mundo se importa com ela –, digo-lhes o seguinte:

Imagine que a cliente que você está tentando captar se chama Jenny. Imagine que neste exato instante ela acabou de sair para o trabalho, depois de uma longa noite em claro e uma briga com o marido. PORRA, o pneu dela furou e ela acabou de ficar parada na estrada debaixo de uma chuva torrencial; agora ela está atrasada para o trabalho, furiosa, cansada, correndo contra o tempo. Ela saca o celular no acostamento para ligar para o guincho e a primeira coisa que vê é sua mensagem de marketing, seu anúncio, seu conteúdo. O que você teria para dizer a ela, neste momento, para conseguir fazê-la prestar atenção em você? Para fazê-la clicar, para fazê-la comprar. Qualquer que seja essa mensagem, é exatamente o que você precisa dizer a todos os seus clientes, porque se você conseguir captar Jenny à beira da estrada, naquela situação, você vai conseguir captar qualquer pessoa.

Quando você for elaborar seu *storytelling*, concentre-se primeiro no seu cliente mais desinteressado. Por esse exato motivo, você já deve ter notado que todas as leis deste livro começam com uma frase convincente, de cinco segundos, explicando por que você precisa ler mais sobre o assunto. Sei que a maioria de vocês vai pular alguns trechos, mas, ao lhes fazer uma promessa atraente nos primeiros cinco segundos de cada lei, imagino que a retenção por capítulo aumente pelo menos 25% – e 25% nos negócios, ainda mais em áreas onde os retornos se acumulam, vão mudar a sua trajetória por completo. Se eu dei trezentas palestras, um aumento de 25% nos pedidos significa um potencial de centenas de milhões de dólares em um intervalo de dez anos – só de focar nos primeiros cinco segundos.

✷ PARE DE OFENDER O PEIXINHO DOURADO

"Você tem a janela de atenção de um peixinho dourado."

Essa é uma frase usada para ridicularizar pessoas com pouca capacidade de concentração. Porém, se as pesquisas recentes estiverem corretas, na verdade isso pode ser tomado como um elogio.

Em um estudo comandado pela Microsoft em 2015, pesquisadores canadenses monitoraram a atividade elétrica do cérebro de 2 mil participantes. O resultado mostrou que, nos últimos quinze anos, a janela de atenção média do ser humano caiu de doze para oito segundos.

Colocando em contexto, relatou-se no mesmo artigo que o peixinho dourado tem uma janela de nove segundos: um a mais que o ser humano! Portanto, se alguém um dia comparar sua janela de atenção à de um peixinho dourado, saiba que a resposta ideal passou a ser "Obrigado!".

Estamos cada vez mais distraídos. Uma pessoa que trabalha em escritório pega no celular, em média, mais de 1.500 vezes por semana, totalizando <u>3 horas e 16 minutos por dia</u>, e confere a caixa de entrada do e-mail trinta vezes por hora.

O tempo médio de visita a uma página da web é de apenas dez segundos, aproximadamente, e a OFCOM, órgão regulador das telecomunicações no Reino Unido, relatou, em agosto de 2018, que as pessoas checam o smartphone a cada dez minutos, mais ou menos.

Entrevistei Johann Hari, autor do best-seller *Foco roubado*, sobre o crescente declínio da capacidade de atenção do ser humano, e ele me disse:

Acabei viajando pelo mundo inteiro. Entrevistei 250 grandes especialistas em atenção e foco, de Moscou a Miami; de uma favela no Rio de Janeiro, onde a atenção despencou de forma desastrosa, a um escritório na Nova Zelândia. Estamos diante de uma crise real. Nossa capacidade de atenção está encolhendo mesmo. Há alterações na nossa forma de viver que provocam tanto impacto que é como se despejássemos ácido na capacidade de todo mundo de prestar atenção. Estamos em uma cultura atencional patogênica, em que é muito difícil desenvolver e manter um foco profundo. É por isso que atividades que exigem concentração profunda, como ler um livro, caíram no abismo nos últimos 20 anos.

Nos últimos dez anos, produzi milhares de vídeos, e seus gráficos de retenção relatam uma história previsível e muitas vezes desanimadora: perco

40% a 60% do público nos primeiros segundos de quase todos os vídeos com duração de mais de cinco minutos, em todas as plataformas sociais.

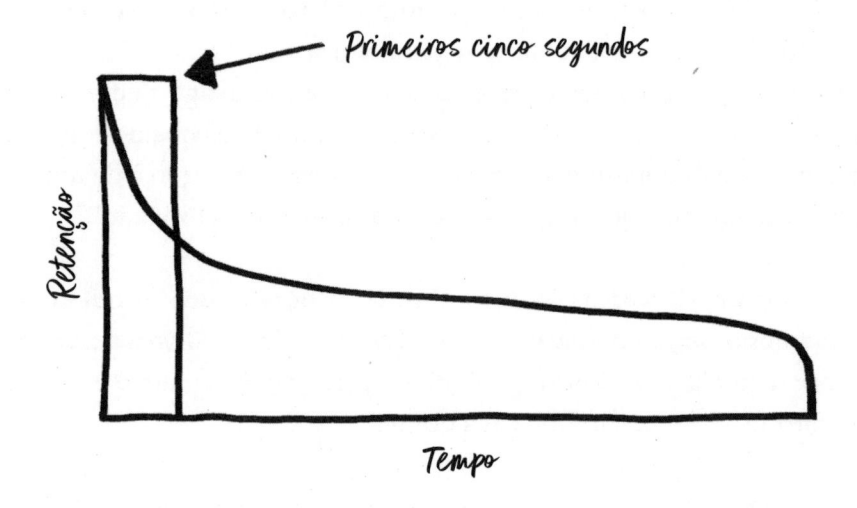

Gráfico de retenção ao longo do tempo, com seta indicando os "Primeiros cinco segundos".

Isso prova que os tais primeiros cinco segundos ditam de forma desproporcional o destino de cada segundo posterior. Isso vale para conteúdos em redes sociais, palestras, vídeos e qualquer outro meio que compete pela sua atenção.

Cinco anos atrás, minha agência de marketing foi encarregada de promover uma campanha. Era um vídeo hilário, de dois minutos e meio, cuja produção custou milhares de dólares. Nossa missão era assegurar que seria visto.

Quando vimos o conteúdo a ser distribuído, fizemos uma sugestão inicial de reedição, para tornar os cinco segundos de abertura mais chamativos. No material que recebemos, os primeiros cinco segundos mostravam um *take* de apresentação do local, sobreposto com o logo da marca.

A orientação que recebemos era de que o vídeo tinha que ser compartilhado do jeito que estava. Por isso, nós o compartilhamos em uma série de canais de redes sociais com forte engajamento. Os resultados foram decepcionantes, para dizer o mínimo.

Quando o cliente me perguntou por que o desempenho tinha sido inferior ao esperado, respondemos que os cinco segundos iniciais detonaram o resto do vídeo. Nos oferecemos para reeditar os primeiros cinco segundos e garantimos a eles que aquele novo começo ia mudar o destino dos dois minutos e meio seguintes.

Felizmente, eles cederam. O vídeo reeditado viralizou, abocanhando mais de 3 milhões de visualizações em uma semana, em todos os nossos canais nas redes sociais. Uma mudança minúscula nos primeiros cinco segundos fez com que 150% mais pessoas continuassem a assistir para além da marca dos dez segundos e continuassem por tempo suficiente para curtir o vídeo, engajar (o que leva os algoritmos a promovê-lo) e compartilhá-lo nos próprios feeds.

✭ A LEI: LUTE PELOS PRIMEIROS CINCO SEGUNDOS

Eu poderia dar mais de cem exemplos que comprovam que os cinco segundos iniciais são determinantes para qualquer boa narrativa. Caso queira que sua história seja ouvida, você deve agir de forma agressiva, entusiasmada e provocadora, para que esses cinco segundos sejam convincentes, cativantes ou emocionalmente envolventes, a ponto de impedir o espectador de mudar de tela. Deixe de lado a introdução calorosa, as piadinhas e as sequências de imagens com fundo musical e vá direto, com a máxima urgência, para a promessa, o argumento ou a provocação mais atraente que puder elaborar. Não importa o meio escolhido, você precisa conquistar o direito à atenção que busca nesses cinco primeiros segundos.

A atenção talvez seja o presente mais generoso que alguém pode dar.

O diário de um CEO

PILAR 3
A FILOSOFIA

LEI 19

SUE A CAMISA AO SE DEDICAR AOS DETALHES

Esta lei revela o que todo grande empreendedor, atleta e coach parece saber por instinto: seu êxito será definido por sua atitude em relação aos pequenos detalhes – aquilo que a maioria das pessoas menospreza, ignora ou ao qual não dá importância. O jeito mais fácil de conquistar grandes coisas é focar nas pequenas.

Em 2023, meu podcast *The Diary of a CEO* foi o mais baixado do Reino Unido, segundo o ranking de fim de ano do iTunes. Atingiu o primeiro lugar na lista de podcasts de negócios do Spotify nos Estados Unidos e, em janeiro, pela primeira vez na história, ganhou mais inscritos (320 mil) no YouTube do que o lendário apresentador de podcast Joe Rogan naquele mesmo mês.

Nosso podcast pode ser considerado novo, se comparado com muitos outros da área. Começamos produzindo o podcast semanalmente e incluímos o formato de vídeo há pouco mais de dois anos. Na verdade, não creio que o sucesso do podcast se deva a meu papel como apresentador; não creio que minhas perguntas sejam muito mais criativas do que a média, nem que nossa edição seja a melhor, nem que tenhamos os convidados mais famosos do mundo. Não estou dizendo que somos ruins nesses aspectos, mas que há outros podcasts com mais habilidades nesses quesitos.

O segredo é que <u>damos atenção aos pequenos detalhes</u> mais do que qualquer outra equipe que já encontrei. <u>Somos obcecados por milhares de detalhezinhos</u> que, a meu ver, a maioria das pessoas descarta como banais, absurdos ou perda de tempo.

Para dar apenas alguns exemplos: antes da chegada de cada convidado, pesquisamos a música favorita dele e tocamos baixinho, ao fundo, quando ele chega – nunca ninguém abordou esse assunto, mas acreditamos que isso o deixa mais animado e mais disposto a ser franco. Pesquisamos a temperatura ideal da sala para conduzir uma conversa... nem quente nem fria demais. Fazemos o teste A/B do título, da tela *thumbnail* e do material promocional de cada episódio, usando IA e anúncios nas redes sociais, antes de divulgá-lo. Contratamos até um cientista de dados, em tempo integral, que criou uma ferramenta de IA para traduzir o podcast para vários idiomas. Assim, por exemplo, se você mora na França e clica na versão do podcast para o YouTube, tanto minha voz quanto a do convidado serão automaticamente traduzidas para o francês. Elaboramos um modelo com base em dados que nos informa quais convidados devemos agendar, os temas com mais engajamento que o último convidado debateu, a duração ideal da conversa e até a quantidade de caracteres do título do episódio.

Nosso sucesso não pode ser atribuído a sermos os melhores, mas *pode* ser atribuído ao nosso foco incansável nos mínimos detalhes. A busca por maneiras menores, que muitos julgam banais, de melhorar virou nossa religião. A mesma filosofia de meticulosidade é adotada em todas as minhas empresas – uma característica em comum com as marcas mais inovadoras, disruptivas e de rápido crescimento no mundo.

✫ KAIZEN

Durante 77 anos, passando por altos e baixos, a General Motors (GM) foi líder no setor, vendendo mais carros a cada ano do que qualquer outra empresa do mundo. Nos últimos anos, porém, ela foi destronada pela Toyota, com seu jeito único de abordar a fabricação de automóveis, a política da empresa e sua cultura.

Em 2022, foi divulgado que a Toyota, por mais um ano seguido, foi o maior fabricante de automóveis do mundo, em termos de vendas. O crescimento de 9,2% em comparação ao ano anterior aumentou a distância em relação ao concorrente mais próximo, a Volkswagen, em quase 2 milhões de automóveis a mais vendidos, contra uma diferença de 250 mil no ano anterior.

Para o sucesso da empresa, é crucial que exista o chamado "Sistema de Produção Toyota", criado no Japão do pós-guerra, quando o país passava pela reconstrução e encarava uma escassez de capital e equipamentos. Como resposta a esses desafios, o engenheiro Taiichi Ohno, da Toyota, formulou uma filosofia que permitia à empresa extrair o máximo potencial de cada peça, máquina e empregado.

O segredo da filosofia da Toyota é um princípio conhecido como "**kaizen**", que em japonês significa "melhoria contínua". Na filosofia kaizen, a inovação é vista como um processo gradual; **não se trata de dar grandes saltos, mas de fazer melhor as pequenas coisas, de maneira simples, sempre que possível, todos os dias.**

> A filosofia kaizen rejeita com veemência a ideia de que apenas um pequeno número de integrantes dentro da hierarquia da empresa seja responsável pela inovação. Ressalta que isso tem que ser tarefa e preocupação diárias de todos os funcionários e de todos os níveis.

Graças à filosofia kaizen, a Toyota implementa inúmeras ideias novas todos os anos: a maioria delas, sugestões dadas por operários do chão de fábrica.

Vale observar também que as instalações da Toyota nos Estados Unidos recebem uma quantidade de sugestões cem vezes menor de seus trabalhadores, em relação aos colegas japoneses.

Muitas vezes, elas são diminutas, por exemplo: aumentar o tamanho das garrafas d'água para hidratar os funcionários, rebaixar uma prateleira para facilitar na hora de pegar ferramentas ou aumentar o tamanho da letra em um aviso de segurança, a fim de reduzir acidentes.

São sugestões cuja natureza pode parecer irrelevante, mas a filosofia kaizen acredita que, na verdade, essas melhorias mínimas, se acumuladas, impulsionam a empresa, mantendo-a à frente dos concorrentes, os mesmos negócios que não querem perder tempo com coisas pequenas.

Segundo a filosofia kaizen, é preciso criar um padrão, certificar-se de que todos o cumpram, pedir a todos que encontrem maneiras de aprimorá-lo e então repetir esse processo eternamente.

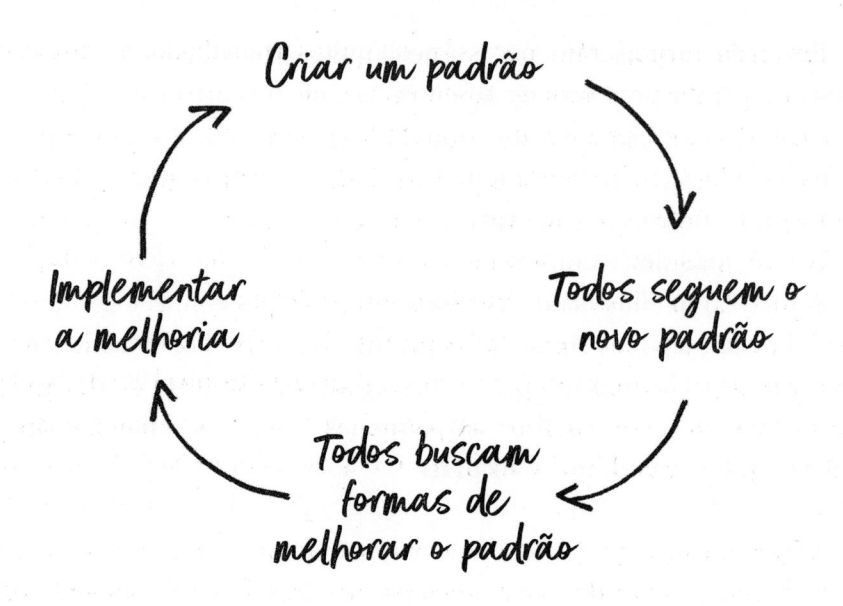

Criar um padrão → Todos seguem o novo padrão → Todos buscam formas de melhorar o padrão → Implementar a melhoria →

⭐ KAIZEN VERSUS MÉTODO CONVENCIONAL

Como a Toyota é uma das empresas japonesas mais bem-sucedidas, muitos supõem que esse êxito se deve somente à cultura do país, ao sistema de pagamento ou à atitude dos funcionários. Mas a História conta outra história.

No início da década de 1980, durante o mandato do presidente Ronald Reagan, a tensão entre americanos e japoneses era grande, por conta da quantidade de carros importados que invadiram os Estados Unidos. A indústria automobilística americana se encontrava em crise. A fábrica da General Motors em Fremont, na Califórnia, era o exemplo perfeito dessa deterioração. Em relação à qualidade e à produtividade, era de longe a pior fábrica da GM: em comparação, demorava muito mais para montar um carro e os defeitos nos veículos acabados chegavam aos dois dígitos.

A ausência de carros montados no estacionamento da própria empresa em Fremont era um sinal evidente da falta de orgulho e confiança dos funcionários nos produtos. A fábrica chegara a acumular 5 mil reclamações trabalhistas não resolvidas, e o tempo todo ocorriam greves do sindicato dos metalúrgicos e licenças médicas. Além disso, as condições de trabalho eram péssimas e insustentáveis.

Em cada turno, eram necessários muitos trabalhadores temporários para compensar uma taxa de absenteísmo que ultrapassava os 20%. Equipes de limpeza especiais eram contratadas para recolher as garrafas de bebidas alcoólicas e o material relativo ao uso de drogas no estacionamento da empresa no final de cada turno.

A GM considerava a fábrica irrecuperável. Em fevereiro daquele ano, decidiu fechar a planta e demitir toda a mão de obra.

A Toyota enxergou nisso uma oportunidade para resolver os atritos comerciais, de uma forma mais global, e testar sua filosofia kaizen no campo do adversário. Em 1983, procurou a GM com a proposta de uma parceria. A fábrica da Fremont foi reaberta e rebatizada como New United Motor Manufacturing Inc. (Nummi), tendo como produtos principais o Toyota Corolla e o Chevrolet Prizm.

A Toyota propôs investir dinheiro vivo, supervisionar a operação da fábrica e implementar sua filosofia em todas as etapas produtivas. Concordou até em recontratar os operários e trabalhar com o mesmo sindicato, as mesmas instalações e o mesmo equipamento, apesar do retumbante fracasso da fábrica apenas um ano antes.

O industrial Eiji Toyoda, então presidente da empresa, considerava que o projeto era o primeiro passo necessário para contarem com uma fábrica de propriedade inteira da Toyota na América do Norte. Mas também enxergava nisso o jeito ideal de testar a viabilidade do Sistema de Produção da Toyota em outros contextos e, ainda, se era possível aplicá-lo com todas as suas peculiaridades.

A Toyota recontratou quase 90% da mão de obra de Fremont, paga por hora, e implementou uma "política de zero demissão", que impedia mandar embora qualquer funcionário. Decidiram gastar mais de 3 milhões de dólares para enviar 450 líderes de grupos e equipes à cidade sede da Toyota, no Japão, para treinamento. De acordo com sua filosofia, os trabalhadores americanos teriam voz na operação da fábrica. As longas e antigas descrições dos cargos foram substituídas por três palavras: membro da equipe. A hierarquia administrativa foi achatada, reduzindo-se os níveis de quatorze para apenas três: gerência de fábrica, líder de grupo e líder de equipe.

Como em um passe de mágica, os funcionários antes tão desiludidos, os mesmos que se revoltaram contra os patrões, começaram a participar da tomada de decisões. Receberam treinamento em resolução de problemas e práticas kaizen, tornando-se verdadeiros especialistas em suas respectivas áreas. Os parâmetros dos cargos também mudaram: em vez de esperar apenas que cada um fizesse sua parte, os funcionários foram encarregados de pensar de forma criativa e buscar aprimoramento.

Os membros das equipes foram incentivados a implantar rapidamente ideias para melhorias, e tudo que desse certo era reproduzido como "melhores práticas". Todos também podiam parar a linha de produção inteira, a qualquer momento, para consertar um problema, puxando um cordão acessível em qualquer ponto da fábrica.

Um ano após a inauguração, em 1985, a fábrica Nummi tinha o padrão de qualidade mais alto e a maior produtividade de todas as fábricas da GM no mundo.

Em vez de uma média de doze defeitos por veículo, passou a haver apenas um, apesar de os carros serem montados em metade do tempo da época em que os operários estavam insatisfeitos. A taxa de absenteísmo era de apenas 3%, refletindo o fato de que a satisfação e o engajamento dos trabalhadores tinham disparado. A inovação operacional também aumentou de forma significativa: a participação dos funcionários passou de 90%, e a direção registrou a implementação de quase 10 mil novas ideias.

Em 1988, a Nummi colecionava prêmios; em 1990, o Sistema de Produção Toyota, com sua filosofia kaizen, se tornou o padrão global de fabricação do setor. Tudo isso em menos de dois anos. As instalações, a mão de obra e os equipamentos eram os mesmos, mas, com a nova filosofia, o resultado foi radicalmente diferente.

✶ BASTA 1% PARA MUDAR SEU FUTURO

Uma grande ilusão na vida pessoal e profissional, que faz a filosofia kaizen de melhorias graduais ser tão menosprezada, ignorada e pouco adotada, é a crença de que detalhes são apenas detalhes.

Essa é uma verdade objetiva, mas o acúmulo de detalhes cria uma bola de neve. Enquanto meta, é mais fácil e mais inclusiva para todos os membros da equipe, sendo assim, mais provável de ser alcançada. Concentrar-se na melhoria de um grande número de pequenas coisas é bem mais acessível do que motivar as pessoas a descobrirem e implementarem práticas maiores.

É triste, porém verdade, que, na vida, o que é fácil de fazer também é muito fácil de *não* fazer. É fácil economizar 1 real. Logo, também é fácil não economizar. É fácil escovar os dentes. Logo, também é fácil não escovar. Quando as coisas são tranquilas de fazer, e de não fazer, o resultado de fazê-las ou de não fazê-las é imperceptível no curto prazo. Por isso, muitas vezes optamos por não as fazer. Mas a matemática e a economia ilustram claramente como as menores decisões têm maior impacto no futuro.

Com o passar do tempo, a diferença entre deixar alguma coisa piorar 1% todos os dias e deixar essa mesma coisa melhorar 1% todos os dias se torna extremamente significativa. Analise a tabela abaixo:

Ano	Ano inicial	Fim do ano: 1% melhor a cada dia	Fim do ano: 1% pior a cada dia
1	R$ 100	R$ 3.778	R$ 2,5517964452291100000
2	R$ 3.778	R$ 142.759	R$ 0,0651166509788394000
3	R$ 142.759	R$ 5.393.917	R$ 0,0016616443849302700
4	R$ 5.393.917	R$ 203.800.724	R$ 0,0000424017823469998
5	R$ 203.800.724	R$ 7.700.291.275	R$ 0,0000010820071746445
6	R$ 7.700.291.275	R$ 290.943.449.735	R$ 0,0000000276106206197
7	R$ 290.943.449.735	R$ 10.992.842.727.652	R$ 0,0000000007045668355
8	R$ 10.992.842.727.652	R$ 415.347.351.332.000	R$ 0,0000000000179791115
9	R$ 415.347.351.332.000	R$ 15.693.249.374.391.300	R$ 0,0000000000004587903
10	R$ 15.693.249.374.391.300	R$ 592.944.857.206.937.000	R$ 0,0000000000000117074

Se você começar o ano com 100 reais e conseguir aumentar esse valor em 1% todos os dias durante 365 dias, terá multiplicado esse valor por 37. Em dez anos, supondo a mesma melhoria gradual de 1% ao dia, o valor explode para 15 quatrilhões de reais!

De forma inversa, deixar 100 reais se desvalorizarem 1% por dia reduz seu dinheiro a 2,55 reais depois de um ano, a 6 centavos depois de dois anos e menos de 1 centavo posteriormente.

1% melhor a cada dia versus 1% pior a cada dia

■ Final do ano: 1% melhor a cada dia
■ Final do ano: 1% pior a cada dia

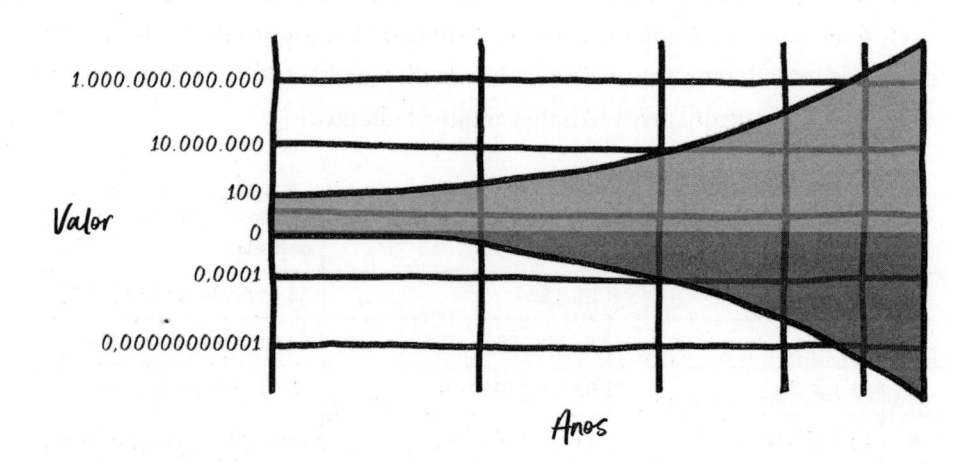

[Gráfico: eixo Valor (de 0,00000000001 a 1.000.000.000.000) versus Anos, mostrando divergência exponencial entre as duas curvas]

Deixar de escovar os dentes hoje não provocará um impacto visível. Deixar de escovar os dentes durante uma semana inteira pode causar mau hálito, mas não haverá consequências significativas. Deixar de escovar os dentes todos os dias durante cinco anos vai obrigar o seu dentista a arrancar seus molares. Quando esse problema odontológico aconteceu? Ele começou hoje, ao menosprezar algo que era fácil de fazer e fácil de não fazer.

No caso da Toyota, a filosofia kaizen não surgiu da noite para o dia – demorou 20 anos até que duas sugestões por pessoa, por ano, fizessem dela o padrão de todo o setor.

A filosofia kaizen exige <u>tempo</u>, <u>investimento</u> e <u>uma crença enorme</u>.

✭ A ARTE DE AUMENTAR O NÚMERO DE SUGESTÕES

Você já a viu por aí: a caixa de sugestões da empresa, com uma pequena abertura na tampa, para as sugestões dos funcionários, um cadeado e aquele jeitão de coisa abandonada. Embora ela seja fruto de uma boa ideia e tenha boas intenções, sua incapacidade de gerar qualquer resultado relevante se deve, em geral, a dois fatores. Primeiro: um número significativo de "sugestões" não costumam se enquadrar como "ideias criativas", segundo os padrões da Toyota, e sim queixas anônimas, críticas não construtivas ou ataques passivo-agressivos à forma de operar da empresa. Segundo: as raras sugestões proativas ou nunca são postas em prática ou não há como serem aplicadas, porque não são factíveis. É a mistura fatal entre as reclamações da força de trabalho e a falta de acompanhamento da direção que leva à lamentável destruição da confiança e à morte da bendita caixa de sugestões empoeirada.

O que há, então, de diferente nos *teian*, os sistemas de sugestões das empresas japonesas? Por que dão certo onde os outros sistemas fracassam? Os empregados japoneses seriam mais inteligentes ou mais sensíveis aos problemas? Os gerentes seriam mais abertos à descoberta de sugestões úteis em meio a outras, inúteis? A responsável mais uma vez seria a cultura japonesa? A resposta é muito mais simples, e não tem nada a ver com qualquer cultura nacional.

A resposta reside em uma pessoa que vamos chamar de "coach de ideias". Qualquer empresa pode tirar partido desse conceito. Quando foi perguntado ao gerente de relações públicas da Toyota no Japão, Ron Haigh, como é possível a empresa acatar 99% das ideias que chegam pelo sistema de sugestões, a resposta dele foi muito elucidativa.

Ron explicou que os supervisores revisavam as ideias com os próprios funcionários em uma conversa individual, explicando o lado prático de cada sugestão, fornecendo orientação e apoio para tornar a ideia mais bem acabada e eficaz, ajudando-a a dar certo. É um forte contraste em relação à maioria dos sistemas ocidentais de caixas de sugestões, em que o gestor diz "sim" ou – talvez com maior frequência – "não", e então explica por que aquela ideia "nunca vai dar certo".

Na filosofia kaizen, seu supervisor é seu coach de ideias. A ideia continua a ser do funcionário, porém retrabalhada com alguém mais experiente e com um conhecimento mais profundo da arte do possível. É assim que 99% das ideias são aceitas e transformadas de modo colaborativo em algo viável.

Todos os empregados da Toyota são encarregados de bolar pelo menos uma ideia por mês, tornando esta atividade uma parte crucial de suas atribuições. Os supervisores também são encarregados de garantir que cada membro de sua equipe consiga elaborar pelo menos uma ideia por mês. Isso garante que todos estejam remando na mesma direção – é do interesse de todos fazer as ideias funcionarem.

O coach também tem um coach – cada supervisor tem um profissional acima dele, incentivado a ajudar o supervisor a elaborar ideias novas todo mês. Dessa forma, todos, do topo à base da empresa, são estimulados a escutar, aperfeiçoar e apoiar todas as sugestões.

É relevante mencionar que a pessoa que implementa a ideia deve ser aquela que a deu inicialmente. Imagine como, por si só, esse princípio altera o tipo de sugestão feita. Uma crítica deixa de ser uma ideia: "Odeio a música ambiente do escritório" não é uma sugestão, já que, dentro desse princípio, toda sugestão tem que ser prática, produtiva e focada em uma solução.

Por fim, todos os empregados da Toyota recebem formação na filosofia kaizen, no Sistema de Produção da Toyota e no processo de ideia-sugestão. É excepcionalmente raro que os concorrentes ocidentais eduquem suas equipes a respeito da filosofia de ganhos por incremento, como formular sugestões de maneira apropriada e a lógica por trás da filosofia da empresa.

✭ EVITE PAGAR POR SUGESTÕES

As empresas tendem a tratar os funcionários como ratos em um labirinto correndo atrás do queijo, quando pagam a eles pelo comportamento que querem que seja seguido. Este é um método fácil, menos eficaz, mais efêmero e mais caro. O jeito mais difícil, mais eficaz e mais barato é criar uma cultura na qual as pessoas se importem mais, sejam mais motivadas e também reconhecidas o bastante para levantar a mão, contribuir e investir energia para o desenvolvimento da empresa.

Dentro da filosofia kaizen são necessárias muitas ideias, o tempo todo, para que ocorra um progresso significativo. E, para obter muitas ideias, é preciso que as pessoas sejam impulsionadas pela própria curiosidade, motivação e preocupação. Aqui está uma célebre fábula que ilustra bem essa ideia:

> Era uma vez uma velha que vivia sozinha. Toda tarde, sua paz e tranquilidade eram perturbadas por crianças brincando e fazendo muito barulho na rua em frente à casa dela. Com o passar do tempo, as crianças foram ficando cada vez mais barulhentas; e a mulher, mais furiosa. Um belo dia, ela teve uma ideia: chamou todos eles e explicou com toda educação que ouvi-los brincando alegremente do lado de fora era a melhor hora do dia dela, mas que havia um problema: devido à idade avançada e ao isolamento, ela estava ficando surda. Por isso, ela pediu: será que as crianças poderiam fazer uma algazarra ainda maior, só para ela? A mulher foi além e ofereceu a cada uma delas uma moeda pelo incômodo.
>
> No dia seguinte, as crianças voltaram ansiosas e fizeram o maior alarde do lado de fora da casa, como solicitado. Cada uma delas recebeu 25 centavos e a mulher pediu que voltassem no dia seguinte. Dessa vez, porém, a mulher só lhes pagou 20 centavos. E no dia seguinte foram só 15 centavos! A pobre velha explicou que estava ficando sem dinheiro e que o pagamento cairia para 5 centavos por dia dali em diante. As crianças ficaram decepcionadas diante da perspectiva de receber um quinto do que fora proposto poucos dias antes. Saíram com raiva, jurando nunca mais voltar. Não valia a pena, disseram, ter todo aquele trabalho por apenas 5 centavos por dia.

A ideia da mulher foi tirar a alegria daquilo que as crianças adoravam fazer e faziam de graça. A lição mais profunda, porém, é evidente: é possível substituir uma motivação genuína por outra, artificial. Esse fenômeno também é conhecido como "aglomeração da motivação": quando você associa uma recompensa financeira a uma ideia, isso pode interferir nessa ideia ou até eliminar a energia criativa e a ambição genuínas das pessoas.

Isto é mais do que uma fábula; é ciência. Entrevistei o escritor e especialista em motivação Daniel Pink a respeito do impacto que as recompensas financeiras têm sobre nossa motivação. Ele compartilhou uma infinidade de pesquisas mostrando que pagar a alguém para realizar algo que antes fazia por diversão leva a pessoa a perder a alegria intrínseca de cumprir a tarefa. Quando um hobby se transforma em um trabalho, a motivação diminui drasticamente.

Acadêmicos da London School of Economics and Political Science avaliaram 51 estudos sobre pagamento por desempenho e afirmaram: "Concluímos que os incentivos financeiros podem de fato reduzir a motivação intrínseca e enfraquecer as razões, tanto éticas quanto quaisquer outras, para obedecer às normas sociais no ambiente de trabalho, como a justiça. Em consequência, a oferta de incentivos financeiros pode resultar em um impacto negativo sobre o desempenho geral."

✷ A DISTORÇÃO DA INOVAÇÃO

Costuma-se retratar a inovação como uma ocorrência milagrosa, algo que só surge de um gênio, alguém "premiado" ou como resultado de um lance de sorte. A lâmpada elétrica, o velcro, a penicilina e o Post-it seriam alguns exemplos que perpetuam essa crença equivocada.

O processo sofrido e gradual por trás de uma inovação quase sempre é negligenciado quando a história dessa invenção é contada com ênfase apenas no resultado.

> Não se deixe enganar por esses mitos: a <u>verdadeira inovação</u> quase sempre é fruto do <u>suor e da determinação</u> de indivíduos persistentes e grandes equipes unidas por uma <u>cultura e uma filosofia corretas</u>, e não por momentos de "eureca!", sorte acidental ou genialidade intencional.

Em todas as empresas que fundei e atingiram o sucesso em seus setores, não houve nenhuma decisão, invenção ou inovação que nos fez chegar lá. Meu foco sempre foi levar nossas equipes a "não se preocupar com a concorrência". Criar uma cultura, por meio de reconhecimento, celebração e destaque, que provasse repetidas vezes a todos nós que as menores coisas – as mais fáceis e mais acessíveis – podem ter o maior impacto.

"Um por cento" é a expressão mais repetida em minhas empresas, e uma das minhas responsabilidades-chave, como CEO, é identificar e incentivar esses ganhos de 1% sempre que eles puderem surgir.

✶ A LEI: SUE A CAMISA AO SE DEDICAR AOS DETALHES

Sempre tive a sensação de possuir uma espécie de gabarito para o sucesso. Enquanto nossos concorrentes pensam que o caminho para o pódio são a constância ou os grandes triunfos, eu sei – sem sombra de dúvida – que o caminho certo deve ser percorrido por meio de melhorias pequenas e constantes, suando a camisa pelas menores coisas e lutando por pequenos ganhos.

Se não se importar com os mínimos detalhes, você não vai fazer um bom trabalho, pois este é o ponto culminante de centenas de detalhes. As pessoas mais bem-sucedidas do planeta suam a camisa para se dedicar às pequenas coisas.

O diário de um CEO

LEI 20

O PEQUENO DESVIO DE HOJE É O GRANDE DESVIO DE AMANHÃ

Esta lei revela por que a maioria das pessoas acaba se perdendo, na vida pessoal e profissional, por negligenciar um aspecto simples da rotina.

Se fosse realizada uma enquete sobre como Tiger Woods se tornou um dos maiores jogadores de golfe de todos os tempos, a maioria das respostas recitaria os mesmos fatos bem conhecidos: que ele foi um menino prodígio, cujo talento já era perceptível aos 2 anos; que ele dedicou a vida aos treinos e é conhecido por passar horas analisando as gravações do próprio desempenho; que o pai o descreveu como "O Eleito" e que tinha uma confiança inabalável em seu potencial.

Mas as pessoas que de fato o conhecem dirão que seus feitos se devem à sua filosofia kaizen de minúsculas, contínuas e obsessivas melhorias.

Em 1997, depois do torneio Masters, apenas sete meses após o início da carreira profissional, Woods informou ao treinador Butch Harmon que queria retrabalhar do zero – na prática, reaprender – todo o movimento do *swing* de suas tacadas. Harmon advertiu Woods que não haveria atalhos, que seria um longo caminho, e que seu desempenho nos torneios ia piorar muito antes que ele constatasse qualquer melhoria.

Os amigos, os outros jogadores e os especialistas achavam a mesma coisa. Mas Woods tinha certeza de que seu *swing* poderia ter um ganho marginal. Por isso, ignorou a todos. Não considerava a reinvenção de seu *swing* uma ameaça ao seu jogo, mas uma oportunidade de melhorá-lo um pouco. Por isso, assumiu o risco e deu início à sua jornada kaizen.

Woods inspirou-se diretamente na busca da Toyota pela perfeição e começou a falar da filosofia kaizen como se fosse uma religião. Tanto ele quanto o treinador acabaram criando a própria sequência "kaizenesca": treinar tacadas sem parar; rever o vídeo do próprio *swing* em busca de oportunidades para aprimorá-lo; implementar todas as ideias para melhorias no treinamento na academia e no campo de golfe. E fazer tudo isso de novo.

Como o treinador previu, foi um longo caminho. Woods parou de vencer – na verdade, ficou um ano e meio sem ganhar nada –, e os comentaristas diziam que sua carreira tinha chegado ao fim. Mas Woods e sua equipe tinham fé de que as pequenas melhorias iam fazer diferença no longo prazo. Garantiu aos críticos: "Ganhar nem sempre é indicador de melhora."

A atitude kaizen de Woods valeu a pena. Seu novo *swing* viria a transformar-se em uma arma fatal: mais preciso, mais exato e mais versátil do que nunca. A partir do final de 1999, ele venceu seis torneios consecutivos, o que foi um recorde, e desde então Tiger Woods passou a ser considerado o melhor jogador de golfe de todos os tempos, com 82 títulos no circuito profissional – um recorde para o esporte.

Tiger Woods prova que a <u>busca pela perfeição é uma questão de disciplina</u>, não de heroísmo.

Segundo a teoria da evolução e da "sobrevivência do mais apto", de Charles Darwin, não fazer pequenas adaptações pode resultar na extinção, enquanto diminutas mutações criam uma vantagem para a sobrevivência. Essa ideia funciona como uma analogia perfeita para a filosofia kaizen.

De acordo com o pensamento darwiniano, o êxito de um indivíduo não é determinado por um golpe isolado de genialidade. Em vez disso, é o subproduto de uma filosofia que incentiva a evolução, a mutação e a adaptação graduais em cada aspecto de um organismo, ao longo de um extenso período.

Na aviação, existe um princípio chamado "regra 1 em 60", segundo o qual um desvio de 1 grau em relação à rota fará o avião errar o destino por 1 milha (1,6 quilômetro) a cada 60 milhas voadas. Esse conceito também se aplica a nossos relacionamentos, vidas, carreiras e crescimento pessoal. Um desvio minúsculo da rota ideal vai sendo amplificado com o tempo e a distância – algo que hoje parece um pequeno erro pode gerar um grande erro amanhã.

Isso chama a atenção para a necessidade de correções e ajustes na trajetória em tempo real, ambos defendidos pela filosofia kaizen. Para que sejamos bem-sucedidos, todos nós precisamos de rituais simples, para avaliar nossa rota e realizar as pequenas correções urgentes, com a maior frequência possível, em todos os aspectos de nossa vida.

John Gottman, renomado psicólogo especialista em relacionamentos, concluiu depois de décadas de pesquisa que a existência do "desprezo" em um relacionamento é o maior indício de divórcios. O desprezo é aquele desrespeito e desconsideração pelo parceiro – como uma aeronave 1 grau fora da rota, o prejuízo vai se acumulando aos poucos, com o passar do tempo, quando o casal não consegue solucionar os conflitos por causa de uma comunicação ruim ou pouco frequente.

Isso me levou a adotar em meu relacionamento amoroso um dos mais importantes rituais estilo kaizen: um balanço semanal, com hora marcada. Sentamos, temos uma conversa franca e buscamos pequenas formas de melhorar, alinhar e resolver questões – tanto as pequenas quanto as grandes.

Num desses balanços recentes, minha namorada comentou que, quando precisava falar comigo e eu dizia "Desculpe, estou ocupado agora", a resposta soava grosseira e irritada. Ela perguntou se eu poderia acrescentar uma palavra carinhosa nessas ocasiões, para que a mensagem tivesse uma entonação mais gentil... Sem que fosse a intenção, meu jeito direto lhe dava uma leve sensação de ter sido rejeitada.

Desde então, em vez de parecer um workaholic ranzinza, eu digo: "Desculpe, amor, estou ocupado agora." Pode parecer uma mudança mínima, mas apontar o problema e corrigi-lo impede que ele cresça e vire algo maior no futuro. Como um avião ligeiramente fora da rota, corrigimos o rumo do nosso relacionamento em 1 grau, de modo a continuarmos na direção certa.

Aplico o mesmo princípio aos negócios, às amizades e à minha relação comigo mesmo. Toda semana, faço balanços com meus diretores e meus amigos, e até uma autoavaliação em meu diário, para garantir que tudo esteja alinhado, no rumo, e que qualquer correção de rota necessária seja identificada e implementada.

Todas as semanas, minha caixa de entrada fica abarrotada de mensagens de gente que se considera perdida na carreira, nos negócios, nos relacionamentos e nas amizades. Em quase todos os casos, torna-se evidente que as atuais circunstâncias são uma consequência da negligência de pequenas coisas durante um período prolongado. No caso, as pessoas que me escrevem não fizeram um balanço com elas mesmas e com os outros, não se abriram, evitaram ter conversas complicadas ou abordar questões aparentemente banais em suas vidas. Por conta disso, desviaram-se ligeiramente de sua trajetória – um mísero grau –, e isso acabou levando-as a um destino aonde elas não queriam chegar.

✰ A LEI: O PEQUENO DESVIO DE HOJE É O GRANDE DESVIO DE AMANHÃ

A filosofia kaizen não é apenas uma questão de negócios, eficiência ou melhoria; é uma questão de garantir o tempo todo que se avance na trajetória certa, rumo ao destino almejado.

As menores sementes da negligência de hoje florescem como os maiores arrependimentos de amanhã.

O diário de um CEO

LEI 21

FRACASSE MAIS DO QUE A CONCORRÊNCIA

Esta lei prova que, quanto maior o seu índice de fracassos, maiores as suas chances de êxito. Isto vai inspirá-lo a começar a fracassar muito mais rápido!

Thomas J. Watson, presidente da IBM durante incríveis 38 anos, foi um dos empreendedores mais notáveis da primeira metade do século XX – junto com Henry Ford – e se tornou um dos homens mais ricos de sua época, graças ao sucesso gigantesco na IBM. Seu princípio central em relação à inovação pode ser sintetizado em uma frase simples: "Se você quiser aumentar sua taxa de sucessos, duplique sua taxa de fracassos." Ele também afirmou: "Todas as vezes que progredimos na IBM foi porque alguém se dispôs a correr riscos, dar a cara a tapa e tentar algo novo."

Quando lhe perguntaram se ia demitir um funcionário que tinha cometido um erro que resultara em um prejuízo de 600 mil dólares para a empresa, ele respondeu na mesma hora: "Não. Gastei 600 mil para treiná-lo. Por que eu ia querer que alguém levasse embora essa experiência?"

Graças a seus instintos, ele compreendia que o fracasso é uma oportunidade de progredir. Além disso, percebeu que o contrário – a falta de fracassos – seria a morte da IBM. Ele alertava para a complacência, mesmo quando a empresa era a maior do setor. Em consonância com a filosofia kaizen, ele dizia: "Sempre que uma pessoa ou uma empresa considera que o sucesso foi atingido, o progresso para."

Mesmo nunca tendo ouvido falar de Thomas J. Watson e sua abordagem heterodoxa diante do fracasso, passei dez anos incentivando, medindo e aumentando o índice de fracassos da minha equipe. Todos nós estamos cientes de que o fracasso nos oferece feedback, assim como estamos de acordo que o feedback traz conhecimento. E, como diz o velho chavão: conhecimento é poder. Portanto, fracasso é poder, e, **caso você queira aumentar sua probabilidade de sucesso, precisa aumentar seu índice de fracassos.** Aqueles que não fracassam constantemente estão destinados a sempre continuar seguindo os outros. Aqueles que fracassam mais que a concorrência serão seguidos para sempre.

✦ COMO AUMENTAR SEU ÍNDICE DE FRACASSOS

A Booking.com é o maior e mais bem-sucedido site de reserva de hotéis do mundo. Porém, assim como todo líder de seu setor, a plataforma começou pequena, sem dinheiro e retardatária.

Gillian Tans, ex-CEO da Booking.com, conta: "Muitas empresas começam com um bom produto, que comercializam no mundo inteiro. A Booking fez o contrário. Tínhamos um produto básico e nos dedicamos muito a descobrir o que o consumidor queria. Fracassamos inúmeras vezes."

Em 2004, alguns anos depois da criação do site, um engenheiro da Booking.com participou de uma conferência onde ouviu uma palestra de Ronny Kohavi, da Microsoft, sobre a importância de experimentar e fracassar. Ele levou esse aprendizado para sua equipe, que enfrentava desentendimentos frequentes que consumiam muito tempo, desde sobre qual o passo seguinte até quais funcionalidades seriam implementadas e qual rumo tomar.

Eles começaram a aprender o que o consumidor queria, graças a experiências simples e, em seguida, aplicaram as descobertas na criação de um produto – a Booking.com que conhecemos hoje. Segundo Tans: "Crescemos assim, sem nenhum marketing ou relações públicas, só testando e experimentando aquilo de que o cliente gostava."

Tendo constatado o sucesso que o aumento das experiências e dos fracassos teve na empresa, em 2005 a Booking.com elaborou e lançou sua própria "plataforma de experimentação", que lhe propiciou um tremendo ganho de escala no número de testes realizados.

Adrienne Enggist, diretora-sênior de desenvolvimento de produtos da Booking.com, relembra:

Eu vinha de empresas pequenas, onde a cada seis meses os CEOs lançavam um grande redesenho total dos produtos. Até de fato tudo ser colocado em prática, era difícil saber o que tinha dado certo e o que não tinha. Aqui, a equipe era pequena, cabia toda em um andar, e era empolgante ver todo mundo correr riscos, fracassar, implantar pequenas mudanças com grande agilidade e utilizar as experiências para medir o impacto.

A Booking.com chegou a nomear um "diretor de experimentação", que prega em público a importância de fracassar mais, com mais frequência e medir essas experiências. Ele afirma: "Acreditamos que experiências controladas são o método mais bem-sucedido para a criação de produtos que os consumidores querem."

Hoje, a Booking.com tem 20,3 mil funcionários e uma receita anual de 10 bilhões de dólares. O site está disponível em 43 idiomas e propõe mais de 28 milhões de hospedagens em todos os cantos do planeta. No instante em que você está lendo este texto, a Booking.com está realizando mil experiências – comandadas e criadas por todas as equipes de produto e de tecnologia. Acredita-se que essa cultura de fracassar mais do que a concorrência é uma razão-chave para a empresa ter virado líder do mercado.

A Amazon prega a mesma religião do "fracasse logo". Jeff Bezos, fundador da plataforma de e-commerce que hoje vale mais de 1 trilhão de dólares, enviou o seguinte memorando aos acionistas quando a empresa se tornou a primeira da história a atingir um faturamento anual de 100 bilhões:

Uma área na qual considero que nos destacamos é o fracasso. Acho que somos o melhor lugar do mundo para fracassar (prática não nos falta!), e **o fracasso e a invenção são inseparáveis. Para inventar, você precisa experimentar,** e, quando sabe de antemão que não vai dar certo, não se trata de um experimento. A maioria das empresas concorda com a ideia da invenção, mas não está disposta a lidar com a série de experiências fracassadas necessárias para chegar lá.

Receitas descomunais muitas vezes vêm de apostas contra ideias preconcebidas, que, por sua vez, costumam estar corretas. Quando se tem 10% de chance de uma recompensa cem vezes maior, deve-se apostar sempre. Mesmo assim, você acabará equivocado em nove de cada dez vezes. Todo mundo sabe que, no beisebol, quando se tenta dar uma rebatida forte, é muito provável que erre a bola, mas em alguma hora vai acertar um *home run*. A diferença entre o beisebol e os negócios, porém, é que no beisebol a distribuição estatística dos resultados é limitada. Quando você dá uma rebatida, por melhor que ela seja, não dá para marcar mais de quatro pontos. Nos negócios, de vez em quando, na sua vez de rebater, dá para marcar mil pontos. Essa distribuição do resultado em cauda longa é o motivo pelo qual ser ousado é tão importante. **Os grandes êxitos compensam todos os experimentos.**

Em uma entrevista sobre o assunto, Jeff Bezos desenvolveu mais a ideia:

Para ser inovador, é preciso experimentar. Você tem que fazer mais experiências por semana, por mês, por ano, por década. Simples assim. Não dá para inventar sem experimentar. O ideal é fracassar quando estamos tentando fazer algo novo, nunca testado, nunca provado. Essa é a experiência de verdade. E ela pode ser de qualquer tamanho.

A Amazon tem um dos maiores cemitérios de fracassos do mundo dos negócios – algo de que Bezos se orgulha, tenho certeza. O A9.com, o motor de busca da Amazon; o Fire Phone; o Endless.com, site de calçados. Esses são apenas alguns dos grandes projetos que deram tão errado que talvez você nem tenha ouvido falar deles.

No entanto, quando uma das experiências dá certo, isso muda por completo a trajetória do negócio, compensando os prejuízos somados de todos os fracassos: Amazon Prime, Amazon Echo, Kindle e, sobretudo, a Amazon Web Services (AWS).

A AWS foi lançada como um experimento sem conexão direta com o e-commerce da Amazon. Porém, em vinte anos, tornou-se a empresa B2B de maior crescimento de todos os tempos. É a maior plataforma de computação em nuvem do mundo. Opera em 24 regiões do planeta e ostenta mais de 1 milhão de usuários ativos em 190 países, tem uma receita de 62 bilhões de dólares e 18,5 bilhões de lucro anual. Em 2022, o que vinte anos antes era uma pequena experiência foi o responsável pela maior contribuição ao lucro total da Amazon. Em 2011, a Amazon criou sua própria plataforma experimental, o Weblab, que hoje realiza mais de 20 mil experiências por ano, a fim de inovar e aprimorar de modo contínuo a experiência do cliente.

Na carta de 2015 aos acionistas, Jeff Bezos explicou como a Amazon decidiu quais experiências a empresa devia realizar:

Algumas decisões são cheias de consequências, irreversíveis ou quase irreversíveis – portas só de entrada –, e elas devem ser tomadas de forma metódica, cuidadosa, lenta, depois de muita ponderação e consultas. Quando você cruza o umbral e não gosta do que vê do outro lado, não há como voltar atrás. É o que chamamos de decisões do Tipo 1.

Mas a maioria das decisões não é assim; são cambiáveis, reversíveis – são portas de entrada e saída. Quando você toma uma decisão do Tipo 2 e descobre que ela não é a ideal, não é preciso lidar com as consequências por muito tempo. Dá para reabrir a porta e fazer o caminho de volta. As decisões do Tipo 2 podem e devem ser tomadas com rapidez, por pessoas e pequenos grupos com boa capacidade de senso crítico.

À medida que as organizações crescem, parece haver uma tendência a utilizar o processo de tomada de decisões do Tipo 1, peso-pesado, na maioria das decisões, mesmo naquelas que na verdade são do Tipo 2. O resultado disso é lentidão, aversão ao risco sem parar para de fato considerá-lo, incapacidade de experimentar o suficiente e, por consequência, o encolhimento da invenção.

✱ UMA BATALHA ENTRE PAI E FILHO

Durante seis anos, fui consultor de uma empresa de e-commerce multibilionária, líder do setor alimentício, que era dona de duas marcas. Uma delas era administrada pelo pai, fundador do grupo, e a outra, muito mais nova, tinha sido lançada pelo filho. Quando minha empresa foi indicada para ajudá-los para um ganho de escala no esforço de marketing, aquisição de clientes, redes sociais e inovação, comecei passando quatro dias por semana na direção, tanto com o pai quanto com o filho, para conhecer suas marcas, metas e objetivos.

Eu visitava ambas as marcas, toda semana, religiosamente; percorria o mundo com eles; ficava na sala deles, fazendo de tudo, de consultoria a comunicados à imprensa para gestão de alguma crise, passando pela produção da estratégia para as redes sociais e aconselhamento em relação às atividades de marketing. Quando eles iam a Paris lançar um produto novo, eu estava no avião; quando eles tinham um evento nos Estados Unidos, lá estava eu; quando havia uma reunião importante em Singapura, eu viajava com eles; e em um lançamento no Oriente Médio, eu estava no local.

Nos seis anos em que dei consultoria a eles e atuei praticamente como um membro da família, testemunhei a parte do filho passar de uma marca desconhecida, pequena e que não dava lucro para a mais amada, mais relevante culturalmente e de maior faturamento de seu setor. Ao mesmo tempo, assisti à desaceleração, estagnação e decadência da marca do pai. No fim das contas, a do filho suplantou a do pai – gerando mais de 1 bilhão de dólares de receitas.

Acompanhei esses dois negócios – as decisões tomadas e a filosofia de ambos – da primeira fila, e posso afirmar com absoluta confiança que o motivo mais relevante para o filho ter ultrapassado o pai foi que a taxa de fracassos do filho superava em mais de dez vezes a do pai.

Quando minhas equipes faziam um achado tecnológico em relação ao marketing, ao crescimento ou às redes sociais, levávamos a ambas as marcas na mesma hora, no mesmo dia, mas éramos recebidos com reações muito diferentes. Lembro-me de uma das inovações, quando encontramos um jeito de fazer o número de seguidores nas redes sociais crescer vinte vezes mais rápido do que o normal ao empregar uma técnica que descobrimos para uma plataforma específica. Levei essa descoberta tanto ao pai quanto ao filho pessoalmente, em duas reuniões separadas, em 2016.

A equipe do pai escutou a ideia, solicitou uma apresentação maior, reclamou do valor que cobramos e me informou que precisariam de várias etapas de aprovação para seguir adiante. Nove meses depois, ainda estavam "discutindo internamente".

O filho, no começo, não me colocou diante de uma equipe: quis ouvir por conta própria a ideia. Antes que eu terminasse minha explicação, ele pediu ao assessor: "Traga todo o departamento de marketing aqui o mais rápido possível." Com o time reunido, ele pediu que eu repetisse o que eu acabara de contar e, assim que acabei de falar, ele se dirigiu aos funcionários: "Vamos pôr isso em prática hoje." Olhou de novo para mim e disse: "Steven, o que você precisar, está feito – vamos em frente a todo vapor, agora mesmo!"

> Sem contratos, sem advogados, sem etapas de aprovação, sem atrasos – <u>confiança</u>, <u>rapidez</u> e <u>delegação de poder</u>.

Aquela ideia isolada provocou um ganho de 10 milhões de seguidores em um de seus perfis nas redes sociais, nos meses seguintes. Graças à nossa descoberta, a página da marca cresceu com um custo 95% menor do que o de todas as estratégias adotadas por eles até então.

Por instinto, o filho sabia que aquela era uma decisão "Tipo 2" – uma que não teria causado um dano irreversível caso desse errado, mas que poderia mudar a trajetória da marca se fosse um sucesso. E ele sabia que, diante de uma decisão do Tipo 2, Jeff Bezos diria o seguinte: "As decisões do Tipo 2 podem e devem ser tomadas com rapidez, por pessoas e pequenos grupos com boa capacidade de senso crítico."

O filho sabia que o custo mais alto não era o do fracasso, e sim o da perda da oportunidade de crescer e de aprender uma lição nova, qualquer que fosse o resultado. Se a experiência tivesse dado errado, teria custado a eles um pouco mais de dinheiro, e em 24 horas já poderíamos partir para o experimento seguinte, a um fracasso menos distante da resposta certa.

Em cerca de dez meses, depois de tanta cautela, a marca do pai decidiu levar a ideia adiante, mas já não funcionava mais... A brecha que tínhamos encontrado na plataforma havia sido corrigida, e gerar crescimento no perfil daquela rede social havia voltado a ser caro, difícil e complicado.

É importante observar que a maioria das ideias que levávamos ao filho não tinha resultados tão impressionantes. Grande parte dos experimentos dá errado, mesmo os bem elaborados. Minha estimativa é que, a cada dez tentativas, três são fracassos trágicos, três são fracassos medianos, três funcionam e uma é ótima... a ponto de mudar o destino da empresa e pagar por qualquer prejuízo acarretado pelas outras nove.

Chegue a <u>51% de certeza</u> e tome a decisão.

Muitos anos depois, tive a honra de compartilhar um palco com Barack Obama no Brasil. Na ocasião, Obama comentou que, ao se deparar com decisões complexas – como mandar uma missão aérea noturna incógnita ao Paquistão na esperança de assassinar Osama bin Laden –, ele recorria às probabilidades, em vez de procurar certezas.

Ele disse que toda decisão era extremamente difícil: "Os problemas de fácil resolução, ou até os mais complicados, porém solucionáveis, nem chegavam a mim, porque, por definição, teriam sido resolvidos por alguém no meio do caminho."

Em vez de dizer: "Se eu tomar a decisão, vai acontecer X ou Y?", ele perguntava: "Qual é a chance de X ou Y acontecer?" Obama ressaltou que o grande segredo é ter à mesa pessoas mais inteligentes: "É crucial ter a confiança de que está rodeado por gente mais esperta que você, ou que discorda da sua opinião." E ele pesava cada decisão não apenas de acordo com a probabilidade de ter razão, mas também com o impacto caso desse errado: "Você não precisa ter 100% de certeza nas grandes decisões: bastam 51%. Ao chegar lá, tome logo a decisão e sinta-se em paz sabendo que a tomou com base nas informações de que dispunha."

Depois de trabalhar com as empresas do pai e do filho, dos meus mais de dez anos dando consultoria às maiores marcas do mundo e de ouvir a fala de Barack Obama, aprendi que **decisões perfeitas só existem em retrospecto**; demorar-se tempo demais pensando em possíveis resultados, e procrastinar nesse processo, é inútil. Nos negócios, o tempo perdido é o verdadeiro custo da indecisão. É um tempo que poderia ter sido usado fracassando para aprender, o que, por sua vez, ajudaria você a ser mais bem-sucedido. Em vez disso, algumas marcas ficam paralisadas pelo medo e, na tentativa de evitar *qualquer* prejuízo, acabam perdendo as coisas mais importantes: oportunidade, conhecimento e tempo.

Nassim Taleb, escritor e pesquisador, resumiu isso neste gráfico:

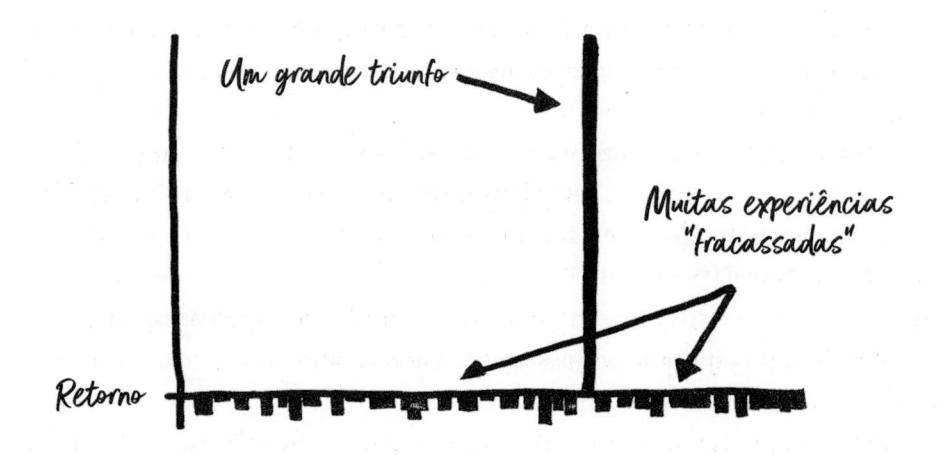

Um grande triunfo

Muitas experiências "fracassadas"

Retorno

✴ COMO CRIAR UMA FILOSOFIA PRÓ-FRACASSO

Algumas empresas com as quais trabalhei sabiam disso: tinham ciclos-relâmpago de experimentação, enxergavam mudanças como oportunidades, fracassavam mais que a concorrência e quase sempre se encontravam na vanguarda do próprio setor. Outras acreditavam nessa filosofia, experimentavam e fracassavam; pediam às equipes que inovassem mais, inscreviam isso na parede do escritório, mas simplesmente nunca acontecia. E também vi empresas que não acreditavam nem um pouco nisso; essas quase nunca eram comandadas pelo fundador; estavam estagnadas ou em declínio, e enxergavam o mundo em transformação apenas como uma ameaça.

Descobri cinco princípios constantes que as empresas mais inovadoras incorporam com naturalidade. Acredito que seja isso que permita às equipes fracassar mais do que a concorrência:

1. ELIMINE A BUROCRACIA

"Ela é a vilã", diz o CEO do Walmart, Doug McMillon. "Seus tentáculos precisam ser tratados como um câncer, de tanto que se parecem", declara Charlie Munger, o vice-presidente da Berkshire Hathaway. "É uma doença", afirma Jamie Dimon, CEO do JPMorgan Chase.

Todos esses respeitados líderes empresariais estão falando da "burocracia" – palavra que parece não ter fãs entre os bem-sucedidos. Simplificando, as piores burocracias corporativas são as empresas cheias de regras, processos de aprovação longos e complexos e vários patamares hierárquicos entre a base e o topo.

São sistemas que deslegitimam os funcionários, freiam a empresa, desincentivam experimentos, retardam inovações e sufocam a mina de ouro de ideias que existe na cabeça dos trabalhadores.

Sistemas assim são como uma taxa cobrada à <u>engenhosidade</u>, à <u>energia</u> e ao <u>empreendedorismo</u> do ser humano.

Nas palavras de Laurence Peter, autor do livro *O princípio de Peter*: "A burocracia defende o *status quo* por muito tempo depois de o *quo* ter perdido o *status*."

A burocracia costuma ser vista pelos líderes empresariais como um mal necessário para que as empresas operem em complexos ambientes regulatórios e internacionais. Um exemplo disso é a mão de obra nos Estados Unidos: desde 1983, o número de gerentes, supervisores e administradores cresceu mais de 100%, em comparação com um aumento de cerca de 40% nas demais funções.

Nos últimos anos, quase dois terços dos trabalhadores afirmaram que suas organizações se tornaram mais burocráticas, segundo uma pesquisa da *Harvard Business Review*. Enquanto isso, houve estagnação no aumento da produtividade. Nas grandes empresas que vieram a dominar as economias ocidentais, a burocracia é ainda mais prejudicial. Da força de trabalho dos Estados Unidos, mais de um terço está empregada em firmas com mais de 5 mil funcionários – e o pessoal da linha de frente é supervisionado, em média, por oito níveis gerenciais.

Considerando a velocidade impressionante das transformações no mundo – conforme revelado na Lei 5 –, fazer qualquer coisa para desacelerar a taxa de experimentação da sua empresa, neste momento da história, é decretar para si mesmo uma sentença de morte.

A Haier, um grupo chinês de eletrodomésticos que gera mais de 35 bilhões de dólares de faturamento anual, compreende isso melhor que ninguém. Para evitar as consequências tóxicas da burocracia, subdividiu seus 75 mil funcionários em 4 mil microempresas, a maioria delas composta de apenas dez a quinze funcionários. As decisões são tomadas na velocidade da luz por equipes pequenas e autônomas. Com isso, a empresa conseguiu fracassar mais do que os concorrentes, inovar para acompanhar a velocidade do mercado e dominar seu setor.

Steve Jobs, um dos fundadores e ex-CEO da Apple, falou o seguinte sobre a burocracia na empresa:

Nossa estrutura é igual à de uma startup. Somos a maior startup do planeta. Uma vez por semana, nos reunimos durante três horas e conversamos a respeito de tudo que estamos fazendo. O trabalho em equipe depende de acreditar que o outro vai fazer a parte dele sem ter que vigiá-lo, mas confiando que o trabalho vai ser entregue. E é isso que fazemos bem de verdade.

O segredo, como constatei com todas as minhas empresas, meus clientes e estudos de caso, é manter as equipes de projetos o mais reduzidas possível, dando-lhes mais autoridade, confiança e recursos para a tomada de decisões, e enxugar todos os processos de aprovação, sobretudo quando uma equipe precisa de uma decisão do Tipo 2 (reversível e de pouco risco em termos de consequências).

2. CORRIJA OS INCENTIVOS

Em 2020, minha empresa foi contratada para ressuscitar um e-commerce de moda à beira do colapso financeiro. A pandemia do novo coronavírus tinha provocado o fechamento das lojas físicas, resultando em uma redução de pessoal e de salários. O moral dos funcionários estava no chão, e um novo CEO acabara de ser nomeado para guiar a empresa por um novo rumo.

Durante minha primeira apresentação ao CEO, fiz um panorama da necessidade deles de multiplicar várias vezes o índice de fracasso, em todas as áreas, inclusive o marketing. Eles estavam sendo deixados para trás pela concorrência, desperdiçando oportunidades e recursos com táticas tradicionais e ineficazes.

Ao ouvir minha proposta, o CEO comentou que a empresa já incentivava a equipe a fazer mais experimentos e citou a inclusão da frase "fracasse mais rápido" como um dos quatro valores centrais do manual do funcionário. As mesmas palavras estavam afixadas com destaque na parede da cozinha do escritório.

Depois da minha apresentação, conduzi reuniões separadas com as equipes – dos gerentes aos estagiários –, por várias horas. Ao departamento de marketing, perguntei: "Quais razões vocês teriam para fracassar com mais frequência?" Seguiu-se um silêncio prolongado e revelador, antes que eu reformulasse a questão: "Quais razões vocês teriam para não fracassar com mais frequência?" A gerente de marketing que não tinha falado nada até então voltou à vida e me soterrou com uma série de respostas, entre as quais "não querer passar vergonha", "não vou ganhar um aumento com isso", "vou cair no conceito das pessoas", "posso perder o emprego", "estou ocupada demais para experimentar coisas novas".

Quanto mais ela despejava um motivo atrás do outro, mais ficava evidente que a empresa estava contaminada por uma doença chamada "descompasso de incentivos": o que ela esperava dos funcionários não combinava com o que os incentivava a fazer. A empresa queria inovadores, gente que gosta de correr risco, empreendedores. Porém, olhando de perto – como é o caso na maioria das corporações lentas e agonizantes –, os funcionários eram incentivados a realizar apenas... sua própria função, nada mais, nada menos.

Ainda me causa espanto que existam CEOs que acreditem que frases fofas, slogans batidos e valores ambiciosos escritos em manuais de funcionários surtam algum efeito.

As palavras precisam de <u>evidências</u>, <u>incentivos</u> e <u>exemplos</u> para serem aplicadas. O comportamento humano não é estimulado por banalidades, slogans e pensamento mágico.

Caso você queira prever o que um grupo de pessoas vai fazer no longo prazo, precisa prestar atenção nos incentivos que elas têm, não nas instruções que receberam.

Para redefinir os incentivos do departamento de marketing, um dos vários sistemas que implementei foi um processo de reconhecimento criado para celebrar o funcionário ou a equipe toda vez que um experimento fosse executado com êxito, qualquer que fosse o resultado. Afinal, a sua execução é que é o fator controlável; se ele terá ou não êxito no mercado, é impossível prever; portanto, não é aí que o nosso incentivo deve se concentrar.

3. PROMOVA E DEMITA

Eu disse ao CEO da empresa de moda que identificasse os funcionários que fracassavam mais e os promovesse o máximo possível dentro da organização. Não existe uma cultura única em uma empresa; nas organizações, cada gestor cria uma subcultura para quem está abaixo dele.

Na minha primeira agência de marketing, tínhamos quase trinta gerentes, e eu constatava o tempo todo que a satisfação, a atitude e a filosofia das equipes podiam ser muito diferentes entre si, isso só por causa do gerente. Contando com trinta gerentes, tínhamos na prática trinta culturas de empresa.

> A influência escorre hierarquia abaixo: é preciso que as pessoas no nível mais alto da empresa sejam os discípulos mais fiéis dos seus valores culturais.

Ao promover ou oferecer um aumento a esses funcionários, faça com que todos os membros da equipe saibam por que eles estão sendo promovidos e enfatize o índice de fracassos excepcionalmente alto deles.

De forma inversa, é importante retirar logo da equipe aqueles que são um obstáculo ao fluxo de ideias novas, fracassos rápidos e experimentação, em especial quando estão em posições gerenciais. Um gerente ruim pode destruir o moral, a motivação e o otimismo de uma ótima equipe, de funcionários perfeitamente capazes, empreendedores e cheios de esperança.

4. MEÇA COM PRECISÃO

Quando dei consultoria ao e-commerce de moda, pedi ao CEO que estabelecesse, instruísse e comunicasse continuamente a todos os membros da equipe a respeito de um "processo de experimentação" que todos deveriam seguir, utilizar como métrica e usar para comunicar novas ideias ou experiências que quisessem colocar em prática.

É comum que os funcionários não tomem a iniciativa e não deem ideias novas, porque não sabem direito qual é o procedimento a ser seguido. Educá-los sobre isso é a maneira mais fácil de <u>eliminar atritos operacionais de origem psicológica</u>.

Por fim, mandei o CEO medir – equipe por equipe – o índice de fracasso da organização, com o objetivo claro de aumentar dez vezes esse valor, em todas as equipes, até o fim daquele ano.

Nos negócios, não se aprimora aquilo que não se mede, e, para crescer, é preciso criar um foco em alguma coisa. Ao estabelecer KPIs (sigla em inglês de *key performance indicators*, indicadores-chave de desempenho) visíveis e metas claras, e ao transformar isso em uma responsabilidade geral, ninguém na empresa de moda podia estar "ocupado demais" para fazer experimentos – como é o caso na filosofia kaizen –, e isso se tornou parte crucial da função de todos.

A empresa foi mudando de rumo aos poucos, atingiu o *break even* no primeiro ano, pela primeira vez em sete anos, e gerou um lucro razoável no segundo ano.

A redescoberta da criatividade e da inovação, além de ter aumentado a confiança para os funcionários enfrentarem os desafios, deixou a empresa com outra cara, inteiramente nova. As taxas de retenção de pessoal melhoraram, as notas de satisfação dos funcionários dispararam e o negócio começou a inovar mais do que nunca.

5. COMPARTILHE O FRACASSO

Caso queira maximizar o retorno depois de cada fracasso, é crucial espalhar por toda a empresa os detalhes de cada hipótese, experiência e resultado frustrados. Essa informação representa uma forma de capital intelectual que pode servir de base para experiências futuras. Ao compartilhar abertamente os fiascos, é possível evitar a repetição de esforços malsucedidos, estimular o desenvolvimento de novas ideias e fomentar uma cultura de experimentação contínua. Como disse Thomas Edison: "Eu não fracassei. Só encontrei 10 mil maneiras de não dar certo."

✶ A LEI: FRACASSE MAIS DO QUE A CONCORRÊNCIA

O fracasso não é uma coisa ruim. Para aumentar as chances de sucesso, é preciso aumentar o índice de fracassos. Toda vez que se tenta algo e não dá certo, o resultado fornece informações valiosas que podem ser compartilhadas com toda a equipe. As empresas que experimentam mais rápido, fracassam mais rápido e depois continuam experimentando são quase sempre as que superam a concorrência.

Fracasso = feedback

Feedback = conhecimento

Conhecimento = poder

O fracasso concede poder.

O diário de um CEO

LEI 22

PENSE APENAS NO PLANO A

Esta lei demonstra por que seu Plano B para a vida pode ser o maior obstáculo para o sucesso do seu Plano A.

A história que estou prestes a contar mudou minha vida.

Era uma sexta-feira, 13 de outubro de 1972. Nando Parrado acordou depois de passar 48 horas inconsciente. Ele não estava saindo de uma cirurgia nem voltando de uma farra de dois dias: estava cercado por cadáveres e amigos feridos, milhares de metros acima do nível do mar, em um vale gelado dos Andes, entre os destroços de um desastre aéreo, sem meios de pedir ajuda, nem sequer de descobrir onde estavam.

Entre os passageiros, estavam a mãe e a irmã mais nova de Parrado, que ele convidou para viajar e vê-lo jogar. A mãe, Xenia, 49 anos, morreu com o impacto da queda; a irmã mais nova, Susy, de início sobreviveu ao acidente, mas morreu nos braços do irmão uma semana depois.

Dos 45 passageiros, integrantes de uma equipe uruguaia de rúgbi a caminho do Chile para uma partida, 29 sobreviveram à queda. No início, eles fizeram o possível, bebendo neve derretida e se alimentando de tudo o que puderam salvar da bagagem. "No primeiro dia", relembrou Parrado, "eu chupei muito devagar o chocolate da cobertura do amendoim (...). No segundo dia (...) chupei muito devagar o amendoim durante horas, me permitindo apenas uma mordidinha de vez em quando. Fiz a mesma coisa no terceiro dia e, quando, por fim, terminei o amendoim, a comida acabou."

Uma semana mais tarde, diante da ameaça de fome e sabendo, depois de encontrar um rádio transistorizado, que as autoridades chilenas haviam encerrado as operações de busca, Nando e os demais sobreviventes fizeram o inimaginável: decidiram que não tinham escolha senão comer os cadáveres.

O primeiro corpo que eles comeram foi o do piloto, já que o consideravam responsável pelo acidente. Os outros, concordaram os sobreviventes, estavam fora de questão, entre eles os de Xenia e Susy. Mas Parrado ficou aflito, achando que alguém poderia violar o acordo, e ele não conseguiria viver sabendo que aquilo tinha acontecido com as duas.

Dois meses após o acidente, Parrado anunciou que iria em busca de ajuda. Estava faminto, não tinha experiência em montanhismo e não fazia ideia de aonde estava indo, mas, em todo caso, era uma opção melhor do que comer o corpo da mãe e da irmã: "Eu não queria ter que comer o corpo delas, eu não queria encarar aquilo."

Nando e o amigo Robert costuraram material para um saco de dormir, construíram um trenó e partiram. Decidiram subir em vez de descer, já que um ponto de vista mais elevado lhes daria uma chance maior de encontrar uma rota de fuga. Depois de três dias exaustivos, de algum jeito eles conseguiram alcançar um pico de 4.500 metros, mas não encontraram o que esperavam.

> O que vi ao chegarmos ao primeiro pico me paralisou de verdade. Eu não conseguia respirar, falar nem pensar. O que vi foi horrível: em vez de vales verdejantes, vimos montanhas e picos cobertos de neve, 360 graus ao nosso redor, estendendo-se por todo o horizonte. Foi aí que eu soube que estava morto... Mas não voltaria atrás de jeito nenhum, para comer o corpo da minha mãe e da minha irmã. O único jeito era seguir em frente: vamos morrer, mas vamos morrer tentando... Vou seguir em frente até parar de respirar.

Eles desceram cambaleantes o outro lado da montanha e começaram a abrir passagem geleira abaixo, ficando mais fracos a cada dia. A dupla prosseguiu mancando por dez dias em meio às montanhas geladas, à neve profunda e às fendas mortais.

Foi um esforço difuso, contínuo e doloroso. As montanhas eram tão grandes que parecia que você não estava progredindo nada. Você definia um destino ao longe e achava que levaria duas ou três horas para chegar lá, mas tudo era tão enorme que parecia que você nunca chegava.

Nando e Robert ficaram doentes, os corpos prestes a sucumbir, até que, em 18 de dezembro, eles chegaram a um rio. Ao segui-lo, viram sinais de que alguém tinha estado ali recentemente: uma lata de sopa, uma ferradura, até um rebanho de vacas. Foi então que, dois dias depois, avistaram um homem a cavalo na outra margem. Os dois não conseguiam se fazer ouvir, por causa do barulho do rio. Então, Parrado imitou a queda de um avião para tentar explicar quem eram, apesar do medo de que o homem fosse embora, achando que se tratava de um louco. Em vez disso, o estranho amarrou um bilhete a uma pedra e a jogou até o outro lado do rio: "O que vocês querem?"

Parrado escreveu de volta: "O avião em que estávamos caiu nas montanhas. Estamos caminhando há dez dias. Não temos comida e não consigo mais andar." Ele explicou que tinha quatorze amigos vivos nas montanhas e precisavam desesperadamente de ajuda.

O homem pegou o bilhete e ficou chocado, mas, acreditando no que leu, viajou dez horas a cavalo até a cidade mais próxima e voltou no dia seguinte com uma equipe de resgate. Como um milagre, 72 dias após a queda do avião, Parrado e seu amigo foram salvos, e no dia seguinte ele levou a equipe de resgate de volta ao local do acidente em um helicóptero, onde os outros quatorze sobreviventes foram encontrados e resgatados.

"O único jeito de seguir em frente é não poder voltar atrás", explicou ele.

A narrativa de Parrado é uma história de perseverança, resiliência e coragem, mesmo diante do desespero total. Deparei-me com a história dele quando eu tinha 19 anos e estava em uma situação financeira difícil, tentando correr atrás da minha primeira ideia de negócio e sendo rejeitado por meus pais por ter abandonado a universidade. Nos piores dias, cheguei a furtar lojas e vasculhar comida no lixo, morando em uma área carente da cidade, sozinho e sem dinheiro.

Descobrir a postura de Parrado mudou minha vida. Ela foi uma fonte de esperança nos momentos mais sombrios, me impulsionou quando mais precisei de incentivo e me deu mais motivos para seguir em frente, apesar das circunstâncias em que me encontrava. Depois de anos de perseverança, também escapei da minha situação: criei um negócio de sucesso, adquiri independência financeira e minha vida se tornou um dos meus sonhos mais loucos.

"O único jeito de seguir em frente é quando não se pode voltar atrás." Eu não tinha como voltar atrás. Não tinha nenhum "atrás" para voltar. Não ter um Plano B tornou-se a motivação mais incrível da minha vida. Quando a mente humana exclui todas as outras possibilidades e se fixa num único caminho, é esse objetivo que atrai cada milímetro disponível da sua paixão, determinação e energia, sem deixar espaço para hesitações ou desvios.

> "Antes que qualquer outra pessoa no mundo acredite, a primeira coisa que você precisa fazer é acreditar — não existe motivo para ter um Plano B, porque ele tira o foco do Plano A."
> **Will Smith**

Se eu contasse com um caminho alternativo, é bastante plausível que, nos piores momentos, eu tivesse sido atraído por ele. Você pode achar que são palavras motivacionais fofas, apesar de sem sentido, ou um lugar-comum que não tem muito a ver com a realidade, mas, por incrível que pareça, pesquisas recentes mostraram que ter um Plano B causa um impacto negativo sobre as chances de se obter êxito no Plano A.

✷ TALVEZ SEJA MELHOR COLOCAR TODOS OS OVOS NO MESMO CESTO

Você já deve ter escutado o conselho: "Não coloque todos os ovos no mesmo cesto." Quando se trata de escolher uma carreira ou tentar entrar na faculdade ou até candidatar-se a um emprego, ter um plano reserva é considerado uma boa ideia pela maioria das pessoas. Estudos mostram que essa abordagem ajuda de fato a aliviar parte do desconforto psicológico associado à incerteza, mas novas e surpreendentes investigações também mostram que isso tem um enorme custo.

> Foi comprovado que <u>ter um plano reserva</u>, ou simplesmente cogitar ter, pode <u>atrapalhar o seu desempenho</u> ao deixá-lo menos disposto a atingir sua meta principal.

Em três estudos diferentes, pediu-se a cerca de quinhentos estudantes que resolvessem um quebra-cabeça difícil usando vocabulário, que exigia recompor frases misturadas. Quem conseguisse, ganharia um lanche delicioso. Antes de tentar resolver o problema, os integrantes de uma parte do grupo receberam instruções para que elaborassem um plano alternativo – outras maneiras de conseguir um lanche grátis no campus –, caso não conseguissem recompor as frases.

Os pesquisadores concluíram que os participantes sem um Plano B tiveram um desempenho radicalmente superior em relação aos que tinham: apresentaram níveis mais elevados de motivação, atribuíram maior valor ao sucesso e resolveram melhor o quebra-cabeça. Experiências posteriores replicaram esses resultados em outros contextos, com recompensas diferentes (por exemplo: dinheiro, outros prêmios e economia de tempo), e os resultados foram sempre semelhantes.

Uma das responsáveis pelo projeto, a cientista comportamental Katy Milkman, concluiu: "Isso indica que elaborar um plano reserva, na prática, faz você querer menos atingir sua meta, o que, por sua vez, prejudica o esforço, o desempenho e, no fim, as probabilidades de alcançar com êxito seu objetivo. São conclusões que se aplicam a metas nas quais o sucesso é altamente dependente do esforço."

Além disso, embora haja quem se sinta paralisado pelo medo do fracasso, as pesquisas mostram que esse sentimento pode, na verdade, representar o ímpeto necessário para atingir a meta. De forma semelhante, outro estudo mostrou que, quanto maior a percepção de emoções negativas em caso de fracasso, maior o impulso para o êxito. No entanto, quando você conta com um plano reserva, o incentivo para o sucesso é menor, uma vez que você eliminou o medo do fracasso.

⭐ CORRER RISCOS NÃO SIGNIFICA SER INCONSEQUENTE

Caso você esteja lendo este capítulo pensando em fazer uma trilha mortal de dez dias pelos Andes, preciso fazer uma ressalva. Existe uma diferença entre correr riscos – focar todo o seu ser para atingir uma meta – e ser inconsequente.

No meu caso, é claro, eu não corri risco de morte; tenho a sorte de viver em uma sociedade que me acolheria, alimentaria e alojaria, caso eu necessitasse de assistência. E muitos de vocês possuem dependentes, hipotecas e outras responsabilidades que, como é esperado, precisam proteger. O aspecto prático deve ser uma prioridade.

⭐ A LEI: PENSE APENAS NO PLANO A

Esta lei continua a ser uma daquelas realidades incômodas e inevitáveis da condição humana. Há uma correlação positiva entre quanto de nós – no que se refere a mente, energia e foco – podemos dedicar a um projeto e a probabilidade de alcançar o resultado desejado. Há quem dê a isso o nome de "manifestação", mas eu chamo de "pensamento de Plano A". Na busca de suas metas mais importantes, um plano alternativo é um peso a mais para se levar, um fardo motivacional a se carregar e o tipo de companhia que rouba a atenção.

Não há força maior para a criatividade, a determinação e o comprometimento do que uma pessoa sem um Plano B para distraí-la.

O diário de um CEO

LEI 23
NÃO BANQUE O AVESTRUZ

Esta lei mostra por que meu maior erro na vida profissional foi me comportar como um avestruz, quando eu deveria ter agido como um leão. Na carreira, quem banca o avestruz não sobrevive. Esta lei vai ensiná-lo a evitar isso.

"Nem mesmo Deus conseguiria afundar este navio", garantiu Edward Smith, capitão do *Titanic*, quando foi alertado sobre os riscos do gelo naquela região.

Horas depois, quando o navio atingiu um iceberg e começou a ser invadido pela água e afundar, o imediato Murdoch, que estava de plantão no momento da colisão, teria virado para o primeiro comissário, John Hardy, e dito: "Acho que ele [o *Titanic*] já era, Hardy."

Apesar da fatalidade iminente, os passageiros mais tarde se lembrariam de uma estranha sensação de calma, incredulidade e normalidade no convés. "Tinha gente jogando cartas, e um homem continuou tocando violino. Estavam tranquilos, como se estivessem em uma sala de estar", contou a passageira Edith Russell.

Outra passageira, Ellen Bird, descreveu como algumas pessoas pareciam ignorar por completo o próprio destino: "Vi uma ou duas pessoas se levantarem, olharem pela janela e se sentarem de novo, claramente achando que iam voltar para a cama."

William Carter, que sobreviveu pulando em um bote salva-vidas, um dos últimos a escapar da tragédia, disse que tentou convencer George

Widener a subir com ele. Carter disse que Widener ignorou a advertência e respondeu: "Acho que prefiro arriscar."

Foi por causa dessa mentalidade que os primeiros botes salva-vidas, já em número limitado, começaram a sair sem sua capacidade máxima. À medida que a situação se agravava, tripulantes começaram a usar os apitos de modo frenético, entrando em pânico e gritando para que os passageiros embarcassem nos botes menores. Segundo relatos de sobreviventes, alguns tripulantes tiveram que colocar as pessoas à força neles, contra a vontade dos passageiros.

Só no final do naufrágio, apenas alguns minutos antes da submersão total do navio, quando todo o convés já estava inundado, é que começou o pânico generalizado. O segundo-imediato Lightoller teve que brandir uma arma, e o quinto-imediato Lowe chegou a disparar tiros na lateral do navio, para impedir as pessoas de superlotar os últimos botes salva-vidas enquanto estavam sendo ocupados e baixados. Um tripulante assustado chegou a entrar na sala de rádio e tentar roubar o colete salva-vidas do oficial responsável, Jack Phillips, enquanto ele trabalhava.

Como consequência, das 2.240 pessoas a bordo, quase 70% morreram.

Esse tipo de negação é algo complicado de entender. Ao lermos sobre o assunto hoje, é fácil imaginarmos os passageiros indiferentes e apáticos como tolos, irracionais e imprudentes. Porém, a reação deles ilustra à perfeição um fenômeno comportamental muito humano e muito comum chamado **"efeito avestruz"**.

✪ O EFEITO AVESTRUZ

Quando um avestruz pressente o perigo, enterra a cabeça na areia. Ele age assim porque, escondendo-se da ameaça, ele espera que o perigo uma hora passe. Nós, seres humanos, não somos diferentes. Ao lidarmos com informações, situações ou conversas difíceis, temos a tendência de nos comportar como o avestruz e também a enterrar a cabeça na areia.

Enquanto seres humanos, somos programados para fugir do desconforto. Evitamos conferir a conta bancária quando sabemos que gastamos demais; evitamos ter conversas difíceis que não queremos ter; e, ainda mais problemático, evitamos marcar aquela consulta com o médico, para não ter que receber uma má notícia sobre a saúde.

Um relatório divulgado pelo banco TSB, do Reino Unido, revelou que os britânicos endividados perdem um total de 55 milhões de libras por mês por não conferirem suas finanças e fazerem mudanças simples. Um estudo que reforça essa conclusão mostrou que é maior a probabilidade de os investidores checarem o valor das suas carteiras quando o mercado, de modo geral, está em alta, mas que eles evitam olhar quando os mercados estão estáveis ou em queda.

Em um estudo ainda mais espantoso, com 7 mil mulheres com idades entre 50 e 64 anos, os pesquisadores concluíram que diminui em quase 10% a chance de uma mulher fazer um check-up de câncer de mama gratuito quando ela fica sabendo que uma colega foi diagnosticada com a doença.

Assim que o efeito avestruz aparece, nós não ficamos apenas ansiosos... A ansiedade se apodera de nós e nos leva a evitar olhar para a fonte de tamanha aflição. Como afirmou o psiquiatra George Vaillant: "A negação pode ser saudável, permitindo ao indivíduo enfrentar uma situação, em vez de ficar imobilizado pela ansiedade; ou pode ser negativa, criando um autoengano que altera a realidade de uma maneira que pode ser perigosa."

No empreendedorismo, o efeito avestruz muitas vezes é a diferença entre o êxito e o fracasso de uma empresa. Uma pesquisa realizada pela Leadership IQ, empresa de pesquisas corporativas, coletou dados de mais de mil membros de diretorias em quase trezentas organizações que demitiram o CEO. Concluíram que 23% dessas direções haviam demitido o CEO por ele "negar a realidade", 31% por "má gestão das mudanças", 27% por "tolerar funcionários de baixo desempenho" e 22% por "inação". Todos esses são sintomas muito comuns do efeito avestruz.

No mundo dos negócios, a pessoa com menos pontos cegos é aquela que tem mais chance de <u>vitória</u>.

Nós pensamos melhor, tomamos decisões melhores e alcançamos resultados melhores quando ficamos mais próximos da realidade. As histórias da Kodak, da Nokia, da Blockbuster, do Yahoo, da BlackBerry e do MySpace ilustram muito bem que aqueles que se sentem mais invisíveis costumam ser os mais suscetíveis a se transformarem em avestruzes diante das inovações, das mudanças e das verdades inconvenientes.

⭐ COMO EVITAR SE TORNAR UM AVESTRUZ

Durante a preparação deste livro, entrevistei Nir Eyal, escritor mundialmente famoso, em meu escritório em Nova York. Ele passou anos estudando o que motiva o comportamento humano nos melhores e nos piores momentos. Segundo ele:

> As pessoas acham que são motivadas pela busca do prazer; estão enganadas: são motivadas pela fuga do desconforto. Até o sexo – e o tesão que ele causa – é uma forma de desconforto, da qual buscamos nos aliviar.
> A maioria das pessoas evita reconhecer a dura realidade de que toda distração é uma forma nociva de fuga da realidade.
> O modo como lidamos com esses gatilhos internos incômodos é o que determina se buscamos atitudes saudáveis de tração ou distrações que nos autossabotam.

Na minha carreira, nenhum dos meus maiores equívocos e arrependimentos profissionais veio de decisões de negócios malsucedidas que eu tomei, e sim das decisões instintivamente óbvias, mas terrivelmente incômodas, que eu *não* tomei: coisas que evitei encarar por medo, incerteza e ansiedade. Aquela pessoa que eu sabia que precisava demitir, mas mantive; aquela conversa que eu precisava ter com um cliente, mas evitei; e a advertência que eu precisava formular à diretoria, mas adiei.

Da mesma forma, todos nós nos identificamos com as consequências tóxicas que o efeito avestruz pode ter sobre os relacionamentos amorosos: relutar em ter aquela conversa difícil, fugir de questões constrangedoras e fingir que está tudo bem. Sintomas de negação e evasiva mútuas mantêm de pé um relacionamento em crise, quando nenhuma das partes tem as palavras, a coragem ou a convicção de encarar as necessidades não atendidas. As brigas continuam acontecendo, mas raramente são as brigas certas. Em um relacionamento, quando você tem o tempo todo a mesma conversa, é porque se trata da conversa errada. Está evitando a conversa incômoda que é, de fato, necessária.

> Em todos os aspectos da vida, a dor é inevitável, mas a dor que criamos tentando <u>evitar</u> a dor <u>é</u> evitável.

No mundo dos negócios, a dor do efeito avestruz e o conflito não resolvido que ela causa são sentidos pelos seus funcionários; na criação dos filhos, são sentidos por eles; e em sua própria vida pessoal, serão sentidos pela sua mente, pelo seu corpo e pela sua alma.

Um funcionário da Casa Branca durante o mandato de John Kennedy comentou certa vez que sempre dava para notar quando o presidente e a primeira-dama tinham um desacordo e quando eles estavam em uma boa fase. Quando o entrevistador ficou surpreso ao saber que o relacionamento dos dois era tão transparente, esse membro da equipe explicou:

> Na verdade, eles eram bastante discretos em relação aos problemas como casal, mas a gente sabia que eles estavam brigando só de observar a interação da equipe pessoal de cada um. Quando os cabeleireiros e o pessoal do transporte brigavam, era porque havia algum tipo de atrito entre JFK e Jackie. Quando esses grupos atuavam juntos, a gente sabia que o "casal presidencial" estava bem.

No cerne dessa história sobre o presidente Kennedy, está a ideia de que o conflito se desloca dentro de um sistema social e entre seus diferentes patamares. Quando alguma coisa fica sem solução porque decidimos enterrar a cabeça na areia, esse problema não adormece, à espera de ser tratado; torna-se tóxico, contagioso e venenoso para o nosso entorno, infligindo cada vez mais danos colaterais a cada dia que permanece sem ser resolvido.

Cinco anos atrás, eu me dei conta de que precisava encontrar uma forma de superar meu próprio comportamento de avestruz, a fim de poder enfrentar as questões mais incômodas da minha vida pessoal, profissional e amorosa com rapidez e franqueza. Acredito piamente que não se pode atingir todo o nosso potencial sem uma relação melhor com o incômodo, as más notícias e as verdades inconvenientes. Ao recorrer a conselhos dos campos da economia, da psicologia e da sociologia comportamentais, criei meu próprio método de quatro passos para lidar com o incômodo e evitar a procrastinação.

PASSO 1: PARE E RECONHEÇA

O primeiro passo é fazer uma pausa e admitir para si mesmo que alguma coisa não está certa. Os momentos propícios a isso tendem a ser aqueles em que as pessoas percebem a força e a terrível longevidade das próprias emoções indesejadas. Se você não fizer uma pausa, não será possível iniciar o processo e não haverá como criar espaço suficiente para o passo seguinte.

PASSO 2: FAÇA UMA AUTOAVALIAÇÃO

O passo seguinte é analisar os próprios sentimentos, comportamentos e emoções. São exames cruciais. Eles permitem começar a articular algo que, até aquele ponto, era apenas uma impressão de que algo está errado por dentro, algo está em descompasso, uma necessidade não está sendo atendida ou um medo o dominou.

As pessoas que fazem uma pausa e se autoavaliam são como detetives cientes de que um crime foi cometido: enxergam as evidências, mas ainda não conseguem identificar o culpado. Resolver crimes assim geralmente exige auxílio de terceiros. É preciso ajuda para sairmos de nossas próprias narrativas e fazermos um autodiagnóstico preciso, em vez de apenas nos deixar levar por preferências pessoais e culpar os outros.

PASSO 3: COMPARTILHE SUA OPINIÃO

O passo seguinte é compartilhar sua opinião. Conte suas conclusões aos outros, sem atribuir culpa e com ênfase na responsabilidade pessoal. Com isso, os conflitos interpessoais que evitamos saem das conversas erradas para serem abordados nas conversas certas.

No efeito avestruz, as pessoas fogem das emoções que as dominam e não falam diretamente a respeito delas. Evitam o olhar na direção delas, diagnosticam de maneira equivocada os problemas e se distraem com outros assuntos. O problema mais profundo continua não dito. Libertar-se do jugo do efeito avestruz e do silêncio que o acompanha começa com os momentos em que as pessoas falam aquilo que ainda não expressaram. Ironicamente, a ciência demonstra que é ao conversar sobre suas desconexões que as pessoas mais se conectam entre si.

PASSO 4: BUSQUE A VERDADE

No último passo, você precisa buscar humildemente a verdade... uma façanha mais fácil de falar do que de fazer, diante de todos os vieses cognitivos, nosso senso de justiça e nossa ignorância. Isso quer dizer estar disposto a escutar. Escutar não apenas para ouvir, mas para entender. Não do ponto de vista de um adversário em busca da vitória, mas como um parceiro, que deseja superar com paciência um empecilho.

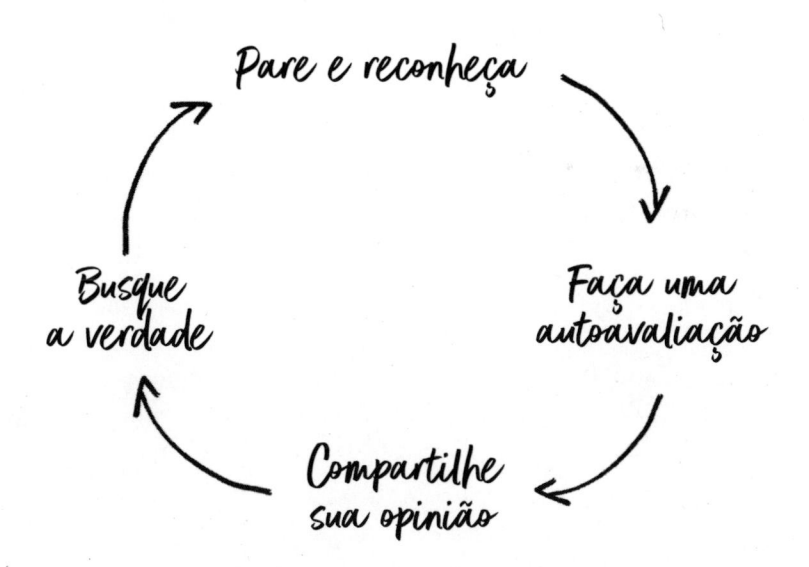

Pare e reconheça → Faça uma autoavaliação → Compartilhe sua opinião → Busque a verdade → (ciclo)

Quando você busca, escuta e entende a verdade, o incômodo que ela causa pode ser uma tentação para que você enterre a cabeça de novo em um buraco. Mas a chave é voltar ao passo número um, fazer uma pausa e repetir o processo até chegar a um desfecho.

⭐ A LEI: NÃO BANQUE O AVESTRUZ

Tanto na vida profissional quanto em nossos relacionamentos pessoais, evitar realidades incômodas e conversas difíceis não ajuda em nada… Precisamos reconhecer aquilo que não está certo, avaliar o que podemos fazer a respeito, compartilhar nossas conclusões e chegar à verdade, por mais complicada que seja.

Se quiser sucesso de longo prazo nos negócios, nos relacionamentos e na vida, será preciso aceitar melhor as verdades inconvenientes, o mais rápido possível.

Quando você se recusa a aceitar uma verdade inconveniente, opta por aceitar um futuro inconveniente.

O diário de um CEO

LEI 24

CONSIDERE A PRESSÃO UM PRIVILÉGIO

Esta lei ensina como o conforto nos mata aos poucos, física, mental e emocionalmente. Ela vai ajudá-lo a entender como e por que precisamos transformar as pressões da vida em um privilégio.

Ganhadora de 39 títulos do Grand Slam, a tenista americana Billie Jean King sempre era considerada a favorita. Esperava-se sempre que ela vencesse. Poderia ser pressão demais para outra pessoa, mas não para a atleta. Ela tinha conquistado vinte títulos em Wimbledon, um recorde. Todo mundo que se interessava por tênis queria vê-la em quadra, todo cronista esportivo estava pronto a narrar suas jogadas. Quando perguntaram a ela como lidava com esse fardo impensável de expectativa mundial, Billie Jean King respondeu, em tom leve: **"Se sentir pressionado é um privilégio – isso só acontece com aqueles que merecem."**

A frase "Se sentir pressionado é um privilégio" provoca, naturalmente, reações variadas, como acontece com a maioria dos mantras simplificados demais. Quando as pessoas a ouvem, entendem: "Estresse é um privilégio." Por isso, é importante explicar que estresse e pressão são duas coisas bem diferentes. O estresse é uma reação psicológica interna, enquanto a pressão é uma força proveniente do ambiente externo ao indivíduo. É óbvio que a pressão pode gerar tanto o estresse bom quanto o ruim, dependendo da pessoa, mas a culpa não é da pressão em si. Ela é uma situação subjetiva, não uma emoção objetiva; na presença de uma pressão forte, aquilo que é estresse para um pode ser prazer para outro.

Não gosto nem um pouco da pressão que sofro – pelo menos não na hora – e não a considero algo fácil. Muitas vezes, as pressões que enfrentei me testaram de maneiras às quais eu não teria me submetido por vontade própria, mas as maiores delas sempre antecederam meus maiores privilégios. Os dois conceitos possuem uma relação evidente e inquebrantável que considero libertadora, motivadora e tranquilizadora, uma vez que é compreendida. A pressão lança luz ao mesmo tempo sobre quem eu sou e quem eu não sou, mostrando simultaneamente quanto já avancei e quanto ainda falta para avançar até meu objetivo. A pressão não é o problema – como falei, ela não é nem boa nem má –, mas nossa relação, nosso ponto de vista e nossa avaliação dela e do estresse que ela cria é que podem ter consequências intencionais ou fatais.

✭ SÓ MAIS UMA NOITE ESCURA E FRIA NO CAMINHO PARA O EVEREST

A pressão não é uma questão de vida ou morte, mas sim o modo como você a sente.

Na Universidade de Wisconsin, pesquisadores realizaram um estudo sobre o estresse com 30 mil adultos americanos. Foram feitas perguntas como "Quanto estresse você sentiu no ano passado?" e "Você acha que o estresse é prejudicial à sua saúde?". Oito anos depois, consultaram registros públicos de óbito para verificar quem estava vivo. Sem surpresas, as pessoas que vivenciaram muito estresse durante o período abordado pelo estudo apresentaram um risco 43% maior de morrer. PORÉM – e é um grande porém – isso só se mostrou válido para aqueles indivíduos que tinham declarado acreditar que o estresse era prejudicial à saúde. Aqueles que vivenciaram muito estresse, mas não o consideravam nocivo, não apresentaram maior probabilidade de morte. Na verdade, uma análise mostrou que essas pessoas tinham o menor risco de morte entre todos os participantes, inclusive aqueles que relataram vivenciar relativamente pouco estresse. Os pesquisadores estimaram que, ao longo dos oito anos em que rastrearam as mortes, 182 mil americanos morreram de forma prematura – não de estresse, mas da crença de que o estresse é ruim para a saúde.

Kelly McGonigal é psicóloga e professora na Universidade Stanford. Em um TED Talk sobre esse estudo, ela comentou: se a estimativa dos pesquisadores estiver correta, acreditar que o estresse é ruim seria a 15ª *causa mortis* mais comum nos Estados Unidos, responsável por mais mortes que o câncer de pele, a aids e os homicídios.

★ ★ ★

Você se lembra da última vez que se sentiu pressionado de verdade? Pode ser que o coração tenha disparado, que a respiração tenha acelerado, que as mãos tenham ficado úmidas. Em geral, interpretamos esses sintomas físicos como ansiedade ou sinais de que não estamos lidando bem com a pressão sofrida.

Mas e se você os enxergasse de outra forma: como sinais de que seu corpo está lhe dando energia, preparando-o para encarar um desafio? Foi exatamente o que pesquisadores de um estudo em Harvard disseram aos participantes, antes de fazê-los passar por um teste de alta pressão. Os indivíduos que aprenderam a encarar a reação ao estresse como benéfica para o desempenho ficaram menos ansiosos, se sentiram mais confiantes e tiveram um desempenho melhor. Um aspecto ainda mais interessante dos resultados obtidos foi no que diz respeito às mudanças na reação ao estresse psicológico. Em geral, os batimentos cardíacos sobem e os vasos sanguíneos se contraem em momentos de estresse – o que é um estado não muito saudável para ser mantido por muito tempo.

Na investigação, porém, quando os participantes enxergavam os sintomas psicológicos como benéficos, isso não impedia os batimentos cardíacos de subir, mas os vasos sanguíneos continuaram relaxados e dilatados, o que fez com que a resposta cardiovascular fosse bem mais saudável. McGonigal observou que os indivíduos que consideravam o estresse benéfico apresentaram um perfil cardiovascular semelhante ao de pessoas vivenciando momentos de coragem e contentamento.

Além disso, a professora Alison Wood Brooks, da Harvard Business School, mostrou como as pessoas que fazem um esforço mental consciente para reenquadrar a ansiedade como empolgação são capazes de melhorar seu desempenho em tarefas como vendas, negociação e oratória.

Essa mudança de mindset e a transformação física que ela gera, pode ser a diferença entre um infarto provocado por estresse aos 60 anos e viver até os 90.

O objetivo não é tentar se livrar da pressão, e sim mudar por completo sua relação com ela.

Outra maneira importante de melhorar sua relação com a pressão que sente é relembrar-se do sentido, do contexto e do privilégio positivo das circunstâncias que a produzem. A diferença entre a pressão nascida de nossas ambições – montar uma empresa, participar de um campeonato ou criar um filho – e a pressão vivenciada por um operário mal pago sob a ameaça de demissão se não aumentar a produtividade é a forma de nos relacionarmos com o sentimento. A pressão que enxergamos como voluntária, relevante e com alto grau de autonomia é percebida como um privilégio. De forma inversa, a pressão forçada, sem sentido e com baixa autonomia mais parece um sofrimento psicológico.

"Só mais uma noite escura e fria no caminho para o Everest" é uma frase que repeti de forma natural, nos últimos cinco anos, nos momentos mais difíceis, para retornar ao contexto do meu estresse.

Quando um montanhista optar por escalar o Monte Everest, é ingênuo ter a expectativa de uma jornada tranquila. Isso também vale, é óbvio, para a fundação de uma empresa, a busca de um diploma universitário ou a criação de um filho: tudo isso acarreta pressão, estresse e sofrimento. Porém, como se trata de uma pressão que subjetivamente vale a pena, a sensação é diferente e – ouso até dizer – agradável.

A propensão a sentir-se vítima da pressão é maior quando esquecemos o contexto por trás dela. Os desafios mais relevantes da sua vida virão junto com algumas noites na escuridão no caminho para o Everest.

TRANSFORME A PRESSÃO EM UM PRIVILÉGIO

Felizmente, é possível mudar a sua relação com a pressão. Depois de combinar anos de pesquisas qualitativas e empíricas em psicologia, um estudo publicado na *Harvard Business Review*, recorrendo ao trabalho com executivos, estudantes, integrantes das Forças Especiais da Marinha dos Estados Unidos (Navy SEALs) e atletas profissionais, concluiu que aqueles que adotam uma mentalidade de "estresse é aprimoramento" têm um desempenho superior no trabalho e menos problemas de saúde, em relação àqueles que encaram o estresse como algo negativo e debilitante.

Acredito que mudar a sua forma de reagir ao estresse e à pressão pode ajudá-lo a se beneficiar do poder criativo do estresse, minimizando ao mesmo tempo seus efeitos prejudiciais. Fiz isso ao adotar uma abordagem em três passos, da *Harvard Business Review*, que compartilho aqui – além de um último passo de minha criação.

PASSO 1: ENXERGUE

A percepção é o primeiro passo para se livrar de qualquer tipo de círculo vicioso cognitivo. Não negue, não evite nem deixe que aquilo paralise você: fale o que tem para falar, dê nome aos bois. Isso altera, de fato, a forma de seu cérebro reagir, porque ativa as áreas mais conscientes e deliberadas dele, em vez dos centros primitivos, automáticos, reativos. Como explica a *Harvard Business Review*:

> Em um estudo, mostraram-se imagens de emoções negativas a pacientes submetidos a uma ressonância cerebral. Quando se pediu que rotulassem a emoção que as imagens suscitavam, a atividade neural passou da região da amídala (a sede emocional) para o córtex pré-frontal, a região do cérebro do pensamento consciente e proposital. Em outras palavras, reconhecer deliberadamente o estresse permite pausar as reações viscerais, ensejando uma reação mais positiva.

Além disso, parece que tentar negar ou ignorar sentimentos de estresse não gera o efeito desejado. Uma pesquisa de Peter Salovey e Shawn Achor, para a *Harvard Business Review*, demonstrou que aqueles que encaram a pressão como debilitante e lutam para evitá-la reagem de forma excessiva ou insuficiente ao estresse, enquanto aqueles cuja mentalidade permite que abracem o lado positivo têm uma reação de cortisol mais moderada ao estresse. Na prática, isso significa que estão "mais dispostos e abertos a buscar o feedback durante o estresse, o que pode ajudá-los a aprender e crescer no longo prazo".

PASSO 2: COMPARTILHE
Um estudo realizado na Universidade de Buffalo concluiu que cada um dos acontecimentos mais importantes e estressantes da vida de um adulto aumenta em 30% o risco de morte dele – a menos que ele passe uma quantidade significativa de tempo se conectando com os entes queridos e com a comunidade mais próxima. Nesse caso, não havia aumento do risco de morte.

Compartilhar nosso estresse com uma comunidade que nos apoia altera por completo o impacto psicológico que o estresse provoca sobre nós. Quando decidimos nos conectar com os outros, cria-se uma incrível resiliência.

PASSO 3: ENQUADRE
A chave para "dominar" a pressão que você sente é reconhecer o papel positivo que ela desempenha e o sinal poderoso que ela representa. Nos sentimos pressionados quando valorizamos alguma coisa, quando algo está em jogo, quando nos importamos. Enquadrar a pressão que você sente nesse contexto desencadeia uma motivação positiva e acalma sua reação fisiológica.

Isso faz você lembrar que se trata de apenas mais uma noite fria no caminho para o Everest – uma montanha que foi você quem escolheu escalar e que, ainda por cima, com certeza vale o esforço.

No treinamento dos SEALs, a elite dos fuzileiros navais americanos, o ex-comandante Curt Cronin conta:

> O esquadrão de líderes aponta as situações que são exponencialmente mais estressantes, caóticas e dinâmicas do que qualquer operação de combate, de modo que as equipes aprendam a [se] concentrar nas circunstâncias mais árduas. Quando o estresse do treinamento parece insuportável, é possível dominá-lo, sabendo que, no fim das contas, é o que escolhemos fazer: ser parte de uma equipe capaz de ser bem-sucedida em qualquer missão.

E é uma pressão que vale a pena suportar.

PASSO 4: UTILIZE

Quando estiver sob pressão, o estresse pode ajudá-lo a obter êxito. A meta evolutiva do estresse é estimular o indivíduo a oferecer seu melhor desempenho possível, tanto física quanto mentalmente; ele ajuda você a elevar seu nível e encarar o problema ou situação. A reação física ao estresse é a produção de hormônios, como a adrenalina e a dopamina, que abastecem o cérebro e o corpo com os tão necessários sangue e oxigênio. Isso resulta em um estado de maior energia, alerta reforçado e foco turbinado.

É uma forma maravilhosa de o corpo nos preparar. Não se oponha a ela, utilize-a.

O ex-comandante dos SEALs Cronin afirmou recentemente: "Aprender a perguntar 'Como essas experiências poderiam ser convenientes para nós?' e ser forçado a utilizá-las como combustível mostrou ser uma ferramenta poderosa para ajudar nossos indivíduos, equipes e organização a prosperar, não apesar do estresse, mas por causa dele."

Como na frase famosa do presidente americano Theodore Roosevelt, se formos fracassar, pelo menos que fracassemos "com grande ousadia", um destino mais admirável que o "dessas almas frias e tímidas que não conhecem nem a vitória nem a derrota".

✶ A PRESSÃO PODE SALVAR SUA VIDA

Na preparação deste livro, entrevistei mais de dez especialistas da área de saúde sobre o tema do estresse, da pressão e de seu impacto sobre a saúde. Uma das preocupações mais recorrentes e surpreendentes que ouvi pode ser resumida em algo que ouvi de Gary Brecka, fundador da 10X Health:

> "Estamos vivendo uma crise de conforto. Lentamente, estamos nos sufocando até a morte com conforto, ao evitar coisas difíceis que são boas para a nossa saúde. O envelhecimento é nossa busca agressiva de conforto."

Ele acredita que o ser humano prospera fisiologicamente e foi criado para viver sob os tipos certos de estresse. Afirma que nascemos para sentir frio e calor extremos... não fomos criados para viver em uma temperatura ambiente regulada à perfeição. E nascemos para exigir esforço físico do nosso corpo; não fomos criados para sermos sedentários.

Outros especialistas em saúde com os quais conversei me disseram que o custo de evitar esse tipo de pressão fisiológica é constatado na epidemia da obesidade, no aumento das doenças cardíacas e de vários tipos de doença que poderiam ser evitados.

A pressão profissional, psicológica e fisiológica é um privilégio que optamos por ignorar tantas vezes por ser... "difícil", e, como já exposto, somos seres que evitamos o desconforto.

No entanto, em todos os aspectos da vida, "difícil" é o preço que pagamos hoje por um amanhã mais "fácil".

✪ A LEI: CONSIDERE A PRESSÃO UM PRIVILÉGIO

A pressão não precisa ser uma coisa negativa e, quando enquadrada de forma correta, pode até ser estimulante. Reconhecer, dominar e utilizar a pressão pode transformá-la em uma ferramenta poderosa para atingirmos nossos objetivos na vida pessoal e na profissional.

O confortável e o fácil são amigos de curto prazo, mas inimigos de longo prazo. Se seu objetivo é o crescimento, opte pelo desafio.

O diário de um CEO

LEI 25

O PODER DA MANIFESTAÇÃO NEGATIVA

Esta lei nos ensina o maravilhoso poder de algo que eu chamo de "manifestação negativa" e nos mostra como ela pode ajudá-lo a reconhecer sinais de alerta, riscos futuros e demais obstáculos ao seu sucesso.

Existe uma única pergunta que, na minha experiência, poupou-me de mais prejuízos financeiros e perda de tempo e de recursos do que qualquer outra. Essa pergunta, cuja relevância só descobri depois de uma série de fracassos, reveses e equívocos, costuma não ser feita devido ao desconforto que causa em nós.

Evitá-la coloca você em uma posição delicada, parecida com a do avestruz hipotético que enterra a cabeça na areia, descrito na Lei 23. Quer você a ignore ou não, uma hora vai acabar encontrando a resposta – seja agora, com uma conversa desagradável, ou no futuro, de forma muito mais dolorida.

Eu tinha 18 anos em 2013, quando aprendi o valor dessa pergunta, por meio de uma lição dolorosa.

Tinha decidido criar uma plataforma on-line para estudantes, chamada Wallpark, e depois de três anos nesse projeto, dedicando o capital dos investidores e meu sangue, suor e lágrimas, tudo acabou em fracasso.

Como diz o ditado, quando olhamos em retrospectiva, nossa visão é sempre perfeita. Hoje, considero óbvia a razão do fracasso: sem perceber, eu estava competindo com o Facebook – uma disputa que eu não tinha nenhuma chance de vencer.

Mas é fundamental notar que essa revelação não deveria exigir um olhar em retrospectiva; eu não precisaria passar pelo fracasso para reconhecê-lo. Se eu tivesse a humildade, a experiência e a força necessárias para perguntar de maneira franca, a mim mesmo, uma questão simples, acho que teria evitado toda a perda de tempo, dinheiro e esforço.

A pergunta decisiva é: "<u>Por que essa ideia vai dar errado?</u>"

Pode parecer um questionamento direto e óbvio. Porém, quando fiz uma enquete com mais de mil fundadores de startups, por incrível que pareça apenas 6% afirmaram ter uma noção clara de como sua ideia poderia dar errado, enquanto impressionantes 87% tinham uma noção clara de como ela daria certo.

A realidade é que a maioria das startups acaba fracassando, e, quando isso acontece, como foi o meu caso, parece que de repente os fundadores enxergam o óbvio... e a maioria atribui a derrocada por superestimar as chances de sucesso e subestimar os riscos.

Por exemplo, de acordo com a Small Business Administration dos Estados Unidos, 52% dos fundadores que fracassaram reconheceram ter subestimado os recursos necessários para o sucesso; 42% admitiram não ter percebido que o mercado não queria seu produto; e 19% confessaram ter subestimado a concorrência.

Tenho certeza de que a pergunta mais crucial e reveladora que esses fundadores de startups malsucedidos poderiam ter feito a si próprios e aos colegas, antes de levar adiante suas iniciativas, era: "Por que essa ideia vai dar errado?" Tanto médicos quanto pacientes debilitados são testemunhas de que prevenir é melhor do que remediar, e, no mundo dos negócios, não há chance de prevenção sem enfrentar com humildade a possibilidade de fracasso.

Existem cinco razões principais por trás do fato de que nos esquivamos desse diálogo ou até de cogitar a possibilidade de fracasso. Esses cinco vieses psicológicos, identificados com frequência em inúmeros estudos, provavelmente vão impedir você e sua equipe de fazer essa pergunta que parece simples, porém é essencial:

1. Viés do otimismo: Tali Sharot me disse que cerca de 80% das pessoas possuem esse viés. Para resumir, o otimismo faz com que as pessoas se concentrem nas coisas boas e ignorem as ruins. Foi isso que me impediu de perguntar: "Por que o Wallpark vai fracassar?" Eu tinha uma crença inerente e queria que tudo acabasse bem. Acredita-se que esse viés nos deu uma vantagem evolutiva: o otimismo nos ajudava a correr mais riscos à sobrevivência, a explorar novos ambientes e a encontrar novos recursos. Mas, na vida profissional, isso nos impede de avaliar de forma apropriada os riscos.

2. **Viés da confirmação**: Todos nós temos, até certo ponto, esse viés. Ele nos faz prestar atenção em informações que confirmam nossas ideias e hipóteses atuais. Foi o que me fez prestar atenção e aceitar informações "provando" que o Wallpark era uma boa ideia e ignorar todos os dados, e-mails e feedbacks que indicavam o contrário. As pesquisas mostram que esse viés humano turbina nossa autoestima e nos oferece conforto emocional, ao dar a impressão de que nossa visão de mundo é firme, coerente e fiel à realidade.

3. **Viés do egoísmo**: Esse viés tem impacto em graus variados, levando-nos a acreditar que nosso êxito ou fracasso é resultado de nossa própria habilidade e esforço. Com certeza, isso me impediu de pensar em como o Wallpark podia fracassar, porque me fez superestimar meus próprios talentos e, ao mesmo tempo, subestimar o impacto de fatores externos – como as condições de mercado, a concorrência e outras circunstâncias imprevistas.

4. **Viés da falácia de custos irrecuperáveis**: Esse viés nos deixa aferrados a uma decisão – mesmo quando as evidências indicam que foi a errada – porque já gastamos tempo ou dinheiro com ela. É o motivo pelo qual o Wallpark persistiu por três anos: inconscientemente, eu não queria desistir e acabar "desperdiçando" ou "perdendo" o tempo e o dinheiro já investidos. Contudo, ao insistir naquilo, acabei desperdiçando ainda mais tempo e dinheiro.

5. **Viés do pensamento de grupo**: Esse viés impede que um grupo de pessoas pergunte "Por que essa ideia vai fracassar?", porque nenhuma delas quer discordar do grupo. No Wallpark, em nenhum momento alguém da equipe de fundadores questionou se a ideia iria dar certo; pro-

vavelmente todos nós nos uníamos em torno da mesma hipótese furada devido ao nosso desejo de coesão social, que criou uma forte pressão conformista em todos os novos membros da equipe.

⭐ A PERGUNTA QUE SALVOU MINHA EMPRESA

Em 2021, tive uma ideia ousada. Na onda do sucesso do meu podcast *The Diary of a CEO*, concebi o lançamento de uma rede inteira de podcasts. O plano ambicioso exigia criar uma série de podcasts novos, cada um com um apresentador renomado e talentoso. Minha meta era tirar proveito da expertise comercial, de produção e de marketing da nossa equipe para impulsionar novos programas.

Não nos faltava experiência para ampliar a escala de um podcast número um das paradas; eu tinha um caderninho de contatos repleto de personalidades conhecidíssimas e dispostas a colaborar comigo em seus próprios podcasts; eu contava com uma equipe de trinta pessoas, que tinham trabalhado em *The Diary of a CEO*; e eu dispunha dos recursos financeiros para investir nesse novo empreendimento.

Para tirar minha ideia do papel, reuni um grupo dedicado de cinco funcionários da equipe do *The Diary of a CEO* e, durante um ano, planejamos meticulosamente a rede de podcasts, marcamos reuniões com possíveis apresentadores e buscamos parceiros. Investi centenas de milhares de dólares no planejamento e na preparação, além de energia e inúmeras horas de meu próprio tempo, assim como dos membros da minha equipe. Passados seis meses, apresentei uma proposta formal ao chefe de uma das maiores empresas de mídia do mundo para virar o CEO da nossa rede. Para minha alegria, ele aceitou em caráter provisório e me disse que pediria demissão quando eu desse o sinal verde para ele se juntar a nós.

Por fim, depois de doze meses de planejamento, chegou a hora da verdade. Eu estava diante da decisão crucial de pedir ou não que o CEO que convidamos se demitisse de seu emprego bem remunerado e entrasse para nossa equipe. Eu sabia que aquela escolha mudaria tudo. Se eu seguisse em frente, não haveria como olhar para trás – seria avante a todo vapor, para lançar uma rede de podcasts de grande escala.

Naquele momento decisivo, o know-how que eu tinha acumulado em mais de uma década apareceu. Reuni minha equipe e fiz uma pergunta simples, porém profunda: "Por que essa ideia é ruim?" Ao observar os semblantes incomodados deles, ficou evidente que aquelas mentes estavam tendo que lidar com um desafio inédito, uma dúvida que eles nunca tinham cogitado.

Em poucos instantes, as comportas se abriram. Um membro da equipe comentou que nosso grupo de talentos era reduzido e podia não dar conta da demanda, prejudicando nosso podcast já existente e bem-sucedido. Outro enfatizou como os apresentadores famosos podem ser pouco confiáveis e como existia o risco de perdermos tudo se um deles abandonasse o projeto. Outro apontou preocupações graves com a situação financeira e como isso levaria a uma redução das oportunidades de patrocínio. E outro explicou que seria mais difícil do que imaginávamos replicar nosso sucesso inicial, porque, em parte, ele se deveu à sorte, às circunstâncias e ao acaso.

Depois que essa cascata de razões lógicas secou, um membro da equipe me fez a mesma pergunta: "Por que *você* acha que é uma má ideia?" Nessa hora, percebi que meu subconsciente vinha abrigando um receio enraizado em experiências passadas, algo que eu vinha evitando devido ao viés psicológico. Minha resposta foi simples e franca: "Foco."

Expliquei que nosso foco coletivo era nosso recurso mais precioso. O fracasso leva as pessoas à tentação da perda de foco, com a descrença no projeto e a desmotivação generalizada. Mas o sucesso leva ainda mais as pessoas a essa mesma tentação, pois traz mais oportunidades, propostas e competências. Manter o foco em nosso projeto já existente, ainda em uma fase crucial do crescimento, seria, ao mesmo tempo, a coisa mais difícil e a mais importante a ser feita. Nosso foco, atenção e poder de raciocínio – recursos limitados – não poderiam ser empregados em vários projetos concomitantes sem que isso acarretasse sérias consequências. As ideias no chuveiro, o "eureca!" à uma da manhã, a conversa fiada no corredor... Precisávamos que todos esses momentos preciosos estivessem focados no nosso podcast já existente, na descoberta de maneiras de melhorar nas pequenas coisas e de atingir todo o nosso potencial.

Ressaltei que, ao concentrar esforços, poderíamos alcançar um crescimento exponencial, muito maior que o de qualquer rede de podcasts.

Alguns minutos depois, votamos por unanimidade a favor do encerramento do projeto da rede de podcasts.

Por incrível que pareça, apenas uma hora antes, todos na sala apoiavam a ideia e estavam ansiosos para lançar o novo empreendimento. Mas uma pergunta simples e incômoda alterou nosso mindset coletivo, atraiu um raciocínio crítico importante e nos levou a enxergar com maior definição os defeitos do projeto.

Um ano depois, favorecido pelo distanciamento, posso dizer com toda a certeza que insistir em montar a rede teria sido um equívoco dispendioso. A equipe teria ficado sobrecarregada até o limite, o negócio que já possuíamos teria sido prejudicado e a crise econômica de 2022 teria abalado muito o nosso desempenho financeiro.

Manter o foco valeu a pena, e em 2022 nosso podcast já existente cresceu 900% em termos de audiência; a receita, em mais de 300%.

No mundo dos negócios, é comum que equipes como a nossa dediquem meses traçando um panorama de como e por que suas ideias darão certo. No entanto, raramente elas dedicam a mesma quantidade de tempo a analisar os possíveis motivos pelos quais essas ideias não dão certo. É aí que entra em jogo o poder de uma simples pergunta: "Por que esta ideia é ruim?"

Ao insistir nela, incentivamos um tipo essencial de raciocínio crítico, que revela riscos e desafios que muitas vezes são obscurecidos pelos cinco vieses mencionados, típicos do ser humano. Em vez de somente buscar a validação das próprias ideias, é preciso se desafiar a encarar os pontos fracos delas. A intenção não é simplesmente buscar motivos para abandonar um desafio, e sim levar em conta o velho ditado segundo o qual prevenir é melhor que remediar. Identificar possíveis problemas antes de embarcar em um projeto nos permite atacá-los e driblá-los, preparando o terreno para uma jornada mais suave rumo ao sucesso.

✭ O MÉTODO PRÉ-MORTEM: SUA ARMA SECRETA PARA EVITAR O FRACASSO

Lamentavelmente, a natureza humana muitas vezes nos impede de pensar ou de agir de forma preventiva e, com isso, evitar os piores cenários possíveis. Muitos de nós negligenciamos a adoção de hábitos saudáveis, como boa alimentação e atividade física, até nosso bem-estar ficar ameaçado; menosprezamos a importância de fazer a manutenção do carro até ele enguiçar; só consertamos um teto com rachaduras quando as goteiras pingarem na nossa cabeça.

O "exame *post-mortem*", ou autópsia, é um procedimento realizado pelos profissionais da área médica para determinar a causa da morte por meio do exame do cadáver. Um "pré-*mortem*" seria o inverso hipotético do *post-mortem*, ou seja, seria feito antes que a morte ocorresse. O "método pré-*mortem*" é uma técnica de tomada de decisões elaborada pelo cientista Gary Klein, que incentiva o grupo a pensar do ponto de vista de uma falha, antes do início do projeto. Em vez de simplesmente perguntar "O que pode dar errado?", o pré-*mortem* se baseia em imaginar que o "paciente" morreu e então pedir explicações de *por que* aquilo deu errado.

Imagine agora se pudéssemos aproveitar esse conceito no cotidiano e nas iniciativas profissionais. Pesquisas científicas mostram que realizar esse simples experimento mental – a realização de uma "autópsia" metafórica antes que uma calamidade ocorra – pode levar a uma redução drástica do risco geral de fracasso.

Em um estudo revolucionário de 1989, pesquisadores se debruçaram sobre o fascinante mundo do método pré-*mortem* e seu impacto na previsão de resultados. Os participantes foram divididos em dois grupos: um aproveitou o poder do método pré-*mortem* para imaginar vários acontecimentos profissionais, sociais e pessoais como se já houvessem ocorrido, dissecando os possíveis motivos para não terem dado certo. O outro grupo, por sua vez, simplesmente fez previsões, sem qualquer direcionamento.

O que utilizou o método pré-*mortem* apresentou uma precisão significativamente maior em prever como os cenários imaginados se desenrolariam e em determinar suas causas. Essas conclusões demonstram que antever o futuro nos permite compreender melhor possíveis questões iniciais e tomar medidas proativas para evitá-las.

Outro estudo, realizado também em 1989 por pesquisadores de duas universidades, chegou aos mesmos resultados impressionantes: esse método simples de imaginar que o fracasso já ocorreu aumentou em 30% a capacidade de identificação correta das razões de um resultado futuro!

Desde 2021, implementei a análise pré-*mortem* em todas as minhas empresas, com grande êxito. Descrevo aqui o processo, em cinco etapas, que utilizo para empregá-lo:

1. *Monte o cenário*: Reúna os membros relevantes da equipe e explique de forma clara e objetiva a eles a meta da análise pré-*mortem:* identifique possíveis riscos e pontos fracos, sem criticar o projeto nem ninguém específico.

2. *Pule direto para o fracasso*: Peça à sua equipe que imagine que o projeto fracassou e incentive-a a imaginar esse cenário em riqueza de detalhes.

3. *Faça um brainstorming dos motivos do fracasso*: Instrua cada participante a gerar, de forma independente, uma lista de razões que poderiam levar ao fracasso do projeto, considerando fatores internos e externos. É importante que isso seja feito de forma independente e no papel, para evitar "pensamento de grupo".

4. *Compartilhe e discuta*: Faça cada membro da equipe compartilhar as razões para o fracasso, fomentando uma discussão aberta e sem julgamentos para revelar riscos e problemas em potencial.

5. *Elabore planos de emergência*: Com base nos riscos e problemas identificados, trabalhem juntos para criar planos e estratégias de emergência que minimizem ou evitem todas essas possíveis armadilhas.

✶ NÃO SÃO APENAS CONSELHOS PROFISSIONAIS, SÃO CONSELHOS PARA A VIDA

A realidade é que o ser humano toma decisões de m…, sejam elas turvadas pelas emoções, induzidas pelo medo ou influenciadas pela insegurança. Não somos muito lógicos, somos repletos de vieses e, em nossa tomada de decisões, estamos sempre em busca de atalhos.

O poder do método pré-*mortem* vai muito além do terreno dos negócios. Na minha vida pessoal, tem sido uma ferramenta poderosa para tomar decisões melhores em vários aspectos. Contar com um parâmetro vigoroso para a tomada de decisões me permitiu fazer escolhas mais eficazes e com menos probabilidade de arrependimento nas áreas e nos momentos mais importantes da minha vida.

Listo alguns exemplos de como você pode aplicá-lo em diferentes situações:

1. **Escolha de uma carreira**: Ao decidir qual carreira seguir, realize uma análise pré-*mortem* em que se visualiza daqui a alguns anos, tendo vivenciado muitas insatisfações ou fracassos na carreira que você está cogitando. Voltando desse momento final para o começo no presente, identifique possíveis causas para essas insatisfações, como falta de interesse no trabalho, oportunidades de crescimento limitadas ou falta de equilíbrio entre a vida profissional e a pessoal. Ao levar em conta esses fatores, você pode aperfeiçoar seu processo de escolha ou elaborar estratégias para minimizar possíveis problemas.

2. **Escolha de um parceiro**: Ao considerar um relacionamento de longo prazo ou um casamento, imagine um cenário em que a relação deu errado ou se tornou insatisfatória. Identifique fatores que possam ter contribuído para o declínio da relação, como uma diferença entre os valores dos indivíduos, falta de comunicação, problemas de intimidade ou expectativas diferentes. Ao lidar com essas preocupações de forma proativa, assim como buscar sinais de alerta, você pode tomar uma decisão mais embasada a respeito do relacionamento ou trabalhar desde o início em maneiras para fortalecê-lo.

3. **Realização de um investimento de grande porte**: Ao cogitar um investimento relevante, como a aquisição de uma casa ou uma aplicação na bolsa de valores, imagine um cenário em que esse investimento leve a um prejuízo financeiro. Identifique causas possíveis para esse desfecho, como flutuações do mercado, pesquisa inadequada ou superestimação da sua capacidade financeira futura. Ao compreender esses riscos, você

pode tomar decisões mais informadas, fazer uma avaliação devidamente cuidadosa e tomar medidas que minimizem possíveis perdas.

Hoje, a impressão é que toda citação que encontro nas redes sociais exige "visualizar o sucesso", louvando o poder da "manifestação" e do "pensamento positivo". Embora o otimismo, sem sombra de dúvida, possua imenso valor, e o pensamento positivo tenha mérito genuíno, também há um grande poder na adoção da contemplação negativa: a visualização do fracasso e o planejamento para evitá-lo.

✯ A LEI: O PODER DA MANIFESTAÇÃO NEGATIVA

Nossa programação cognitiva nos afasta, por instinto, de pensamentos que induzem ao desconforto psicológico. No entanto, assim como o avestruz hipotético que enterra a cabeça na areia, fugir disso muitas vezes nos leva a um sofrimento ainda maior.

De forma paradoxal, em todos os aspectos da vida, aceitar uma conversa incômoda no presente prepara o terreno para uma vida mais confortável no futuro. Afinal, prevenir é mais fácil que remediar.

Aceitar essa dualidade de ideias – um equilíbrio entre positividade e negatividade – nos abastece de sabedoria, resiliência e uma visão mais abrangente do futuro, construindo uma trajetória mais bem-sucedida.

Dá para prever o sucesso de alguém em qualquer área da vida observando sua capacidade de lidar com conversas incômodas e sua disposição em tê-las. Seu progresso pessoal pode estar escondido atrás de uma dessas.

O diário de um CEO

LEI 26

O QUE VALE É O CONTEXTO, NÃO AS COMPETÊNCIAS

Esta lei explica como multiplicar seus ganhos com as competências que já possui e como o valor se concentra no contexto, não na competência propriamente dita.

✶ "SE VOCÊ NOS AJUDAR, NÓS LHE DAREMOS 8 MILHÕES DE DÓLARES!"

Em 2020, depois de uma década de altos e baixos, montando uma agência de marketing digital cuja cartela de clientes possui algumas das marcas mais famosas do planeta, larguei o cargo de CEO e embarquei em uma jornada de autodescoberta.

Pouco depois de pedir demissão, anunciei que nunca mais trabalharia com marketing. A tentação de desbravar novos horizontes em outros setores era forte demais para resistir. A ideia de voltar a ocupar a já familiar cadeira de CEO de marketing digital já não me animava tanto quanto dez anos antes. Ainda mais importante: eu ansiava por me libertar dos rótulos profissionais limitantes que a sociedade nos atribui – títulos de cargos genéricos, como advogado, contador, dentista, gestor de redes sociais ou designer gráfico. Eu achava que esses títulos tolhiam nosso potencial, nos levando, no fim, a um sentimento de insatisfação.

Eu entendo... Os rótulos atuam como atalhos, nos permitem ser compreendidos, nos dão senso de pertencimento e ainda nos oferecem a sutil tranquilidade de ter um propósito no mundo. No entanto, também se tornam amarras profissionais, solapando nossa criatividade e limitando o leque de experiências.

Aos 27 anos, eu era jovem demais para ficar preso a um rótulo. O único que eu estava disposto a aceitar era o de "sujeito curioso com competências muito variadas". Eu ansiava trabalhar em desafios sociais mais abrangentes, em vez de somente auxiliar empresas a turbinar as vendas de tênis, bebidas gasosas ou bugigangas eletrônicas.

Assim começou meu novo e empolgante capítulo.

Só que não foi bem assim...

Sempre tive fascínio, interesse e profunda curiosidade pela crise global de saúde mental, suas causas e possíveis soluções.

Em 2020, o ano em que pedi demissão, a pandemia da covid-19 forçou o planeta a um *lockdown*, nos privando de diversos elementos que funcionavam como estabilizadores psicológicos e trazendo a saúde mental para o cerne do debate público. Com tempo de sobra, comecei uma expedição digital por inúmeros assuntos intrigantes relacionados à saúde mental, e fiquei fascinado com o mundo dos psicodélicos.

Devorei inúmeros artigos, estudos clínicos e publicações on-line sobre a eficácia de certas substâncias psicodélicas no tratamento de transtornos mentais. Os conhecimentos científicos e o potencial inexplorado dessas substâncias me deixaram pasmo.

A vida às vezes apresenta momentos inexplicáveis de descobertas por acaso, encontros fortuitos e aparentes alinhamentos cósmicos, e o que estou prestes a contar com certeza é um exemplo disso.

Poucos dias depois de terminar meu mergulho profundo no mundo dos psicodélicos, recebi uma mensagem de um conhecido do trabalho, perguntando: "Ei, Steven, será que você poderia retuitar isto para mim?" Para meu espanto, era um link de uma notícia sobre o IPO (oferta pública inicial, na sigla em inglês) de uma empresa de psicodélicos que eu tinha acabado de conhecer! Respondi: "Passei semanas lendo a respeito dessa empresa – estou fascinado por ela. Você tem algo a ver com essa iniciativa?" Ele disse: "Sou o maior acionista, e estou trabalhando em um projeto parecido neste exato instante. Eu adoraria que você nos ajudasse com o marketing!"

"Vamos conversar mais sobre isso", respondi, e marcamos um almoço de negócios ainda naquela semana. Depois de apenas algumas horas descobrindo mais sobre a missão da empresa, conhecendo a diretoria e analisando o trabalho dela, eu sabia que queria fazer parte da jornada deles.

A empresa funcionava no setor de biotecnologia, área em que fervilham mentes brilhantes – pessoas inteligentes enfiadas em jalecos e laboratórios –, porém com poucos talentos de marketing inovador, especializados na criação de narrativas atraentes nas plataformas digitais modernas que guiam o debate público.

Para ter êxito no IPO, a empresa sabia que precisava comunicar de maneira eficaz sua missão cultural incrivelmente oportuna, não apenas para grandes investidores institucionais, mas também para o público em geral, lançando mão de todas as plataformas de redes sociais disponíveis.

Eles estavam de olho em um IPO multibilionário. Em casos como esse, a eficácia da construção de uma narrativa e de um plano de marketing pode ser um fator decisivo para a avaliação da empresa.

Eu possuía a expertise de que eles necessitavam.

Com minha experiência em todas as plataformas digitais e tendo trabalhado com marcas líderes de diversas áreas, eu era o candidato perfeito para ajudá-los a encarar esse desafio. Uma semana depois da reunião, propus um plano em que eu acompanharia de perto a empresa durante os nove meses que antecederiam o IPO.

Entre as minhas responsabilidades, estavam: bolar a estratégia de marketing, definir a marca, montar a equipe de marketing de longo prazo, estabelecer a filosofia da equipe e estabelecer os alicerces para todas as futuras iniciativas de marketing posteriores à minha saída do projeto. Eles acataram todas as minhas ideias e prometeram me mandar uma oferta no dia seguinte.

Para ser franco, minha motivação para entrar naquela empresa não era financeira. Se eu precisasse citar um único motivo para investir na empresa, seria minha crença cada vez maior no poder dos psicodélicos. Eu queria mergulhar na pesquisa científica – me cercar de pioneiros do setor, encher meu balde de conhecimentos e saciar minha curiosidade, enquanto decidia qual seria o passo seguinte da minha carreira.

No dia seguinte, acordei com um e-mail deles na minha caixa de entrada, com o assunto "pacote de remuneração". Ao ler o conteúdo, mal pude acreditar. Estavam me propondo possíveis 6 a 8 milhões de dólares em *stock options*, além de um salário mensal para gerenciar as iniciativas de marketing pelos nove meses seguintes, até a entrada na bolsa de valores. Isso era mais de dez vezes mais do que eu esperava.

Naquela hora, aprendi quatro lições duradouras sobre o valor de qualquer competência:

1. NOSSAS COMPETÊNCIAS NÃO POSSUEM UM VALOR INTRÍNSECO.

Nossas competências, por si sós, não valem nada. Como diz o ditado, "valor" é aquilo que estamos dispostos a pagar.

2. O VALOR DE QUALQUER COMPETÊNCIA É DETERMINADO PELO CONTEXTO EM QUE ELA É EXIGIDA.

Toda competência possui um valor diferente de acordo com cada setor.

3. SE UMA COMPETÊNCIA É CONSIDERADA RARA, O VALOR ATRIBUÍDO A ELA AUMENTA.

No setor de biotecnologia, minhas competências de alto nível em marketing e redes sociais eram como um diamante bruto – tão raras que as empresas estavam mais do que dispostas a pagar a mais por elas. No entanto, na minha função anterior, quando vendia essas mesmas habilidades em outros setores (como e-commerce, bens de consumo e tecnologia), a percepção de valor delas era significativamente menor. No contexto desses outros setores, minhas competências eram mais comuns, o que significa que eu só poderia cobrar um décimo daquilo que o cliente estava disposto a me pagar no setor de biotecnologia.

4. O VALOR DA SUA COMPETÊNCIA SERÁ AVALIADO COM BASE NO VALOR QUE AS PESSOAS ACREDITAM QUE ELA PODE GERAR.

A empresa de biotecnologia estava prestes a se lançar em um possível IPO de bilhões de dólares. Nesse contexto, com tanta coisa em jogo, minhas competências tinham o potencial de influenciar substancialmente a avaliação dela. Portanto, eles estavam preparados para pagar um valor compatível com tamanho impacto.

Ao refletir sobre minha carreira até então, percebo que, quando utilizei as mesmas competências para bens de consumo como vestidos, camisetas e acessórios, o retorno financeiro que gerei para os clientes foi apenas uma fração dos possíveis ganhos para aquela empresa de biotecnologia. Por conta disso, a remuneração que recebi foi proporcionalmente minúscula.

✯ ✯ ✯

A verdade é: o mercado onde você decide vender suas competências vai determinar a sua remuneração, bem mais do que as competências em si. Redatores técnicos ou médicos, nos setores de engenharia ou biotecnologia, ganham salários mais altos do que redatores nos setores de redes sociais e editorial, embora a competência-chave de redação seja a mesma.

Analistas de dados que trabalham em finanças ou consultoria ganham mais do que aqueles que trabalham na universidade ou no governo, mesmo desempenhando as mesmas tarefas de análise de dados.

Desenvolvedores de software e programadores em setores de alta demanda, como inteligência artificial, cibersegurança ou fintech, obtêm salários mais altos do que aqueles que trabalham em TI ou desenvolvimento web tradicionais, mesmo utilizando as mesmas linguagens de programação.

Gerentes de projetos nos setores de tecnologia são mais bem remunerados do que os que realizam a mesma função na área de artes, educação ou serviços sociais, embora a competência básica de gestão de projetos seja a mesma.

Profissionais de vendas em setores de alto valor, como o farmacêutico, o de aparelhos médicos ou o imobiliário, conseguem faturar significativamente mais por meio de bônus e comissões em relação àqueles que estão no varejo ou nos bens de consumo, embora ambas as funções exijam a mesma competência básica de vendas.

Os relações-públicas que trabalham com entretenimento, esporte ou marcas de luxo possuem um potencial de receita maior do que aqueles em organizações sem fins lucrativos, da saúde ou da educação, até quando empregam as mesmas competências na gestão de campanhas de RP.

Os fotógrafos que trabalham com moda, publicidade ou fotografia comercial têm condição de cobrar mais do que os fotojornalistas ou aqueles que atuam em eventos, embora a competência básica seja muito semelhante.

Os profissionais de recursos humanos em setores com maior receita e crescimento, como tecnologia e finanças, faturam mais que seus colegas nos setores público ou sem fins lucrativos, mesmo desempenhando as mesmas funções de RH, como recrutamento, treinamento e gestão de benefícios.

Os analistas financeiros que trabalham em bancos de investimento e em fundos *hedge* e de *private equity* têm maior probabilidade de ganhar mais, em relação àqueles em cargos no governo ou no setor financeiro de empresas, mesmo aplicando as mesmas competências e conhecimento de análise financeira.

Um equívoco muito comum é que os únicos caminhos para garantir um aumento de salário são ou buscar uma promoção no cargo atual ou buscar um cargo parecido dentro do mesmo setor. No entanto, um método mais eficaz e que pode até ser mais gratificante seria **transplantar todas as suas competências para um contexto inteiramente novo** – outro setor –, onde ele possa entregar maior valor ao empregador. Ao fazer isso, suas competências atuais podem ser vistas como uma mercadoria mais escassa, aumentando propriamente seu valor e, por sua vez, sua remuneração.

Talvez o exemplo mais significativo de como o contexto cria a percepção de valor seja um experimento social realizado pelo jornal *The Washington Post* em 2007, projetado para analisar a percepção e a valorização do talento e da arte pelas pessoas em um cenário inesperado do cotidiano.

Numa manhã movimentada de janeiro, Joshua Bell, violinista de renome mundial, vestido à paisana, disfarçou-se de artista de rua e instalou-se em uma estação do metrô de Washington, D.C. Tocou durante 45 minutos, executando seis obras clássicas em seu violino Stradivarius, que na época valia 3,5 milhões de dólares.

Apesar do imenso talento de Bell, de sua competência e da perfeição das músicas que tocou, pouquíssimos dos milhares de passageiros daquele dia pararam para ouvir ou apreciar sua performance. Apenas sete pessoas permaneceram ali durante pelo menos um minuto, e Bell arrecadou meros 52,17 dólares – um contraste enorme com os milhares de dólares que ele costuma ganhar por minuto ao se apresentar nas salas de concerto de maior prestígio do mundo.

Essa história ilustra como as pessoas muitas vezes não percebem o valor em certos contextos, e levanta dúvidas em relação a como avaliamos e recompensamos o talento em nossa vida cotidiana.

Também serve como metáfora adequada de minha própria vida profissional: é como se antes eu vendesse minhas competências na estação de metrô – e, pelo simples fato de mudá-las para uma sala de concertos famosa, eu passasse a ganhar dez vezes mais.

Em 2021, compartilhei essa história, e os ensinamentos que ela me trouxe, com um dos meus melhores amigos, que vivia um impasse na carreira: ele estava cansado de não ter dinheiro suficiente para pagar a hipoteca, embora tivesse a impressão de trabalhar 24 horas por dia. Na época, ele era designer gráfico. Criava folhetos para boates e logos para empresas locais, em Manchester, recebendo de 100 a 200 libras por projeto. No ano inteiro, faturava cerca de 35 mil libras. Algumas semanas depois da nossa conversa, ele tomou a decisão ousada de oferecer suas competências em outro contexto: mudou-se para Dubai e fez um reposicionamento do serviço que oferecia como designer, focando em marcas de luxo e empresas de tecnologia *blockchain*.

No primeiro ano em Dubai, ele gerou 450 mil libras de receita e, em 2023 – com um novo parceiro comercial –, está prevendo mais de 1,2 milhão de libras de receita.

A mesma competência de design gráfico vendida em um contexto distinto, faturando trinta vezes mais.

✶ A LEI: O QUE VALE É O CONTEXTO, NÃO AS COMPETÊNCIAS

Mercados distintos atribuirão valores distintos a certas competências. Quando um empregador ou cliente enxerga sua expertise como rara ou sem igual, ele se dispõe a pagar mais se comparado com um setor onde suas competências, no geral, são mais comuns. O contexto é fundamental: dá para turbinar de forma significativa seu faturamento em potencial propondo as mesmas competências a um setor diferente.

Para ser considerado o melhor em seu setor, você não precisa ser o melhor em algo específico. Precisa ser bom em várias competências, únicas e complementares, que sejam valorizadas pelo seu setor e que estejam em falta na concorrência.

O diário de um CEO

LEI 27

A EQUAÇÃO DA DISCIPLINA: A MORTE, O TEMPO E A DISCIPLINA!

Esta lei ensina a ser disciplinado em tudo que você se propõe a fazer, por meio de uma simples "equação da disciplina", e explica por que a disciplina é o segredo máximo para alcançar quaisquer objetivos que você tenha.

Talvez estas sejam as páginas mais desconfortáveis que você vai ler neste livro.

Tenho 30 anos. Isso significa que, se eu tiver a sorte de viver até a atual expectativa de vida americana, que é de aproximadamente 77 anos, só me restam 17.228 dias. Isso significa que eu já gastei 10.950 dias, que não tenho como recuperar.

Segue abaixo um cálculo de quantos dias lhe restam, caso você viva a expectativa média de vida dos Estados Unidos e de quantos você já gastou.

Idade (anos)	Dias gastos	Dias restantes
5	1.825	26.315
10	3.650	24.455
15	5.475	22.630
20	7.300	20.805
25	9.125	18.980
30	10.950	17.228
35	12.775	15.403

40	14.600	13.650
45	16.425	11.825
50	18.250	10.073
55	20.075	8.248
60	21.900	6.570
65	23.725	4.745
70	25.550	3.131
75	27.375	1.306

Para a maioria das pessoas, é incômodo deparar-se com essa realidade. Como detalhei em meu primeiro livro, *Happy Sexy Millionaire*, seres humanos são programados para evitar falar na morte, tratando-a como um tabu, mais ou menos como o sexo na era vitoriana. Parece que enxergamos a morte como algo que só acontece com os outros e nos falta força emocional para aceitar a própria mortalidade, a menos que um diagnóstico trágico nos force a isso.

Acredito, com todas as minhas forças, que existem muitas coisas que a mente humana é incapaz de admitir: uma delas é nossa própria insignificância – a cada instante, a vida nos envolve, nos fazendo superestimar a importância de coisas do cotidiano. Outra é o fato de que vamos morrer em algum momento. Sim, pela lógica sabemos que a morte existe – já nos deparamos com a visita dela, quando levou animais, parentes e outras pessoas. Mas, se você examinar de perto as coisas com que nos preocupamos, como tratamos uns aos outros, o valor enorme que damos a nossos bens, como nos preocupamos, você perceberá um fenômeno interessante: superestimamos nossa própria importância e, ao mesmo tempo e em algum grau mais profundo, parecemos acreditar que vamos viver para sempre.

Os cientistas sempre disseram que temos dificuldade, como seres humanos, para compreender a infinitude, mas talvez também sejamos cegos para o conceito de finitude e a inescapável verdade de que nossa jornada um dia terminará.

Partimos da premissa de que a vida continuará para sempre, uma crença que pode ter surgido como um mecanismo psicológico para aliviar a ansiedade, incentivar o pensamento no futuro e reforçar, no fim das contas, nossas chances de sobrevivência. Nesse sentido, se os seres humanos tivessem consciência constante da própria mortalidade, ficariam mais suscetíveis a uma ansiedade imobilizadora, que dificultaria a concentração em outras tarefas cruciais, como assegurar recursos para sustentar a sobrevivência, providenciando alimentação e abrigo.

No entanto, no mundo digital acelerado de hoje, somos o tempo todo bombardeados com uma infinidade de estímulos – notícias, redes sociais, e-mails e incontáveis notificações no celular – que muitas vezes nos deixam preocupados, nos levam a pensar no futuro, nos prendem com distrações sem sentido, nos deixam desconectados e nos fazem flutuar eternamente em um estado de desconforto.

Talvez o antídoto para esse mal dos tempos modernos resida em aceitar a mortalidade. Ao reconhecer nossa natureza finita, podemos **priorizar o que importa de verdade**, deixar de lado o que não é relevante e fomentar um senso sereno de urgência, que nos ajude a focar em uma vida mais plena, autêntica e de acordo com nossos valores mais importantes.

Preciso que você use sua imaginação só por um segundo. Pense só: você acorda no meio da noite, no apartamento de um amigo no vigésimo andar de um velho arranha-céu, ao som de gritos e com cheiro de fumaça. Caminha aos tropeços até a porta, na tentativa de fugir, e a encontra trancada, percebe que as janelas também estão trancadas e que não há saída. Imagine acabar desistindo de tudo, perdendo a consciência e morrendo.

Quando os pesquisadores pediram a grupos de indivíduos que imaginassem essa exata situação em um estudo de 2004 e na sequência respondessem a algumas perguntas a respeito, descobriram que os níveis de gratidão dos participantes dispararam. Aqueles que são submetidos a exercícios em que se "reflete sobre a morte" relatam mais satisfação com a vida, mais desejo de passar o tempo com os entes queridos, aumento da motivação para atingir metas com algum tipo de propósito, mais gentileza, mais generosidade e mais disposição em cooperar. Também revelam níveis menores de ansiedade e estresse, na comparação com um grupo de controle.

Você vai morrer, e essa verdade, no mundo moderno e complexo, cheio de distrações e barulho, é terapêutica, libertadora e um jeito maravilhoso de manter o foco em outra verdade importante: o seu tempo – e a maneira como escolhe gastá-lo – é a única influência que você tem sobre o mundo.

A <u>sua forma de usar o tempo</u> vai determinar seu <u>sucesso</u> ou <u>fracasso</u> em tudo que você desejar alcançar na vida; se você será feliz e saudável; se você será um bom parceiro, marido, esposa, pai ou mãe. Nosso tempo – e a maneira de aproveitá-lo – é o <u>ponto central da nossa influência</u>.

Eu tinha mencionado que o ser humano pena para compreender conceitos abstratos, como a finitude, a infinitude e nossa própria insignificância. Porém tampouco conseguimos captar o conceito de tempo propriamente dito. Ele se arrasta de forma lenta, intangível e invisível, fora de nossas vistas, em algum lugar. A fim de torná-lo perceptível o suficiente para apreciá-lo, criei um modelo mental de reflexão diária, com um pequeno relógio em forma de roleta de cassino que fica na minha mesa de trabalho. Dei a esse modelo mental o nome de "aposta no tempo".

✯ A APOSTA NO TEMPO

Todos nós somos apostadores, debruçados sobre a roleta da vida.

Nesse cassino que é a vida, o número de fichas de que dispomos é igual ao número de horas que nos resta para viver. Aos 30 anos, é provável que eu tenha cerca de 400 mil fichas, mas não sei ao certo – ninguém sabe. Pode ser que só me reste uma, pode ser que me restem 500 mil.

A única regra do jogo é que temos que oferecer uma ficha a cada hora e, aposta feita, nunca a receberemos de volta. A roleta gira o tempo todo, e o lugar da mesa onde colocamos nossa aposta determina o tipo de prêmio que a vida nos retribui.

Podemos colocar as tais fichas onde bem entendermos: ver Netflix, ir à academia, cozinhar, dançar, passar bons momentos com o parceiro, montar um negócio, aprender uma habilidade, criar um filho ou passear com o cachorro.

O ato de depositar uma ficha em determinado ponto é a parte da vida sob seu controle. Trata-se também do fator que terá o maior impacto quanto a moldar o seu sucesso, a sua felicidade, os seus relacionamentos, o seu desenvolvimento intelectual, o seu bem-estar mental e o legado que você deixará.

Embora seja impossível receber de volta as fichas, uma vez apostadas, caso você possa alocar parte delas em atividades que melhorem sua saúde, a banca do cassino pode lhe entregar mais algumas em troca.

O jogo termina quando suas fichas acabam, e, uma vez encerrado, não tem como você guardar nada do que ganhou.

Com isso em mente, é preciso ter consciência dos prêmios que você tenta ganhar apostando suas fichas: é preciso priorizar as coisas que lhe dão alegria e "despriorizar" o esforço para obter prêmios que custam muito, mas não entregam nada além de negatividade, ansiedade e ilusão.

Caso me restem 400 mil fichas, provavelmente eu apostarei 133.333 no sono; se eu cumprir a média, colocarei 50.554 distraído pelas redes sociais, 30 mil comendo e bebendo, e 8.333 fichas no banheiro. Restam-me, portanto, cerca de 200 mil fichas – 200 mil horas, ou cerca de 8 mil dias para atingir meus objetivos, cuidar dos meus relacionamentos, constituir uma família, me dedicar aos meus hobbies, viajar, dançar, aprender, me exercitar, passear com meu cachorro e viver o resto da minha vida.

Não estou dizendo isso para assustar você.

Estou dizendo isso para ajudá-lo a se dar conta da incrível importância, do valor e da preciosidade de cada ficha – cada hora do seu dia. É a constatação, um discernimento profundo, da importância do seu tempo, graças à constatação, um discernimento profundo, da nossa morte inevitável, que serve para nos motivar a gastar cada ficha que temos de forma pensada. A não deixar que elas sejam tiradas de nossas mãos, de forma impensada, por distrações digitais, sociais e psicológicas, mas que sejam apostadas de modo ponderado, uma a uma, nas coisas que de fato são mais importantes.

Aos 50 anos, Steve Jobs deu uma das aulas inaugurais mais assistidas de todos os tempos. No final do discurso, ele disse: "Lembrar que vou morrer em breve foi a ferramenta mais importante que encontrei para me ajudar a tomar grandes decisões na vida."

Mesmo tendo lutado contra o câncer por muitos anos (tendo sucumbido à doença em 2011, aos 56 anos), ele argumentou que "a morte é, muito provavelmente, a melhor invenção da vida". Jobs acreditava que a inevitabilidade da morte poderia inspirar as pessoas a se dedicar às suas paixões, a correr riscos e a definir a própria trajetória. Ele implorou à plateia de estudantes que eles evitassem perder tempo atendendo às expectativas alheias, lembrando que o tempo deles era limitado.

De tudo que Steve Jobs, tendo acabado de se deparar com a própria mortalidade, poderia ter dito àqueles jovens e impressionáveis universitários, ele achou que a coisa mais digna de nota era lembrar-lhes da própria impermanência.

⭐ A EQUAÇÃO DA DISCIPLINA

Ao escrever esta lei, pensei em compartilhar algumas táticas, truques e dicas de como gerir seu tempo. Existem mais métodos do que os que eu conseguiria citar: a "técnica pomodoro", o "bloqueio de tempo", a "regra dos dois minutos", a "Matriz de Eisenhower", o "método ABCDE", o "método Ivy Lee", o "agrupamento de tarefas", o "método Kanban", a "lista de tarefas de um minuto", a "regra 1-3-5", o "timebox", a "Estratégia Seinfeld", os "Quatro Ds da gestão do tempo", a "solução das duas horas", o "método de ação", e assim por diante.

A verdade é a seguinte: a razão pela qual existem tantos métodos, técnicas e estratégias é a mesma pela qual existem tantas dietas para emagrecer – no fundo, nenhuma resolve o problema. Não existe sistema de gestão de tempo, método de combate à procrastinação ou truque de produtividade que propicie aquilo de que você precisa a fim de se manter no rumo, tomar as decisões certas e focar naquilo que importa no longo prazo: a disciplina.

Quando você tem disciplina, qualquer um dos mais de cem métodos, truques e dicas que existem vai dar certo. Quando você não tem disciplina, nenhum deles vai funcionar.

Por isso, em vez de oferecer "métodos" de produtividade, que, na falta de disciplina, você não conseguirá adotar, vamos falar direto sobre a disciplina em si.

> Para mim, disciplina é um <u>compromisso</u> permanente de se empenhar para alcançar <u>um objetivo</u>, independentemente dos níveis variáveis de motivação e exercendo de forma constante o autocontrole, o adiamento da recompensa e a <u>perseverança</u>.

As razões psicológicas para a disciplina de longo prazo podem ser multifacetadas e influenciadas por um misto de características pessoais, mentalidade, estabilidade emocional e fatores ambientais.

No entanto, ao refletir sobre os principais aspectos da minha vida em que a disciplina se manteve constante ao longo dos anos e das décadas (em questões de saúde e na rotina de exercícios, quando criei minhas empresas, em meu relacionamento amoroso e até em minhas relações familiares), percebi que existem três fatores centrais relacionados à disciplina, que compõem aquilo que chamo de "equação da disciplina":

1. O valor percebido que você atribui a atingir o objetivo.
2. Até que ponto o processo para alcançar o objetivo é psicologicamente gratificante e motivador.
3. Até que ponto o processo para alcançar o objetivo é psicologicamente custoso e desmotivador.

⭐ DISCIPLINA = VALOR DO OBJETIVO + RECOMPENSA DO PROCESSO PARA ALCANÇÁ-LO – CUSTO DO PROCESSO

Vamos usar o trabalho de um DJ como exemplo (uma vez que estou aprendendo a ser DJ). Treino durante uma hora, cinco vezes por semana, e tenho feito isso de forma constante nos últimos doze meses.

O valor do objetivo: quero muito virar DJ e produzir minhas próprias músicas, porque sou obcecado por música e apaixonado pela arte de ser DJ. Depois que fiz meu primeiro show, para seis colegas na cozinha de casa, e outro para 3 mil pessoas em uma rave, fiquei viciado na sensação incrível que a música ao vivo e um espaço cheio de gente me proporcionam.

A recompensa do processo: baixar músicas novas toda semana, envolver-me com o desafio de mixá-las de formas inéditas e entrar no estado de fluxo terapêutico proporcionado pela atividade tem sido incrivelmente recompensador do ponto de vista psicológico. Além disso, devido ao poder do progresso (discutido na Lei 29) – que explica por que ele contribui para gerar motivação –, estou muitíssimo envolvido em todo o projeto.

O custo do processo: o tempo de prática necessário, a energia exigida para me concentrar e a leve ansiedade que tenho que superar para me apresentar em público.

Como o valor do objetivo e a recompensa do processo superam o custo, minha disciplina – quaisquer que sejam as variações na minha motivação – se manteve imperturbável.

⭐ COMO INFLUENCIAR SUA EQUAÇÃO DA DISCIPLINA

Por ignorância, insegurança e imaturidade, passei o final da minha adolescência e o início da vida adulta na saga obstinada por alcançar objetivos financeiros, status social e relacionamentos amorosos. Quando somos adultos, nossa tendência é buscar validação em tudo que não fomos validados na juventude. No meu caso, eram todas as alternativas anteriores.

Eu tinha consciência de que minhas atitudes eram motivadas por insegurança? Não. Na verdade, eu não era "motivado" – era impelido. Estava ciente do verdadeiro objetivo por trás dos meus esforços? Com certeza não. Eu achava que fortuna, sucesso e validação externa eram meus objetivos, quando, na verdade, a meta que no fundo eu não tinha descoberto era resolver inseguranças arraigadas e vergonhas que trouxe de infância. Eu não tinha ideia do que estava me impelindo e não sabia para onde estava sendo levado.

Desconfio de que se trata de algo comum à maioria das pessoas que estão lendo este livro. Suspeito que a maioria de vocês não tem uma clareza real, autêntica e fundamental de quais são suas metas e por que elas importam de fato para você.

Para determinar o primeiro fator da equação da disciplina (o valor percebido de atingir o objetivo), é preciso identificar muito bem qual é a sua meta e determinar com precisão por que alcançá-la tem uma importância intrínseca e autêntica para você. Estabelecer isso ajuda a criar métodos e recursos que lembrarão a você de forma constante o valor de sua meta.

É nesse quesito que a ciência demonstrou a enorme influência do processo da visualização. Quando somos capazes de nos imaginar em determinada situação, e essa visualização se revela como uma realidade alternativa excelente, há um aumento no valor percebido de chegar lá (o primeiro fator da equação).

Em média, uma pessoa passa 3,15 horas diárias no celular; no meu caso, são mais de cinco horas por dia. Por isso, transformei a imagem de fundo do celular em um moodboard. Quando você fica olhando três horas por dia para a tela de um aparelho, ter uma imagem que reforce o valor percebido das metas em sua vida pode ter um forte efeito inconsciente.

Em relação ao fator número dois na equação da disciplina, sobre até que ponto o processo para alcançar o objetivo é gratificante, você precisa fazer tudo a seu alcance para desfrutar do processo em si, empregando estratégias psicológicas para manter elevado seu envolvimento.

Consegui manter a disciplina de ir à academia seis dias por semana, durante três anos consecutivos. Não apenas meu organismo me recompensa com um pico natural de dopamina toda vez que eu malho, mas também criei um sistema intencional de cobrança e outro de "gamificação" para maximizar meu compromisso com o processo.

Criei um negócio chamado "*blockchain* do fitness". Resumindo, é um grupo de WhatsApp que inclui uma dezena de amigos e colegas. Nele, todos os dias eu envio uma cópia da tela da nossa malhação, tirada com um *wearable*. No final do mês, quem ficou por último no ranking de frequência na academia é expulso, e uma pessoa nova é adicionada por sorteio. Os três primeiros lugares recebem medalhas de ouro, prata e bronze, e cada medalha confere pontos, acrescentados a uma classificação geral.

As conversas diárias, a cerimônia das medalhas no fim do mês, as piadas, o vínculo, as ameaças e o senso de competição contribuem para algo conhecido como "pacto social": um acordo mútuo entre indivíduos que apoiam e cobram o compromisso uns dos outros para atingir suas metas. Existem provas científicas de que essa gamificação (a incorporação de elementos de games, como recompensas, pontos e desafios) aumenta a responsabilidade, o prazer e, com isso, o engajamento no processo.

Não apenas isso torna o processo mais agradável e envolvente (o segundo fator da equação), mas também torna a meta em si – ter mais saúde e ficar em forma – mais valiosa (primeiro fator), porque agora posso ganhar um título imaginário e sentir um baita prazer em ficar me gabando disso durante meses para os meus melhores amigos.

Para que sua disciplina de longo prazo seja sustentável, é preciso fazer todo o possível para limitar o atrito psicológico e as barreiras físicas associadas à busca da sua meta. É aí que entra o terceiro fator da equação da disciplina: o custo psicológico de todo o processo.

Tudo que o torna menos prazeroso de forma intrínseca – que o faz parecer difícil demais, complicado demais, com feedback negativo demais, injusto demais, demorado demais, financeiramente pesado demais, assustador demais, limitante demais, solitário demais ou penoso demais – vai aumentar a percepção do custo de tentar alcançar aquele objetivo, reduzindo assim sua probabilidade de se manter disciplinado.

Quando entrei nessa de aprender a ser DJ, estava ciente de que minha disciplina para treinar aumentaria de forma significativa se o custo e os obstáculos à prática fossem os menores possíveis. Tendo isso em mente – e o enquadramento do hábito, mencionado na Lei 8, que fala do poder das "deixas" –, instalei meu equipamento de DJ na mesa da cozinha, bem no meu campo de visão, e o deixei lá o ano inteiro, garantindo assim que bastava apertar um botão para ligar o sistema todo e começar a treinar.

Se eu tivesse deixado tudo em uma maleta e precisasse de vinte minutos para preparar cada sessão, ou mesmo se eu tivesse montado tudo em um cômodo à parte, onde eu não entrasse o tempo todo, tenho certeza de que minha convicção teria vacilado. A percepção de desgaste ao longo do processo é um elemento que depõe contra suas chances de atingir a meta: é preciso lutar para eliminar qualquer fator que possa ser um custo psicológico ou desviar você do processo.

Lembre-se: **Disciplina = Valor do objetivo + Recompensa do processo para alcançá-lo – Custo do processo.**

> "Não precisamos ser mais espertos do que os outros. Precisamos ser mais disciplinados do que os outros."
> **Warren Buffett**

⭐ A LEI: A EQUAÇÃO DA DISCIPLINA: A MORTE, O TEMPO E A DISCIPLINA!

O sucesso, por si só, não é complicado, não acontece num passo de mágica e não tem mistério. A sorte, o acaso e o destino podem dar um belo empurrãozinho, mas o restante resultará de como você decide empregar o seu tempo. Muitas vezes, alcançá-lo depende de encontrar algo que nos cative o suficiente para perseverarmos todos os dias e uma meta que nos impacte com profundidade suficiente para continuarmos firmes ao longo de todo o processo. O sucesso é a encarnação da disciplina: mesmo que não seja fácil, seus princípios básicos são de uma simplicidade extraordinária.

Ser seletivo na forma como você utiliza o tempo e ao escolher com quem o usufrui é o maior sinal de respeito por si mesmo.

O diário de um CEO

PILAR 4
A EQUIPE

LEI 28

PERGUNTE "QUEM?", NÃO "COMO?"

Esta lei mostra como criar empresas, projetos e organizações incríveis de um jeito fácil – sem ter que aprender mais nem fazer mais por conta própria.

Do outro lado da mesa, estava sentado Richard Branson, um dos empresários mais famosos do mundo, aventureiro, espaçonauta e fundador do grupo Virgin. Eu tinha assistido a uma projeção particular de um novo documentário biográfico, em Manhattan, e no dia seguinte lhe pedi uma entrevista de duas horas para o podcast *The Diary of a CEO*. Ele explicou:

> Eu sofria de dislexia e não levava o menor jeito para a escola; sempre achei que fosse meio burro. Conseguia somar e subtrair. Mas bastava ser um pouco mais complicado que isso para eu errar.
> Eu estava em uma reunião de diretoria, lá pelos meus 50 anos, e disse ao diretor: essa é uma boa ou uma má notícia? E um dos diretores respondeu: "Vamos dar um pulinho ali fora, Richard." Saímos, e ele me perguntou: "Você não sabe a diferença entre lucro líquido e lucro bruto, sabe?"
> Respondi: "Não."
> Ele comentou: "Foi o que eu pensei", e arranjou uma folha de papel e canetinhas coloridas. Ele pintou a folha de azul, desenhou uma rede de pesca e uns peixinhos na rede de pesca. E continuou: "Pois bem, os peixes estão na rede. Este é o seu lucro no final do ano. O resto do oceano é seu faturamento bruto." E eu disse: "Saquei."

Na verdade, não importa tanto. Para quem está tocando uma empresa, o que importa é ser capaz de criar a melhor empresa do setor. Fazer as contas, isso outra pessoa pode fazer. Saber somar e subtrair ajuda, mas, se você não souber, não se preocupe tanto. Dá para achar quem saiba.

Eu sou simplesmente bom quando o assunto é gente. Confio nas pessoas. Me cerco de pessoas ótimas. É o lado bom de ser disléxico; eu não tinha escolha, a não ser delegar.

Fiquei sentado ali, em um silêncio espantado. É algo incrivelmente libertador, que dá inspiração e força a qualquer um que ouve de um empreendedor multibilionário, com um conglomerado de quarenta empresas, 71 mil funcionários e faturamento anual de 24 bilhões de dólares, que ele não sabe ler nem fazer contas direito e que isso "não importa tanto".

Aquela confissão soou como música para meus ouvidos, não apenas pela franqueza e por ser um ato que o tornou mais humano, mas também porque fez com que eu me sentisse menos como uma fraude! Quando completei 22 anos, a empresa que eu tinha fundado gerava centenas de milhões em vendas, empregávamos centenas de pessoas ao redor do mundo, e eu passava a maior parte do meu tempo no avião, entre nossos escritórios no Reino Unido, na parte continental da Europa e nos Estados Unidos. Mas, bem no fundo, eu tinha minhas dúvidas, não me via como um CEO de verdade, por não ser brilhante em matemática, em ortografia ou na maioria dos aspectos operacionais da gestão de uma empresa. Na última década, foquei minha energia na criação dos melhores produtos que pudesse e deleguei tudo aquilo que não gosto de fazer e não sei (ou seja, praticamente as mesmas coisas) a indivíduos muito mais capacitados, experientes e confiantes.

Comigo, sempre deu certo – faz tempo que abandonei a esperança de virar especialista nas coisas nas quais não sou bom e das quais não gosto –, mas esse ponto de vista não batia com os conselhos que ouço nas faculdades de administração, nos livros sobre empreendedorismo e nos blogs de sucesso, que costumam garantir que, para ser bem-sucedido, você precisa ser bom em várias coisas.

Entrevistei Jimmy Carr, comediante de stand-up, em minha casa em Londres. Ele reforçou essa perspectiva com bom senso e bom humor:

Talvez a escola nos ensine a lição errada. Ela ensina que temos que ser medíocres e fazer de tudo. Só que nós vivemos em um mundo que não premia quem faz de tudo um pouco. Todos estão pouco se lixando para quem faz de tudo. Se você tira 5 em física e 10 em inglês, vá só na aula de inglês... "Precisamos aumentar a sua nota para 7 em física..." Vou te dizer do que o mundo não precisa: de gente que é uma bosta em física! Então, descubra qual é o seu talento natural, a coisa que você sabe fazer melhor, e mergulhe de cabeça!

A opinião de Jimmy resume perfeitamente a estratégia que segui na última década. A verdade, evidenciada por minha presença em apenas 31% das aulas na faculdade e que foi motivo para minha expulsão, é que sou péssimo em tudo que não gosto de fazer. Isso, por sua vez, revelou-se um superpoder, porque me permitiu me dedicar duas ou três vezes mais às raras coisas que faço bem e com gosto.

Nos negócios – em especial quando seu sonho é criar uma empresa grande de verdade –, a questão não é aprender a fazer alguma coisa, e sim saber quem pode fazer essa coisa para você. Os negócios são só uma questão de equipe. Toda empresa, mesmo que a gerência não perceba isso, é uma empresa de recrutamento. Todo CEO e fundador de empresa será julgado apenas pela capacidade de: 1. contratar as melhores pessoas; e 2. inseri-las em uma cultura que extraia o melhor delas, em que elas se tornem mais do que a soma de suas partes, em que 1 + 1 = 3. Se eu tivesse contratado Richard Branson quando ele tinha 16 anos e criado uma cultura que tirasse o melhor dele, teria uma empresa de 20 bilhões de dólares.

Os fundadores, ainda mais aqueles sem experiência, têm uma tendência a superestimar terrivelmente a própria importância: eles caem na armadilha de acreditar que seu destino será decidido pela própria genialidade, ideias e competências.

A verdade é que seu destino será determinado pela <u>soma</u> da <u>eficiência</u>, das <u>ideias</u> e da <u>execução</u> do grupo de pessoas que você reunir. Toda grande ideia, tudo que você cria, seu marketing, seus produtos, sua estratégia, tudo isso virá <u>da mente das pessoas que você contratar.</u>

Você é uma empresa de recrutamento. Essa é a sua prioridade, e os fundadores que percebem isso montam empresas que transformam o mundo.

"Considero que a função mais importante de pessoas como eu seja recrutar. Recrutar nos consome muito. Grande parte do meu sucesso foi construída encontrando gente verdadeiramente talentosa, não me contentando com gente nível B e C, mas buscando de verdade pessoas nível A. Não faz sentido contratar indivíduos inteligentes e ter que dizer a eles o que fazer; contratamos pessoas inteligentes para que elas nos digam o que fazer."

Steve Jobs

✩ A LEI: PERGUNTE "QUEM?", NÃO "COMO?"

Fomos treinados para perguntar a nós mesmos quando precisamos que algo seja feito: "Como eu consigo fazer isso?" A pergunta ideal, que é a pergunta-padrão feita pelos maiores fundadores de empresas do mundo, é: "Quem é a melhor pessoa para fazer isso para mim?"

Seu ego vai insistir que é você quem faz.

Seu potencial vai insistir para você delegar.

O diário de um CEO

LEI 29

CRIE UMA MENTALIDADE DE SEITA

Esta lei explica os segredos da criação de uma cultura verdadeiramente excepcional dentro de qualquer equipe, empresa ou organização.

"Você precisa conduzir sua startup como se fosse uma seita."
Peter Thiel, cofundador do PayPal

Nos Estados Unidos, existe uma expressão que diz "tomar o Kool-Aid". Sabe de onde ela vem?

Vem de um pacto de suicídio em massa: o ápice do pensamento de grupo.

Jim Jones era o líder da seita Templo do Povo. Em 1978, ele fez uma lavagem cerebral em seus seguidores, levando-os a crer que o mundo ia acabar. Um dia, obedecendo às instruções dele, mais de novecentos discípulos – inclusive mulheres e crianças – puseram fim à própria vida ao tomar um coquetel de cianeto com Kool-Aid, um suco em pó.

✭ É QUASE IMPOSSÍVEL QUE UMA EMPRESA SE TRANSFORME EM UMA SEITA ABSOLUTA

Algumas seitas são malévolas, sinistras, manipuladoras e utilizam a lavagem cerebral para controlar seus membros. Exigem um tipo de líder que impeça os seguidores de pensar por conta própria. Em contrapartida, as empresas modernas operam em um mundo em rápida transformação, turbulento e imprevisível, que exige dos empregados, em todos os níveis, a capacidade de pensar de forma autônoma. Os líderes de hoje devem evitar, a todo custo, funcionários incapazes de raciocinar por conta própria.

Contudo, como alega Jim Collins, em seu clássico livro *Feitas para durar*, não há nada de errado com um *comprometimento* semelhante ao de seguidores de uma seita, da parte dos funcionários, em relação a *valores* específicos. Collins concluiu que os criadores de empresas visionárias incentivam isso de maneira proposital, em vez de apenas confiar na dedicação dos empregados ao trabalho, em seus ideais ou na capacidade de executar instruções.

Seitas podem ser horrendas, terríveis e maléficas. Elas podem se aproveitar de vulnerabilidades, inseguranças e boa-fé das pessoas. Não estou, de modo algum, incentivando você a imitar essa imoralidade, maldade ou trapaça. Sinto, porém, fascínio e perplexidade em relação a como um grupo de pessoas pode se tornar tão dedicado, devotado e comprometido com uma causa, uma marca ou uma missão a ponto de tomar a decisão fatal de oferecer a própria vida em nome daquilo.

Estive com inúmeros CEOs de algumas das marcas mais adoradas do mundo. Algumas delas possuem, em suas próprias palavras, "seguidores devotos". Algumas também têm uma cultura interna "parecida com a de uma seita" e outras se referem a uma "mentalidade de seita" quando a empresa foi fundada.

Peter Thiel, um empresário bilionário americano de origem alemã e cofundador do PayPal, afirmou:

Toda cultura organizacional pode ser traçada em um espectro linear: as melhores startups poderiam ser consideradas quase um tipo extremo de seita. A maior diferença é que as seitas tendem a estar fanaticamente equivocadas em relação a algo importante. O pessoal de uma startup bem-sucedida está fanaticamente certo em relação a alguma coisa de que o mundo exterior ainda não se deu conta.

Por que trabalhar com pessoas que não gostam umas das outras? Encarar o trabalho de um ponto de vista somente profissional, em que agentes independentes batem ponto de modo utilitário, é mais do que impessoal: chega a ser irracional. Sendo o tempo o ativo mais valioso do indivíduo, é bizarro perdê-lo trabalhando com gente que não imagina qualquer futuro de longo prazo junto.

Se você analisar de perto as camisetas que o pessoal em São Francisco usa no trabalho, vai ver o logo das empresas – e quem trabalha com tecnologia dá muita importância a isso. O uniforme das startups resume um princípio simples, porém essencial: todos na sua empresa precisam ser diferentes do mesmo jeito – um grupo de pessoas afins, com uma devoção feroz à missão organizacional.

Acima de tudo, não entre na guerra de oferecer grandes benefícios. Uma pessoa que considera um atrativo poderoso contar com entrega gratuita da lavanderia ou uma creche para seu pet não será uma boa aquisição para sua equipe. Ofereça apenas o básico e em seguida prometa o que os outros não podem prometer: a oportunidade de realizar um trabalho insubstituível, em relação a um problema sem igual, ao lado de pessoas excepcionais.

Todos nós já vimos fotos que pareciam vir direto do túnel do tempo, nas quais poucas pessoas se amontoavam em volta de computadores em uma tenda, porão ou apartamento, criando aquilo que viria a ser a próxima grande empresa de bilhões de dólares. Eles estão sempre com um ar exausto e um tanto mal alimentados, mas incrivelmente focados. Facebook, Amazon, Microsoft, Google e Apple começaram desse jeito, para citar apenas alguns exemplos. Todas essas empresas tinham certas características de uma seita nos primeiros anos de vida, e seus fundadores costumam atribuir o sucesso posterior a essa dedicação, convicção e obsessão.

"A energia em uma startup é como fazer parte de um movimento ou de uma seita."
Kevin Systrom, cofundador do Instagram

"Quando eu estava criando a empresa, pensei: 'Quem quer entrar para uma seita? Parece horrível.' Mas, quando você funda uma startup, é exatamente isso que quer criar. Você deseja inventar uma empresa pela qual as pessoas sejam verdadeiramente apaixonadas."
Tony Hsieh, ex-CEO da Zappos

"É uma espécie de seita, sabe? A energia, a parceria, o senso de missão e propósito."

Evan Williams, cofundador do Twitter

✭ OS QUATRO ESTÁGIOS DA CRIAÇÃO DE UMA EMPRESA

Creio que (uma convicção nascida de minha própria experiência como criador de mais de dez startups de sucesso e a partir de conversas com centenas de fundadores bem-sucedidos) as melhores empresas passam por um processo de evolução, que no início – por mais que isso pareça pouco convidativo para alguns – de fato as faz parecer uma seita.

Os quatro estágios da criação de uma empresa são as fases de seita, crescimento, negócios e declínio. Na fase de seita, ou "de zero a um", os membros fundadores se deixam consumir tanto pela crença delirante, pelo entusiasmo e pela pressa que "vão com tudo", sacrificando a vida pessoal, os relacionamentos e, infelizmente, o próprio bem-estar, na tentativa de fazer sua ideia decolar.

Na fase de crescimento, a empresa é uma bagunça nos bastidores. Os funcionários ficam sobrecarregados, carecem de recursos e muitas vezes não têm experiência. Não dispõem dos sistemas, dos processos nem do pessoal de que necessitam para dar vazão ao crescimento, mas têm a sensação de estar em uma nave espacial rumo a um lugar incrível. Por isso, apesar dos pesares, agarram-se a essa nave com enormes empolgação, pavor e esperança.

Na fase de negócios, as pessoas adquirem estabilidade. A vida delas tende a chegar a um equilíbrio, a retenção de pessoal melhora e as expectativas, os processos e os sistemas estão bem definidos.

A fase final, o declínio, acontece um dia com todas as empresas – em geral devido à aversão ao risco, à complacência e ao efeito avestruz que descrevi na Lei 23.

✭ ✭ ✭

Ao criar uma empresa, a decisão mais importante a tomar é na hora de escolher as dez primeiras pessoas. Cada uma representa 10% da cultura da sua empresa, seus valores e sua filosofia. Por isso, acertar nessas dez primeiras decisões e criar um vínculo entre elas e a cultura certa vai definir sua organização de forma irreversível. Quando existe uma cultura forte, as pessoas que chegam ali a incorporam. Quando a cultura é fraca, é a cultura que se incorpora às pessoas que chegam. Sua 11ª pessoa, curiosamente, vai se parecer com as outras dez, nos valores e na filosofia.

> "Concluí que, quando você junta um número suficiente de pessoas nível A, quando termina o incrível processo de encontrar essas cinco pessoas nível A, elas gostam de verdade de trabalhar umas com as outras, porque não tiveram a chance de fazer isso antes e não querem trabalhar com pessoas nível B e C. E isso acaba se retroalimentando, porque elas querem contratar mais gente nível A. Assim, você vai criando bolsões de pessoas nível A, que se propagam. E é assim que a equipe do Mac era. Todos eram nível A."
> **Steve Jobs**

A equipe inicial de dez é uma janela para uma cultura que você terá quando essas pessoas se transformarem em cem. É por isso que as empresas que se tornam excepcionais começam parecidas com seitas: tinham valores definidos, devoção à causa e obsessão pela solução de um problema.

Embora essa mentalidade seja insustentável e se dilua conforme o inevitável ciclo de vida da empresa avança, sua essência permanece sob a forma de um conjunto de valores bem delineados que permeiam tudo que a empresa faz.

A pergunta, então, passa a ser: quais são os ingredientes de uma seita?

1. SENSO DE COMUNIDADE E PERTENCIMENTO

Joshua Hart, professor de psicologia do Union College e estudioso de seitas, afirma: "Elas proporcionam sentido, propósito e pertencimento. Oferecem uma visão clara e cheia de confiança, e afirmam a superioridade do grupo. Ao fazer parte dela, os seguidores que anseiam por serenidade, pertencimento e segurança obteriam essas recompensas."

2. MISSÃO EM COMUM

"Uma seita é um grupo ou movimento com um compromisso e uma ideologia em comum, em geral radical", diz Janja Lalich, especialista em seitas. Elas também possuem uma identidade clara compartilhada, às vezes um uniforme – em empresas, pode ser um logo.

3. LÍDER INSPIRADOR

"Quanto aos líderes propriamente ditos, em geral eles se apresentam como infalíveis, confiantes e magníficos. O carisma atrai as pessoas", afirma Joshua Hart.

4. MENTALIDADE "NÓS CONTRA ELES"

As seitas tendem a possuir um adversário evidente. No caso da Heaven's Gate, os adversários eram a civilização como um todo e quem não compartilhava de suas crenças. Nas empresas, tendem a ser os concorrentes do setor – outras equipes, com missões rivais.

> "Quando se está em uma startup, a primeira coisa em que você tem que acreditar é que vai mudar o mundo."
>
> **Marc Andreessen, cofundador da Netscape e da Andreessen Horowitz**

★ OS DEZ PASSOS PARA CRIAR UMA CULTURA ORGANIZACIONAL

1. Defina os valores centrais da empresa e alinhe-os com aspectos como missão, visão, princípios ou propósito, a fim de criar uma base sólida para a organização.
2. Integre a cultura desejada em todos os aspectos da empresa, entre eles as políticas, os processos e os procedimentos de recrutamento, em todos os departamentos e funções.
3. Chegue a um acordo em relação às atitudes e padrões esperados de todos os membros da equipe, estimulando um ambiente de trabalho positivo.
4. Estabeleça um propósito que vá além das metas comerciais da

empresa, fomentando uma conexão mais profunda entre os funcionários.
5. Lance mão de mitos, histórias, jargão e lendas específicas da empresa, assim como símbolos e rotinas, para reforçar a cultura organizacional, incutindo-a na consciência coletiva.
6. Elabore uma identidade de grupo singular e cultive um senso de exclusividade e orgulho dentro da equipe.
7. Crie um ambiente de celebração de conquistas, avanços e vivências da cultura da empresa, estimulando a motivação e o sentimento de orgulho.
8. Incentive a camaradagem, a noção de comunidade e o senso de pertencimento entre os membros da equipe; estimule a interdependência e um senso coletivo de dever, fortalecendo a natureza interligada da equipe.
9. Elimine barreiras e permita às pessoas se expressarem de forma autêntica; valorize a individualidade dentro da organização.
10. Ressalte as qualidades e as contribuições singulares tanto dos funcionários quanto do conjunto, posicionando-as como únicas e excepcionais.

✭ POR QUE NÃO SE DEVE MANTER UMA CULTURA DE SEITA A LONGO PRAZO

Quando o objetivo é criar algo para durar, para o longo prazo, a obsessão de uma seita não basta. Qualquer que seja o contexto, seitas (sobretudo nos negócios) são fundamentalmente insustentáveis, emocionalmente sofridas e, portanto, ineficazes para atingir objetivos de longo prazo, tanto nos negócios quanto na vida. O princípio geral mais importante, para todos que querem atingir uma meta profissional de longo prazo, é criar uma cultura que seja sustentável, na qual as pessoas se engajem de forma autêntica em uma missão que considerem importante; na qual contem com um grau elevado de autonomia; na qual recebam um trabalho desafiador; na qual vivenciem um senso de evolução e progresso; e na qual sejam cercadas por um grupo de pessoas que lhes dão apoio e atenção, com quem seja um prazer trabalhar e que lhes proporcionem "segurança psicológica".

Quando você consegue isso, o cenário está armado para o sucesso duradouro.

⭐ A LEI: CRIE UMA MENTALIDADE DE SEITA

Uma mentalidade e um comprometimento semelhantes aos de uma seita por parte da equipe podem ser incrivelmente úteis nos estágios iniciais de uma startup; podem determinar sua cultura e gerar a paixão exigida pela criação de uma empresa. Porém, à medida que essa empresa cresce, ela precisa se desenvolver para atingir objetivos de longo prazo – e a mentalidade de seita deixa de ser sustentável.

Quando a cultura organizacional é forte, os novos funcionários a incorporam.

Quando a cultura é fraca, é ela que incorpora as pessoas.

O diário de um CEO

LEI 30
OS TRÊS PARÂMETROS PARA MONTAR GRANDES EQUIPES

Esta lei mostra como os maiores líderes do mundo decidem quem contratar, demitir ou promover em suas empresas, e por que você precisa colocar a cultura acima de tudo ao montar uma equipe.

Sir Alex Ferguson é considerado por muitos o maior técnico de futebol de todos os tempos. Durante seus 26 anos à frente do Manchester United, ele ganhou 38 campeonatos e, no verão de 2013, depois de vencer pela última vez o campeonato inglês, anunciou sua aposentadoria, aos 71 anos.

Em 1986, quando assumiu uma equipe em crise, ele disse: "A coisa mais importante no Manchester United é a cultura do clube. A cultura do clube vem do técnico." Ele deu ênfase à cultura e aos valores – não apenas aos jogadores e aos esquemas táticos – para definir o sucesso de um time. Afirmou que esses valores precisam ser incutidos nos jogadores a partir do momento em que são contratados pelo clube, e precisam ser sustentados por todos na organização, dos jogadores e treinadores à comissão técnica e diretoria.

Alguns anos atrás, Patrice Evra, jogador contratado em 2006 pela vencedora equipe de Alex Ferguson, me disse que o técnico foi falar com ele, em uma saleta de um aeroporto na França, antes de sua possível contratação.

"Sir Alex queria me olhar nos olhos e fazer uma pergunta. Ele me encarou com um olhar cortante e disse: 'Você está disposto a morrer por este clube?' Respondi 'Sim', e ele imediatamente estendeu o braço do outro lado da mesa e disse: 'Bem-vindo ao Manchester United, filho!'"

Ferguson acreditava que a criação de uma cultura forte e unida dentro do clube resultaria em um time vencedor dentro do campo, criando um êxito sustentável no longo prazo. Ele tinha razão. Nenhum técnico de futebol, antes ou depois dele, conseguiu dominar com tanta estabilidade, constância e êxito quanto Ferguson.

Um dos marcos de sua filosofia era nunca deixar jogadores individuais atrapalharem o *ethos*, a cultura ou os valores da equipe. Ele se tornou famoso pela frase "Ninguém é maior que o clube" em coletivas de imprensa e por negociar de forma inesperada qualquer jogador que deixasse de vestir a camisa do "jeito United", por melhor que estivessem jogando, por mais famoso que fosse ou por mais necessário que ele fosse ao time.

Nos últimos anos, entrevistei cinco ex-jogadores do Manchester United, e todos disseram que um dos pontos mais fortes de Ferguson era a capacidade de passar craques adiante... mesmo quando estavam em seu auge.

Rio Ferdinand me contou:

Jaap Stam era o melhor zagueiro do mundo na época, e Sir Alex disse: "Até logo." David Beckham estava no ápice da carreira, e ele o negociou! Ruud van Nistelrooy era o artilheiro do United, e ele o despachou! O homem simplesmente via tudo antes de todo mundo.

Sob a liderança de Ferguson, Beckham passou a ser considerado por muitos o melhor meia-direita da Europa. Mas o descontentamento de Ferguson foi aumentando com o assédio constante dos paparazzi ao jogador, depois de seu casamento com a pop star e spice girl Victoria Adams. Com a disparada de sua popularidade em Manchester, Beckham começou a tirar o foco do time, algo que era contra tudo aquilo que Sir Alex queria para a cultura do clube. No verão seguinte, Beckham foi negociado com o Real Madrid.

Outro exemplo foi Keane, capitão da era de ouro do United, sete vezes campeão inglês com o clube e líder da conquista da tríplice coroa (Premier League, Copa da Inglaterra, ou FA Cup, e Champions League) em 1999. Porém, depois de brigas no centro de treinamento e comentários afiados em entrevistas, criticando companheiros de equipe, o meio-campista sem papas na língua acabou caindo em desgraça com Ferguson e assinou com o Celtic em 2005.

Ruud van Nistelrooy foi um dos maiores artilheiros da história do clube. Porém, depois de sair enfurecido do estádio por ter acabado no banco no último jogo da temporada, nunca mais foi visto no Manchester United.

Um comandante de equipe comum, no esporte ou nos negócios, não teria a audácia, a visão nem a convicção para tomar decisões tão ousadas e cruciais: mandar embora seu funcionário mais precioso por ele desafiar sua cultura é algo problemático. No entanto, todo grande treinador esportivo ou gerente de empresa que eu entrevistei sabe, por instinto, que ainda mais problemático é deixar uma "maçã podre" estragar o resto do cesto, por maior que seja seu talento.

"A coisa mais difícil que tive que aprender foi demitir pessoas. É preciso fazer isso para proteger a integridade da empresa e a cultura da equipe."
Richard Branson

Barbara Corcoran, 73 anos, é uma empresária americana, investidora do *Shark Tank* e fundadora de um império imobiliário de bilhões de dólares em Nova York. Na entrevista que me concedeu, ela ressaltou a importância crucial de eliminar "influências tóxicas" da equipe, em especial quando elas contaminam seus outros "filhos" (os funcionários):

Eu não tardava a demitir indivíduos que fossem negativos ou não se encaixassem. Eles estragavam meus bons meninos. Pessoas negativas sempre precisam de alguém que seja negativo com elas. É preciso se livrar delas. Nunca aguentei pessoas negativas que não se encaixavam na cultura por mais de dois ou três meses. Gente assim é como um ladrão no meio da noite: tira sua energia, e sua energia é seu ativo mais valoroso.

Hesitar em demitir uma pessoa que eu sabia que era negativa para a cultura de minhas empresas é meu maior arrependimento profissional. Como Corcoran enfatiza, gente assim é contagiosa – tem um poder tóxico de transformar ótimos integrantes da equipe, mais jovens, com alto potencial, em pessoas negativas, receosas e medíocres.

"O preço de uma maçã podre pode ser a perda de várias maçãs boas."
CEO da General Electric

A revista *Harvard Business Review* fez um estudo sobre os efeitos dos maus funcionários em uma empresa. O objetivo da investigação era compreender como ideias e comportamentos novos podem se disseminar entre colegas de trabalho. Ao recorrer a arquivos trabalhistas e queixas de funcionários, o estudo conclui que havia um aumento de 37% na probabilidade de um empregado cometer uma má conduta no trabalho quando um novo colega tinha, ele próprio, um histórico de má conduta. Incrivelmente, essa análise demonstrou que funcionários tóxicos são de fato contagiosos. Os resultados mostram que má conduta no ambiente de trabalho possui um multiplicador social de 1,59, o que significa que cada caso de conduta indevida em uma empresa se espalha – como um vírus – e resulta em 0,59 caso adicional de conduta indevida quando se permite que um funcionário tóxico permaneça.

Will Felps, ex-pesquisador da faculdade de administração da Universidade de Washington, perguntou um dia à esposa se ela ainda estava incomodada com a situação no emprego dela. "Ele não foi trabalhar esta semana, então o clima melhorou muito", respondeu ela.

A esposa de Felps estava se referindo a um colega específico, que era particularmente tóxico, cujo comportamento se resumia a implicar e humilhar o tempo todo pessoas da equipe dela, o que tornava ainda mais tóxico um ambiente de trabalho que já era hostil. Porém, quando esse indivíduo tirou licença médica, algo curioso aconteceu, relembra Felps:

As pessoas começaram a ajudar umas às outras, a colocar música clássica no escritório e a sair para um happy hour depois do expediente. Porém, quando ele retornou ao trabalho, as coisas voltaram ao jeito desagradável de antes. Até então, ela não tinha percebido quanto esse funcionário era importante, até ele ficar doente, mas, ao observar o clima na empresa depois que ele saiu de licença, ela passou a entender que ele exercia um impacto profundo e negativo. Era verdadeiramente a "maçã podre" que estragava o restante do cesto.

Impressionado com o impacto desse indivíduo isolado sobre toda uma equipe, Felps e o colega Terence Mitchell, professor de administração e tecnologia, analisaram 24 estudos publicados sobre a interação entre equipes e grupos de funcionários, para em seguida realizar uma pesquisa própria, a fim de compreender até que ponto um único membro "negativo" de uma equipe – alguém que se recusa a assumir sua devida parte do trabalho; que assedia os colegas; ou que é emocionalmente instável – pode tirar dos trilhos uma equipe que funcionaria bem em condições normais. E isso é mais comum do que se imagina: a maioria das pessoas, pelo visto, é capaz de se lembrar de pelo menos uma "maçã podre" com quem trabalhou durante a carreira.

Esse estudo também revelou como a maioria das organizações não dispõe de métodos eficazes para lidar com o funcionário negativo, sobretudo quando ele tem experiência, poder ou muito tempo de casa.

Eles concluíram que <u>o comportamento negativo anula totalmente o comportamento positivo</u>, o que significa que uma única "maçã podre" é capaz de <u>destruir a cultura da equipe</u>, enquanto um, dois ou três bons funcionários <u>não são suficientes para recuperá-la</u>.

Os pesquisadores concluíram que, quando uma "maçã podre" não é demitida, isso pode levar à desmotivação dos funcionários, que reproduzem a atitude, o distanciamento social, o medo e a ansiedade. Isso leva a uma deterioração da confiança dentro da equipe e ainda mais desmotivação por parte de seus integrantes.

Eles descobriram algo que observei várias vezes ao longo da minha carreira profissional: a saída de uma pessoa nunca acaba com uma boa empresa, mas às vezes a permanência de uma, sim.

"Uma maçã podre pode estragar todo o cesto, mas é importante lembrar que dá para limpá-lo. É importante partir para a ação e excluir indivíduos tóxicos, a fim de manter uma cultura positiva."

Oprah Winfrey

✱ OS TRÊS PARÂMETROS: DEMITIR, CONTRATAR E TREINAR

Demitir alguém nunca é fácil. Todos os grandes líderes já mencionados, que compreendem a importância de defender a todo custo a cultura da empresa, também falam da dificuldade, do sofrimento e do custo emocional da experiência de ter que desligar alguém. É esse desgaste psicológico, e o efeito avestruz (veja a Lei 23) que ele cria, que nos faz procrastinar, duvidar de nós mesmos e evitar aquilo que sabemos que precisamos fazer.

Com isso em mente, criei um método simples, que tenho usado de maneira constante e bem-sucedida em minhas equipes de gestores ao longo da última década e que nos ajuda a enxergar para além do desgaste, evidenciando quais membros da equipe precisam ser contratados, promovidos e demitidos. Dei a isso o nome de "método dos três parâmetros".

Primeiro, você faz a si mesmo (ou à sua equipe administrativa) uma pergunta bem simples relacionada a um membro específico da equipe: "Se todo mundo na organização tivesse os mesmos valores culturais, o mesmo comportamento e o mesmo nível de talento que esse funcionário, o parâmetro (a média) seria elevado, mantido ou rebaixado?"

O ponto dessa pergunta não é a semelhança de pontos de vista, de experiência ou de interesses, nem a diversidade de ideias, bagagem individual ou visão de mundo. A questão crucial aqui envolve semelhanças com os valores culturais, os padrões e a atitude da empresa.

Pense em uma equipe da qual você já fez parte – um time esportivo, um grupo criativo ou sua atual equipe de trabalho – e agora escolha uma pessoa aleatória que faça parte dessa equipe. Pergunte a si mesmo: "Se todo mundo encarnasse os valores culturais dessa pessoa, o parâmetro seria elevado, mantido ou rebaixado?"

Na imagem a seguir, marquei quatro pessoas hipotéticas usando essa pergunta. É simples: Michael (que rebaixa o parâmetro) precisa ser demitido e Oliver (que eleva o parâmetro) precisa ser promovido a um posto de gestão. Como as pesquisas demonstraram, Michael será uma influência desproporcionalmente tóxica na cultura da equipe, e Oliver pode se tornar uma influência desproporcionalmente positiva na mesma cultura, se lhe for proporcionada uma oportunidade de ascensão.

Eleva o parâmetro ——————— Oliver

Mantém o parâmetro ——————— Logan

Rebaixa o parâmetro ——————— Dominic

Michael

Esse método também tem sido incrivelmente útil na avaliação de funcionários recém-contratados em relação aos padrões existentes da equipe.

✯ A LEI: OS TRÊS PARÂMETROS PARA MONTAR GRANDES EQUIPES

A cada contratação, você deve buscar elevar o parâmetro. Assim, exatamente como Sir Alex Ferguson fazia, quando um funcionário da equipe – por mais que tenha conquistado troféus para você no passado – se torna alguém que rebaixa o parâmetro, você precisa agir de forma rápida e decidida para impedir que essa influência destrua a sagrada cultura coletiva da sua empresa.

Uma empresa nada mais é que um grupo de indivíduos.

O diário de um CEO

LEI 31

ALAVANQUE O PODER DO PROGRESSO

Esta lei apresenta a força mais importante para o engajamento, a motivação e a realização pessoal dos membros da equipe, em qualquer organização. Se você for capaz de inspirar esses sentimentos nas pessoas, elas vão adorar participar da sua equipe.

> "Ganhar medalhas parecia algo tão distante, uma montanha inatingível, longe, intocável. As pessoas pensavam: Como é possível sair de onde estamos e chegar lá em cima? Em que podemos acreditar? Como conseguir motivação? Como conseguir um entusiasmo contagiante?"
>
> **Sir David Brailsford, ex-diretor de desempenho da Federação Britânica de Ciclismo, no podcast** *The Diary of a CEO*

Alguns anos atrás, entrevistei Sir David Brailsford, conhecido como o cérebro por trás de uma teoria chamada **"ganhos marginais"**. Ela ficou popular por meio da história da equipe de ciclismo britânica de 2008, e seu sucesso contínuo em vários Jogos Olímpicos.

Antes de 2008, o ciclismo britânico era visto por todos como motivo de chacota naquele esporte. No esforço para melhorar as coisas, a federação contratou David Brailsford como diretor de desempenho, a fim de transformar a filosofia, a estratégia e a cultura da equipe.

Brailsford acreditava que melhorias de 1% em todos os aspectos do ciclismo, acumuladas, levariam a um ganho de desempenho significativo.

Sob sua orientação, a Federação Britânica de Ciclismo parou de sonhar com grandes objetivos e passou a se preocupar de forma obsessiva com os menores e mais simples detalhes: usar álcool em gel nas mãos para reduzir infecções, esfregar álcool nos pneus das bicicletas para aumentar a aderência, reprojetar os selins para dar mais conforto, trocar os travesseiros no quarto dos atletas para melhorar a qualidade do sono, realizar muitos testes de bicicletas e uniformes de competição em túneis de vento, etc.

Brailsford assumiu e, cinco anos depois, o ciclismo britânico ganhou 57% de todas as medalhas de ciclismo de pista e de estrada nos Jogos Olímpicos de Pequim, em 2008. Nos Jogos de Londres, em 2012, a delegação bateu sete recordes mundiais e nove recordes olímpicos! Entre 2007 e 2017, os ciclistas britânicos ganharam 178 campeonatos mundiais, 66 medalhas de ouro olímpicas e paralímpicas e conquistaram o Tour de France cinco vezes. Foi a década mais bem-sucedida de qualquer equipe na história do ciclismo!

Em minha entrevista com Brailsford, perguntei a ele como o foco em pequenos progressos marginais causou motivação, sucesso e constância tão intensos, e ele me contou:

As pessoas querem ter uma sensação de progresso. Quando buscamos a perfeição, o fracasso é garantido, porque a perfeição está distante demais.

Em vez disso, vamos fazer pequenos avanços, um pouquinho de cada vez, e isso vai trazer uma sensação boa. Então, vamos identificar os elementos mais básicos, cumpri-los direitinho e depois perguntar a nós mesmos: quais outras coisinhas poderíamos aprimorar?

Existem 1 milhão de coisas que podem impactar o desempenho no ciclismo. Daria, sei lá, para mudar a dieta dos atletas a fim de contribuir um pouquinho mais do que a da semana passada e já a partir da semana que vem? E todo mundo diz: opa, dá, sim! Certo. O que mais daria para fazer? Daria para treinar mais na academia esta semana? Daria para mudar um pouquinho nossa atitude? Vocês conseguem? É, a gente consegue. Certo. Então, vamos nessa. E aí, na semana seguinte, você pergunta: fizemos aquilo tudo? É, fizemos. Não avançamos muito, mas confesso que deu uma sensação boa.

E de repente você percebe que as coisas estão melhorando. E, quando sente que as coisas estão melhorando, se sente bem consigo mesmo. Um progresso, por menor que seja, representa muito para as pessoas, e, quando elas sentem isso, percebem que dá para fazer de novo amanhã.

Ao passo que, quando você tenta fazer algo grande, é menos sustentável. Em janeiro, você vai com dedicação total à academia, e aí é lógico que em fevereiro todo mundo já desistiu. Por que isso acontece? É bem raro fazer grandes mudanças e torná-las sustentáveis, mas é bem fácil fazer pequenas mudanças progressivas e elas durarem. É essa durabilidade ao longo do tempo, a meu ver, que faz toda a diferença. Nunca, jamais, pensamos em pódios, na linha de chegada ou em troféus – não conversávamos sobre isso. Pensávamos nas menores coisas que dava para fazer a fim de progredir.

Quando você cria essa cultura, as pessoas notam o avanço e ganham energia. Mais ideias começam a vir à tona, trazidas pela equipe, e são adotadas. E surge na equipe uma narrativa de que estamos evoluindo, mudando, fazendo essas coisinhas porque temos a coragem de fazer as coisinhas que os outros não fazem. E isso faz a diferença.

Eu digo o tempo todo para a equipe, a gente vai treinar até tarde, e eu digo: ok, pessoal, vamos fazer uma pausa de um minuto. Somos muito bons porque temos a coragem de fazer todas essas coisinhas, que todas as outras equipes, que a essa hora já estão dormindo no hotel, não se dão ao trabalho de fazer. E funciona, sabe, funciona, funciona 100%, são vinte anos nessa lida. E é muito mais uma questão de acreditar nesse tipo de entusiasmo e positividade, sem enxergar as pequenas mudanças como um fardo. O progresso é uma força poderosa.

✭ O SUPERPODER DAS PEQUENAS VITÓRIAS

O conceito de "progresso" costuma ser associado a um resultado tangível. Porém, estudos demonstram o tempo todo que o verdadeiro poder motivacional do progresso tem mais a ver com sentimentos e emoções do que com fatos e estatísticas.

Como observa a pesquisadora Teresa Amabile, na *Harvard Business Review*: "Nos dias em que os funcionários têm a impressão de que estão fazendo progresso ou quando recebem apoio que os ajuda a superar obstáculos, suas emoções são mais positivas e a motivação para o sucesso atinge o ápice."

O trecho crucial aqui é "quando os funcionários têm a impressão de que estão fazendo progresso".

Quanto você consegue <u>de fato realizar</u> é praticamente <u>irrelevante</u> para a sua motivação; porém, se você tem a impressão de que está chegando a algum lugar, terá a <u>motivação para seguir em frente</u>.

Quando alguém entra em uma equipe em crise, desmotivada, a psicologia coletiva lembra a de um ônibus parado no acostamento da estrada, com os quatro pneus furados. A inspiração e a crença coletiva são a energia que move as equipes – é a razão para o impulso, o ar nos pneus, o combustível no tanque.

Sir David Brailsford compreendeu isso quando entrou para a fracassada equipe de ciclismo britânica. Ele sabia que grandes realizações tangíveis eram menos importantes que dar à equipe a impressão de estar conquistando alguma coisa. Por isso ele se concentrou primeiro nas pequenas vitórias. Era o jeito mais fácil de revelar o poder motivacional do progresso, dar a partida no ônibus, colocar gasolina no tanque e pôr as rodas para girar.

"Essas pequenas vitórias importam mais <u>porque a probabilidade de ocorrerem é muito maior</u>, em comparação com as grandes revoluções do mundo. Se ficarmos esperando apenas as grandes vitórias, a espera será longa. E provavelmente desistiríamos muito antes de ver algo tangível se concretizar. Em vez de grandes vitórias, o que é necessário é apenas o estímulo que as pequenas vitórias trazem."
Teresa Amabile

Graças ao seu incrível trabalho, que exigiu a análise de quase 12 mil anotações em diários e rankings diários de motivação e emoções, Amabile concluiu que "progredir no trabalho – até o progresso gradual – é associado com mais frequência a emoções positivas e motivação elevada do que a qualquer outro acontecimento profissional".

Quando entrevistei Nir Eyal, autor do revolucionário livro (*In*)*distraível*, que revela por que o ser humano procrastina, ele afirmou que a única razão para as pessoas se comportarem assim é a tentativa de evitar algum tipo de "desconforto psicológico" na própria vida. Quanto maior a tarefa e quanto mais incompetentes nos sentimos para realizá-la, maior a procrastinação. Aquele ensaio que você precisa escrever sobre um assunto que não domina de verdade; o problema delicado no seu relacionamento, que você precisa encarar e talvez resulte em uma grande briga; aquele negócio que você quer criar, mas não sabe direito por onde começar... Esses desafios parecem montanhas que é preciso escalar; são fontes de enorme incômodo psicológico. Por isso, levam a uma enorme procrastinação.

A chave para superar esse incômodo e evitar a procrastinação é fragmentar a tarefa em micro-objetivos mais fáceis e possíveis de alcançar.

Tornar os objetivos mais factíveis é algo que o grande teórico organizacional Karl E. Weick analisou a fundo durante décadas de pesquisa sobre a vida das organizações.

Em 1984, Weick publicou um artigo de grande influência, culpando o fracasso da sociedade na solução dos maiores problemas sociais na forma como *apresentamos* ao mundo esses problemas. "A escala maciça com que concebemos os problemas sociais muitas vezes limita a inovação e a ação", queixou-se. "As pessoas costumam definir os problemas sociais de uma maneira que inviabiliza a capacidade de fazer algo a respeito." Ele chegou a dizer que "as pessoas não têm como resolver os problemas enquanto não deixarem de achar que são 'problemas'":

Quando se aumenta a escala de magnitude dos problemas, a qualidade do raciocínio e da ação cai, porque isso ativa processos como frustração, estímulo e inadequação.

Portanto, a chave para a ação, a confiança e a tomada de atitude é *reduzir* a escala do problema.

Pequenas vitórias "podem parecer desimportantes", admite Weick. Mas "uma série de vitórias" começa a revelar "um padrão que pode atrair aliados, deter oponentes e reduzir a resistência a propostas subsequentes". Pequenas vitórias "são compactas, tangíveis, animadoras e não controversas".

Pouquíssimos líderes entendem isso.

Em um artigo influente publicado na *Harvard Business Review* em 1968, o psicólogo americano Frederick Herzberg postulou que as pessoas atingem a máxima motivação no trabalho quando recebem "oportunidades para realizações".

No entanto, quando a *Harvard Business Review* fez uma pesquisa com quase setecentos gerentes de várias empresas e setores no mundo inteiro, concluiu que a maioria dos gestores, líderes e CEOs simplesmente não acredita ou não entende isso.

Quando foi pedido a eles que criassem um ranking das ferramentas mais eficazes para impactar a motivação e as emoções dos funcionários, somente 5% dos participantes citaram "progredir no trabalho" como motivador principal, enquanto 95% colocaram o fator em último ou em terceiro lugar.

Em vez disso, a maioria citou o "reconhecimento pelo bom trabalho" como o elemento mais crucial na motivação dos empregados e na promoção da felicidade. Embora o reconhecimento seja inegavelmente positivo para a vida profissional, isso depende, no fim das contas, de conquistas.

Como líder, é fundamental compreender o poder transformador do progresso e de que maneiras ele pode ser nutrido e catalisado. Esse conhecimento pode trazer uma influência significativa no bem-estar, na inovação, na motivação e na produção criativa dos funcionários.

✯ COMO GERAR A CRENÇA NO PROGRESSO DENTRO DAS EQUIPES

Os cinco métodos da professora Amabile podem ajudá-lo a facilitar o progresso do seu time e a colher os frutos dele:

1. CRIAR SENTIDO

O ser humano possui um desejo arraigado de realizar um trabalho que tenha sentido. Steve Jobs usou isso a seu favor em 1983, quando tentou convencer John Sculley a pedir demissão de seu emprego muito bem-sucedido na PepsiCo para se tornar o novo CEO da Apple, com a mera pergunta: "Você quer passar o resto da sua vida vendendo água com açúcar ou quer uma oportunidade de mudar o mundo?" A estratégia dele deu certo – Sculley foi para a Apple pouco tempo depois –, porque focou no significado do trabalho realizado pela empresa. Progredir incentiva a sua motivação profissional, mas só quando o trabalho faz sentido para você.

Em todas as minhas empresas, nos últimos dez anos, uma das coisas mais valiosas que fiz foi implantar sistemas que garantiam que cada membro da equipe, em cada departamento, sentisse o impacto significativo de seu trabalho sobre o mundo. Em uma das empresas, temos um canal interno chamado "Impacto", dedicado ao compartilhamento de histórias, testemunhos e feedbacks poderosos em relação a como o esforço de cada integrante de equipe impactou a vida de pessoas reais, no mundo inteiro.

Os gestores não podem deixar isso ao acaso; em um mundo cada vez mais digital, onde lidamos cada vez mais com números, estatísticas e telas, nunca foi tão fácil perder de vista o significado por trás das métricas.

Quando o trabalho parece sem sentido, a motivação <u>evapora</u>.

Segundo 238 anotações em diários de gente dos mais variados setores, o fator que acaba mais rápido com o sentido na vida profissional é quando os líderes menosprezam o empenho ou as ideias do funcionário, tiram seu senso de responsabilidade e autonomia e pedem que desperdice tempo em tarefas que são canceladas, alteradas ou ignoradas antes mesmo de serem concluídas.

2. DEFINIR METAS BEM DEFINIDAS E VIÁVEIS

É importante que os líderes estabeleçam claramente os objetivos, de modo que os membros da equipe saibam com precisão o que precisam realizar. A meta precisa ser subdividida em marcos menores e intermediários, com foco em vitórias iniciais que ofereçam embalo a todos. O avanço precisa ser acompanhado para garantir que as pequenas vitórias não passem despercebidas.

Nas minhas empresas, utilizamos um método de definição periódica de metas chamado OKR (objetivos e resultados-chave, na sigla em inglês) em todas as equipes, para garantir que isso ocorra.

3. PROPICIAR AUTONOMIA

Quando o resultado desejado fica evidente, os líderes devem dar aos membros da equipe espaço para assumir responsabilidades. Incentive-os a traçar o próprio rumo, utilizando suas competências e expertise.

Uma das características mais importantes em todas as minhas equipes sempre foi conceder às pessoas a liberdade tanto para dar certo quanto para dar errado. Meu papel, como CEO, é ser o facilitador que dá apoio, não alguém que critica e faz um microgerenciamento.

4. ELIMINAR ATRITOS

Os líderes precisam retirar, de forma proativa, quaisquer obstáculos, burocracias e processos de aprovação que impeçam a equipe de progredir todos os dias. Isso inclui identificar e disponibilizar os recursos necessários para a execução das tarefas designadas.

Como mencionei na Lei 20, um balanço frequente com todos os meus diretores me permitiu alcançar isso de forma rápida e concreta. Em geral, os membros da equipe sabem direitinho o que está atrapalhando a realização do seu trabalho... mas é raro que os líderes se deem ao trabalho de perguntar e, quando o fazem, também é raro partirem para a ação com a rapidez necessária para encontrar uma solução. Isso leva a uma queda da confiança, e os membros das equipes passam a relutar cada vez mais em relatar atritos e problemas.

5. ALARDEAR O PROGRESSO

Os líderes precisam chamar a atenção, divulgar e elogiar os avanços, em alto e bom som, o máximo possível. O reconhecimento reforça o comportamento, além de atuar como uma evidência, para as equipes ao redor, de que o progresso também é possível para elas.

Em todas as organizações e equipes que liderei, peço ao chefe de cada setor que divulgue um boletim semanal, para toda a empresa, detalhando o progresso feito por seu time naquela semana. Esse ritual tem se mostrado incrivelmente poderoso na criação de um senso coletivo de que estamos "indo para algum lugar", como diria Sir David Brailsford. E, quando as pessoas sentem que estão indo para algum lugar, elas se sentem mais felizes e mais comprometidas com a liderança.

⭐ A LEI: ALAVANQUE O PODER DO PROGRESSO

Para resolver problemas, incentive e comemore as pequenas vitórias. Isso propicia um estímulo contínuo que nos impulsiona para a frente, cria um clima de sucesso e um senso positivo de que a equipe está avançando rumo a metas maiores. Os funcionários atingem o ápice de sua motivação quando se sentem envolvidos com o trabalho que desempenham e têm a sensação de estar fazendo a diferença.

Profissionalmente, a sensação mais gratificante do mundo é a de que estamos avançando.

O diário de um CEO

LEI 32

SEJA UM LÍDER INCONSTANTE

Esta lei ensina como se tornar um líder e gestor verdadeiramente grande: sendo inconstante.

Eu me sentei com Patrice Evra, lenda do Manchester United, lateral-esquerdo sob as ordens de Sir Alex Ferguson durante quase uma década, para saber o que, na opinião dele, fez de Ferguson o maior técnico esportivo de todos os tempos. Na mesma hora, Patrice citou um episódio de 2007 que é um exemplo perfeito da sua genialidade.

Foi na tarde de 4 de fevereiro de 2007, um domingo frio e melancólico em Londres. O céu estava encoberto e uma chuva fina caía quando o time do Manchester United chegou ao estádio de White Hart Lane, na época, a casa do Tottenham Hotspurs.

Os Diabos Vermelhos, como é conhecido o time do United, tinham começado a temporada em excelente forma, liderando com três pontos de vantagem. Iam jogar na casa do adversário, que estava em boa fase, disposto a tirar o Manchester da liderança.

O primeiro tempo foi tenso e equilibrado. Nenhum dos dois times chegou a dominar a partida. Ambos lutaram pela posse de bola, e o meio de campo virou um borrão de carrinhos e chuteiras para todos os lados. No entanto, em um lance de sorte, um pênalti concedido ao Manchester United no último minuto lhe deu uma feliz vantagem de 1 a 0 antes do intervalo.

Assim que chegaram ao vestiário, Ferguson entrou, sentou-se e ficou três minutos sem dizer nada. A sala caiu em um silêncio estranho. Os jogadores estavam nervosos, sentados, evitando contato visual com o técnico, que permanecia calado. Sabiam que, quando Ferguson ficava quieto, boa coisa não era.

Evra conta que estava jogando até aquele momento o que viria a descrever como "o melhor jogo" da sua vida. O tempo todo ele foi um pesadelo para a defesa do Tottenham, com suas arrancadas pelo lado esquerdo e seus cruzamentos precisos.

Ele estava sorridente, bebendo água e sendo cumprimentado pelos companheiros, quando cruzou olhares com Ferguson, que o encarava. Ele relembra:

Estou jogando a melhor partida da minha vida. Juro, eu estava arrasando. Cheguei ao vestiário tranquilo, alegre, tomando minha água. Os companheiros me parabenizando, dizendo: "Caramba, Patrice, você está com tudo!" Aí o Ferguson entrou e ficou três minutos sentado quieto, sem parar de me encarar. Ele perguntou: "Patrice, está tudo bem com você?" Respondi: "Está, sim, senhor." Então ele me pergunta: "Você está cansado?"

Sério, eu olhei em volta, achando que fosse uma pegadinha, que tinha uma câmera escondida e ele estava me zoando. Os jogadores ao redor também não entenderam nada.

"Não, eu estou bem", respondi.

"Por que você recuou a bola para o goleiro?", prosseguiu ele.

"Porque não havia nenhuma opção na minha frente, era a única alternativa que eu tinha", expliquei.

"Se fizer isso de novo, você vai assistir ao resto do jogo sentado do meu lado no banco. Esta é a sua pior partida desde que começou a jogar no Manchester." Então gritou: "Se recuar a bola de novo, eu juro que você nunca mais vai jogar no Manchester outra vez!"

Fiquei de boca fechada. Mordi a língua. Nunca retrucaria na frente dos meus companheiros. Todo mundo ficou chocado, pensando: *O que está acontecendo?*

O Manchester United voltou do vestiário para o segundo tempo com as energias renovadas, a ambição a mil e o foco ainda maior. O time dominou o segundo tempo, marcou mais três gols e garantiu uma vitória de 4 a 0 sobre o time da casa. Foi um desempenho que entrou para a história como uma das maiores vitórias do Manchester United fora de casa. O jornal *The Independent* chamou o desempenho de "demolição divina, por um time no ápice de seus poderes".

Evra ainda estava perplexo com a bronca que tinha levado de Ferguson no intervalo:

Tomei banho, me vesti e só pensava em dormir e chegar ao centro de treinamento no dia seguinte para conversar com ele sobre o ocorrido. No dia seguinte, bati na porta da sala dele e Ferguson disse que eu podia entrar.

"Ôôô, Patrice, meu filho, tudo bem com você? Entre!", cumprimentou Ferguson.

"Senhor, o que aconteceu ontem? Por que me disse aquilo?", respondi.

"Patrice, você era o melhor jogador em campo. Mas, sabe, o Cristiano Ronaldo começou a fazer firula demais, alguns dos seus companheiros estavam desperdiçando boas oportunidades com a bola, e, quando você joga pelo Manchester United, precisa marcar um gol, depois o segundo, depois o terceiro. Não dá para marcar um gol só. Você era o melhor jogador, filho, pode sair da minha sala!"

E lá está ele assoviando, cantando e gargalhando.

Ele sabia que eu podia aguentar ser o alvo das suas críticas; gritou comigo porque queria mandar um recado para os outros jogadores, para o Cristiano, para garantir que eles continuassem focados e respeitando o Tottenham. Por isso, ele pegou o melhor jogador em campo, alguém que ele sabia que podia aguenta a bronca, para que o resto do time todo pensasse: *Se ele está acabando com o melhor jogador em campo, preciso jogar melhor.* Isso, sim, é ser um técnico, esse é o Fergie.

Para minha surpresa, todos os jogadores do Manchester United com quem falei e entrevistei disseram que Sir Alex Ferguson não se importava com táticas, estratégias e escalações. Ele se importava, acima de tudo, em extrair o melhor de cada indivíduo, da cultura da equipe e da atitude deles; Sir Alex Ferguson não queria que eles se acomodassem nunca.

Gary Neville, que passou a carreira inteira jogando no Manchester United de Ferguson, me contou:

> Ele sabia como recorrer à sua alma, quem quer que você fosse; ele sabia como acessar algo no seu âmago. Quando ele queria me motivar, falava dos meus avós. Meu avô foi ferido na guerra, ainda tem estilhaços no ombro, do campo de batalha. Então, Sir Alex dizia: "E o seu avô, que acordava todo dia, colocava a gravata, trabalhava duro, saía para a guerra?" Quando Sir Alex me dizia isso, eu seguia em frente. Quando ele falava com outra pessoa, era um discurso completamente diferente. Ele acessava uma parte diferente dentro de cada um, para garantir que ninguém desistisse.

Rio Ferdinand, que foi zagueiro central do Manchester United durante 12 anos, muitos dos quais sendo o capitão do time, me contou que a maior qualidade de Ferguson era sua capacidade de conhecer cada indivíduo e de ser uma pecinha de quebra-cabeça diferente para cada um deles.

> Ele entendia as pessoas. Não tratava dois jogadores do mesmo jeito. Um tratamento padrão não é o melhor jeito de conduzir uma equipe. Cada um é diferente, cada um recebe conselhos de um jeito diferente. Cada um recebe críticas de um jeito diferente. É por isso que o líder, ou o técnico, precisa conhecer os indivíduos. Essa era uma das maiores características de Sir Alex Ferguson. Ele sabia tudo de todo mundo. Uma vez, quando meu avô foi para o hospital, mesmo só tendo se encontrado com ele duas vezes, ele sabia a bebida favorita do meu avô e mandou entregarem flores na casa da minha mãe. Ele sabia que era importante para mim. São essas pequenas coisas que me faziam brigar mais por ele.

As seguintes frases, de outros ex-jogadores do United de Ferguson, resumem o que o tornou um técnico tão excepcional:

"Ele tinha maneiras diferentes de lidar com jogadores diferentes. Ele sabia como extrair o melhor de cada um."

Peter Schmeichel

"Ele pegava bem pesado comigo, mas precisava fazer isso. Ele enxergou algo em mim que não via nos outros jogadores e me incentivava a ser o melhor possível."

David Beckham

"Ele sempre sabia a hora de me dar um chute na bunda e de me oferecer um ombro amigo. Ele sabia como tratar diferentes jogadores de um jeito diferente."

Ryan Giggs

"Ele me tratava diferente dos outros jogadores, mas de um jeito bom. Ele me estimulava a melhorar, e acho que é por isso que me tornei o jogador que sou hoje."

Wayne Rooney

"Ele me tratava diferente dos outros jogadores. Sempre conversava comigo e me dava conselhos. Ele me ajudou a me tornar um jogador melhor."

Cristiano Ronaldo

✭ A ARTE DE SER UM LÍDER INCONSTANTE

Todos os livros dedicados à gestão e à liderança defendem as virtudes da constância, da previsibilidade e do tratamento igualitário como marcas dos grandes líderes. No entanto, os dez anos que me dediquei a estudar líderes verdadeiramente excepcionais revelaram que, na verdade, acontece o contrário. Minha própria experiência como líder de mais de mil pessoas em quatro empresas me ensinou que a capacidade de se adaptar a cada indivíduo, de ser inconstante em minha abordagem e de alterar minhas emoções de forma hábil, como um camaleão – de modo a obter o melhor de cada membro da equipe –, tem uma correlação positiva com minha capacidade de motivar os outros.

Como analisamos nas leis anteriores, os seres humanos não são as criaturas racionais, lógicas e analíticas que supõem ser. Somos emotivos, irracionais e motivados por uma infinidade de impulsos emocionais, medos, desejos, inseguranças e experiências de infância. Levando isso em conta, uma abordagem da liderança "tamanho único", centrada na razão, nas informações e nos fatos, é inadequada para inspirar paixão, motivação e ação em qualquer grupo de pessoas.

Para que nós, líderes, nos tornemos a peça que falta no quebra-cabeça de cada membro da equipe, precisamos ser tão <u>inconstantes</u>, <u>emocionalmente instáveis</u> e <u>volúveis</u> quanto as pessoas que orientamos.

Rio Ferdinand conta como Ferguson era um ator magistral, capaz de fingir qualquer emoção, da raiva à euforia, para recorrer às emoções que, no entender dele, seriam mais úteis para o êxito do time:

Ele era muito calculista. Comentávamos isso o tempo todo, entre os jogadores. O jeito dele de falar... Depois de uma derrota, ele ia para a TV e detonava o juiz, de propósito, com raiva, para desviar a atenção dos jogadores. Ele fazia isso para tirar o foco do time, para garantir que não nos sentíssemos mal, para que nos mantivéssemos motivados para o jogo seguinte. Ele era muito calculista. O melhor técnico.

⭐ A LEI: SEJA UM LÍDER INCONSTANTE

É impossível encaixar-se com perfeição em um time, como uma peça de um quebra-cabeça, a menos que você compreenda o formato único de cada membro da sua equipe. A maestria de Sir Alex Ferguson nesse aspecto era lendária, como atestam seus ex-jogadores e ex-membros da comissão técnica, e até os técnicos dos times adversários. Ele possuía um conhecimento enciclopédico de tudo, dos hobbies das esposas dos atletas ao nome dos animais de estimação, e, como Rio Ferdinand me disse, até a marca de uísque preferida do avô dele. O mais importante: ele sabia que cada integrante da equipe tinha motivações inteiramente diferentes. Enquanto um jogador evoluía graças ao famigerado tratamento "secador de cabelo" de Ferguson (em que ele gritava com raiva no vestiário ou no centro de treinamento), outro exigiria uma abordagem mais empática, enquanto um terceiro ficaria mais motivado com um tratamento mais distanciado. É por isso que Ferguson não precisava ser o gênio dos esquemas táticos que muitos imaginam que ele fosse, e sim um sábio psicólogo. Quando seu negócio é motivar pessoas, a gestão emocional é tudo.

Os grandes líderes
são fluidos, flexíveis
e flutuam livremente.

Eles assumem a forma
que for necessária para
despertar motivação.

O diário de um CEO

LEI 33
O APRENDIZADO NUNCA TERMINA

Escaneie o QR Code abaixo:

www.the33rdlaw.com (em inglês)

REFERÊNCIAS

OS QUATRO PILARES DA EXCELÊNCIA

Pilar 1: O eu

COVEY, S. R. *Os sete hábitos das pessoas altamente eficazes: lições poderosas para a transformação pessoal*. Rio de Janeiro: BestSeller, 2004.

DUCKWORTH, A. *Garra: o poder da paixão e da perseverança*. Rio de Janeiro: Intrínseca, 2016.

LANGER, E. J. *Mindfulness*. Rio de Janeiro: Sextante, 2019.

Pilar 2: A história

BROWN, B. "The Power of Vulnerability". *TED Talks*, 2010. Disponível em: <https://www.ted.com/talks/brene_brown_the_power_of_vulnerability>.

GODIN, S. *Isso é marketing: para ser visto é preciso aprender a enxergar*. Rio de Janeiro: Alta Books, 2019.

PINK, D. H. *A revolução do lado direito do cérebro*. Rio de Janeiro: Elsevier, 2005.

Pilar 3: A filosofia

COVEY, S. R. *Os sete hábitos das pessoas altamente eficazes: lições poderosas para a transformação pessoal*. Rio de Janeiro: BestSeller, 2004.

HAIDT, J. *A hipótese da felicidade: encontrando a verdade moderna na sabedoria antiga*. São Paulo: LVM, 2022.

KELLER, T. *Every Good Endeavor: Connecting Your Work to God's Work*. Nova York: Viking, 2012.

Pilar 4: A equipe

COLLINS, J. *Good to Great: empresas feitas para vencer*. Rio de Janeiro: Campus, 2001.

DUHIGG, C. *Mais rápido e melhor: os segredos da produtividade na vida e nos negócios*. Rio de Janeiro: Objetiva, 2016.

LENCIONI, P. *Os cinco desafios das equipes: uma fábula sobre liderança*. Rio de Janeiro: Campus, 2003.

Lei 1

ABBATE, B. "Why a Good Reputation Is Important to Your Life and Career". *Medium*, jan. 2021. Disponível em: <https://medium.com/illumination/why-a-good-reputation-important-to-your-life-and-career-80c1da 06430e>.

BOLLES, R. N. "4 Ways to Change Careers in Midlife". *Forbes*, set. 2014. Disponível em: <https://www.forbes.com/sites/nextavenue/2014/09/02/4-ways-to-change-careers-in-midlife/?sh=38da133419df>.

FORBES COACHES COUNCIL. "15 Simple Ways to Improve Your Reputation in The Workplace". *Forbes*, out. 2017. Disponível em: <https://www.forbes.com/sites/forbescoachescouncil/2017/10/10/15-simple-ways-to-improve-your-reputation-in-the-workplace/?sh=d88cf7f53607>.

SCHOELLER, M. "Behind The Billions: Elon Musk". *Forbes*, nov. 2022. Disponível em: <https://www.forbes.com/sites/forbeswealthteam/article/elon-musk/>.

SPACEX. *Mission*. [S.d.]. Disponível em: <https://www.spacex.com/mission/>.

UMOH, R. "Billionaire Richard Branson Reveals the Simple Trick He Uses to Live a Positive Life". *CNBC*, jan. 2018. Disponível em: <https://www.cnbc.com/2018/01/16/richard-branson-uses-this-simple-trick-to-live-a-positive-life.html>.

WATCHDOCU – The Documentary Film Channel. *Elon Musk: The Real Life Iron Man – Full Exclusive Biography Documentary*. *YouTube*, 8 dez. 2021. Disponível em: <https://www.youtube.com/watch?v=TUQgMs8Fkto>.

WESTERN GOVERNORS UNIVERSITY. "The 5 P's of Career Management". *Western Governors University Blog*, Jul. 2020. Disponível em: <https://www.wgu.edu/blog/career-services/5-p-career-management2007.html#close>.

WILLIAMS-NICKELSON, C. "Building a professional reputation". *gradPSYCH*, mar. 2003. Disponível em: <https://www.apa.org/gradpsych/2007/03/matters>.

Lei 2

THE DECISION LAB. "Why Do We Buy Insurance? Loss Aversion, explained". *The Decision Lab*, [s.d.]. Disponível em: <https://thedecisionlab.com/biases/loss-aversion>.

EDUCATION ENDOWMENT FOUNDATION. "Mastery learning". *Education Endowment Foundation*, set. 2021. Disponível em: <https://educationendowmentfoundation.org.uk/education-evidence/teaching-learning-toolkit/mastery-learning>.

FEYNMAN, R. *Só pode ser brincadeira, Sr. Feynman!* Rio de Janeiro: Intrínseca, 2019.

HARARI, Y. N. *21 lições para o século 21.* São Paulo: Companhia das Letras, 2018.

HIBBERT, S. A. *Skin in the Game: How to Create a Learning Curve That Sticks.* Hoboken: John Wiley & Sons, 2019.

KAHNEMAN, D.; TVERSKY, A. "Prospect Theory: An Analysis of Decision under Risk". *Econometrica*, v. 47, n. 2, p. 263-292, 1979. Disponível em: <https://doi.org/10.2307/1914185>.

MANSON, M. *A sutil arte de ligar o f*da-se: uma estratégia inusitada para uma vida melhor.* Rio de Janeiro: Intrínseca, 2017.

SINEK, S. *Comece pelo porquê: como grandes líderes inspiram pessoas e equipes a agir.* Rio de Janeiro: Sextante, 2020.

TALEB, N. N. *Arriscando a própria pele: assimetrias ocultas no cotidiano.* Rio de Janeiro: Objetiva, 2018.

THALER, R. H.; SUNSTEIN, C. R. *Nudge: o empurrão para a escolha certa.* Rio de Janeiro: Campus Elsevier, 2009.

THOMPSON, C. *Smarter Than You Think: How Technology Is Changing Our Minds for the Better.* [S.l.]: William Collins, 2013.

Lei 3

BAZERMAN, M. H.; MOORE, D. A. *Processo decisório para cursos de administração, economia e MBAs.* Rio de Janeiro: Campus Elsevier, 2004.

FISHER, R.; URY, W. L. *Como chegar ao sim: como negociar acordos sem fazer concessões.* Rio de Janeiro: Sextante, 2018.

GLADWELL, M. *O ponto da virada: como pequenas coisas podem fazer uma grande diferença.* Rio de Janeiro: Sextante, 2009.

HEATH, C.; HEATH, D. *Ideias que colam: por que algumas ideias pegam e outras não.* Rio de Janeiro: Elsevier, 2007.

SHAROT, T. *A mente influente: o que o cérebro nos revela sobre nosso poder de mudar os outros.* Rio de Janeiro: Rocco, 2018.

SHAROT, T.; KORN, C. W.; DOLAN, R. J. "How Unrealistic Optimism Is Maintained in the Face of Reality". *Nature Neuroscience*, v. 14, n. 11, p. 1.475-1.479, 2011. Disponível em: <https://doi.org/10.1038/nn.2949>.

THOMPSON, L. *O negociador.* Porto Alegre: Pearson, 2009.

Lei 4

CARTER-SCOTT, C. *Se o sucesso é um jogo, estas são as regras.* Rio de Janeiro: Rocco, 2001.

CIALDINI, R. B. *As armas da persuasão.* Rio de Janeiro: Sextante, 2012.

DAWKINS, R. *Deus é um delírio.* São Paulo: Companhia das Letras, 2007.

FESTINGER, L. *Teoria da dissonância cognitiva*. Rio de Janeiro: Zahar, 1975.

GLADWELL, M. *Blink: a decisão num piscar de olhos*. Rio de Janeiro: Sextante, 2016.

HAIDT, J. *A mente moralista: por que pessoas boas são segregadas por política e religião*. Rio de Janeiro: Alta Cult, 2020.

HARRIS, S. *A paisagem moral: como a ciência pode determinar os valores humanos*. São Paulo: Companhia das Letras, 2013.

KAHNEMAN, D. *Rápido e devagar: duas formas de pensar*. Rio de Janeiro: Objetiva, 2012.

LIPTON, B. H. *The Biology of Belief: Unleashing the Power of Consciousness, Matter and Miracles*. Carlsbad: Hay House, 2005.

MCTAGGART, L. *O experimento da intenção: usando o pensamento para mudar sua vida e o mundo*. Rio de Janeiro: Rocco, 2008.

PINKER, S. *O novo Iluminismo: em defesa da razão, da ciência e do humanismo*. São Paulo: Companhia das Letras, 2018.

PROCHASKA, J. O.; NORCROSS, J. C.; DICLEMENTE, C. C. *Changing for Good: The Revolutionary Program That Explains the Six Stages of Changes and Teaches You How to Free Yourself from Bad Habits*. [S.l.]: William Morrow, 1994.

SHAROT, T. *O viés otimista: por que somos programados para ver o mundo pelo lado positivo*. Rio de Janeiro: Rocco, 2015.

SHAROT, T.; KORN, C. W.; DOLAN, R. J. "How Unrealistic Optimism Is Maintained in the Face of Reality". *Nature Neuroscience*, v. 14, n. 11, p. 1.475-1.479, 2011. Disponível em: <https://doi.org/10.1038/nn.2949>.

SHAROT, T. *A mente influente: o que o cérebro nos revela sobre nosso poder de mudar os outros*. Rio de Janeiro: Rocco, 2018.

SHERMER, M. *Por que as pessoas acreditam em coisas estranhas: pseudociência, superstição e outras confusões dos nossos tempos*. [S.l.]: JSN, 2011.

SHERMER, M. *Skeptic: Viewing the World with a Rational Eye*. Nova York: Henry Holt & Company, 2017.

STOKSTAD, E. "Seeing Climate Change: Science, Empathy, and the Visual Culture of Climate Change". *Environmental Humanities*, v. 10, n. 1, p. 108-124, 2018.

TAVRIS, C.; ARONSON, E. *Mistakes Were Made (But Not by Me): Why We Justify Foolish Beliefs, Bad Decisions, and Hurtful Acts*. Boston: Houghton Mifflin Harcourt, 2007.

ZAJONC, R. B. "Feeling and Thinking: Preferences Need No Inferences". *American Psychologist*, v. 35, n. 2, p. 151-175, 1980. Disponível em: <https://doi.org/10.1037/0003-066X.35.2.151>.

Lei 5

ANDERSON, C. P.; SLADE, S. "How to Turn Criticism into a Competitive Advantage". *Harvard Business Review*, v. 95, n. 5, p. 94-101, 2017.

ARONSON, E. "The Theory of Cognitive Dissonance: A Current Perspective". *In*: BER-

KOWITZ, L. (Org.). *Advances in Experimental Social Psychology*, n. 4, p. 1-34. [S.l.]: Academic Press, 1969.

CHANSKY, T. E. "Transitions: How to Lean In and Adjust to Change". *Tamar E. Chansky Ph.D*. 2020. Disponível em: <https://tamarchansky.com/transitionshow-to-lean-in-and--adjust-to-change/>.

FESTINGER, L. *Teoria da dissonância cognitiva*. Rio de Janeiro: Zahar, 1975.

FORD, H. *Minha vida, minha obra*. Jandira: Principis, 2021.

GROVER, A. S. *Only the Paranoid Survive: How to Exploit the Crisis Points That Challenge Every Company*. [S.l.]: Doubleday, 1999.

MACDAILYNEWS. "Microsoft CEO Steve Ballmer Laughs at Apple iPhone". *YouTube*, 13 mar. 2010. Disponível em: <https://www.youtube.com/watch?v=nXq9NTjEdTo>.

MULLIGAN, M. "How iPod Changed Everything". *Music Industry Blog*, 11 maio 2022. Disponível em: <https://musicindustryblog.wordpress.com/2022/05/11/how-ipod--changed-everything/>.

ORR, M. *Lean out: the Truth about Women, Power, and the Workplace*. Nashville: HarperCollins Leadership, 2019.

ROSS, L. "The Intuitive Psychologist and His Shortcomings: Distortions in the Attribution Process". *In*: BERKOWITZ, L. (Org.). *Advances in Experimental Social Psychology*, n. 10, p. 173-220. [S.l.]: Academic Press, 1977.

ROSS, L. *The Psychology of Intractable Conflict: A Handbook for Political Leaders*. Oxford: Oxford University Press, 2014.

STOLL, C. "Why the Web Won't Be Nirvana". *Newsweek*, fev. 1995. Disponível em: <https://www.newsweek.com/clifford-stoll-why-web-wont-be-nirvana-185306>.

Lei 6

CIALDINI, R. B. *As armas da persuasão*. Rio de Janeiro: Sextante, 2012.

COOPER, J. *Cognitive Dissonance: Fifty Years of a Classic Theory*. [S.l.]: Sage Publications, 2007.

FESTINGER, L. *Teoria da dissonância cognitiva*. Rio de Janeiro: Zahar, 1975.

KAMARCK, E. "Are You Better Off Than You Were 4 Years Ago?" *WBUR*, 11 set. 2012. Disponível em: <https://www.wbur.org/cognoscenti/2012/09/11/better-off-2012-elaine-kamarck>.

MCARDLE, M. *O lado bom do fracasso: por que saber cair pode ser a chave do sucesso*. Rio de Janeiro: Alta Books, 2015.

MADDUX, J. E.; ROGERS, R. W. "Protection Motivation and Self-Efficacy: A Revised Theory of Fear Appeals and Attitude Change". *Journal of Experimental Social Psychology*, v. 19, n. 5, p. 469-479, 1983. Disponível em: <https://doi.org/10.1016/0022-1031(83)90023-9>.

O'KEEFE, D. J. *Persuasion: Theory and Research*. 2. ed. [S.l.]: Sage Publications, 2002.

O'MARA, M. "Are You Better Off than You Were Four Years Ago? – The Economy in Presidential Politics". *Perspectives on History*, set. 2020. Disponível em: <https://www.historians.org/research-and-publications/perspectives-on-history/october-2020/are-you-better-off-than-you-were-four-years-ago-the-economy-in-presidential-politics>.

REAGAN LIBRARY. "Presidential Debate with Ronald Reagan and President Carter, October 28, 1980". *YouTube*, 6 maio 2016. Disponível em: <https://www.youtube.com/watch?v=tWEm6g0iQNI>.

SCHWARZ, N. "Self-Reports: How the Questions Shape the Answers". *American Psychologist*, v. 54, n. 2, p. 93-105, 1999. Disponível em: <https://doi.org/10.1037/0003-066X.54.2.93>.

SHERMAN, D. K.; COHEN, G. L. "The Psychology of Self-Defense: Self-Affirmation Theory". *Advances in Experimental Social Psychology*, n. 38, p. 183-242. [S.l.]: Elsevier Academic Press, 2006. Disponível em: <https://doi.org/10.1016/S0065-2601(06)38004-5>.

SPROTT, D. E.; SPANGENBERG, E. R.; BLOCK, L. G.; FITZSIMONS, G. J.; MORWITZ, V. G.; WILLIAMS, P. "The Question-Behavior Effect: What We Know and Where We Go from Here". *Social Influence*, v. 1, n. 2, p. 128-137, 2006. Disponível em: <https://doi.org/10.1080/15534510600685409>.

TAVRIS, C.; ARONSON, E. *Mistakes Were Made (But Not by Me): Why We Justify Foolish Beliefs, Bad Decisions, and Hurtful Acts*. Boston: Houghton Mifflin Harcourt, 2007.

WOOD, W.; TAM, L.; WITT, M. G. "Changing Circumstances, Disrupting Habits". *Journal of Personality and Social Psychology*, v. 88, n. 6, p. 918-933, 2005.

Lei 7

ARYANI, E. "The Role of Self-Story in Mental Toughness of Students in Yogyakarta". *Journal of Educational Psychology and Counseling*, v. 2, n. 1, p. 25-31, 2016.

DUCKWORTH, A. L.; PETERSON, C.; MATTHEWS, M. D.; KELLY, D. R. "Grit: Perseverance and Passion for Long-Term Goals". *Journal of Personality and Social Psychology*, v. 92, n. 6, p. 1.087-1.101, 2007. Disponível em: <https://doi.org/10.1037/0022-3514.92.6.1087>.

EUBANK JUNIOR, C. Entrevista ao autor. 1 maio 2023.

GLADWELL, M. *Fora de série: descubra por que algumas pessoas têm sucesso e outras não*. Rio de Janeiro: Sextante, 2008.

MACNAMARA, B. N.; HAMBRICK, D. Z.; OSWALD, F. L. "Deliberate Practice and Performance in Music, Games, Sports, Education, and Professions: A Meta-Analysis". *Psychological Science*, v. 25, n. 8, p. 1.608-1.618, 2014. Disponível em: <https://doi.org/10.1177/0956797614535810>.

POLK, L. "Self-Concept and Resilience: A Correlation". *International Journal of Social Science and Economic Research*, v. 3, n. 2, p. 1.280-1.291, 2018.

SINGH, P. *Your Self-Story: The Secret Strategy for Achieving Big Ambitions*. [S.l.]: HarperCollins, 2023.

STEELE, C. M.; ARONSON, J. "Stereotype Threat and the Intellectual Test Performance of

African Americans". *Journal of Personality and Social Psychology*, v. 69, n. 5, p. 797-811, 1995. Disponível em: <https://doi.org/10.1037/0022-3514.69.5.797>.

TENTAMA, F. "Self-Story, Resilience, and Mental Toughness". *Journal of Applied Psychology*, v. 4, n. 1, p. 13-21, 2020.

WOODEN, J. *Wooden: A lifetime of Observations and Reflections On and Off the Court*. Nova York: McGraw Hill, 1997.

WOOLFOLKHOY, A.; MURPHY, P. K. "Identity Development, Motivation, and Achievement in Adolescence". *In*: MEECE, J. L.; ECCLES, J. S. (Orgs.). *Handbook of Research on Schools, Schooling, and Human Development*. Abingdon: Routledge, 2008, p. 391-414.

ZHANG, S.; TOMPSON, S.; WHITE-SPENIK, D.; BLAIR, C. B. "Stereotype Threat and Self-Affirmation: The Moderating Role of Race/Ethnicity and Self-Esteem". *Cultural Diversity and Ethnic Minority Psychology*, v. 19, n. 4, p. 395-405, 2013.

Lei 8

AMERICAN PSYCHOLOGICAL ASSOCIATION. *What You Need to Know about Willpower: The Psychological Science of Self-Control*. Dez. 2012. Disponível em: <https://www.apa.org/topics/personality/willpower>. Acesso em: 21 mar. 2023.

BAUMEISTER, R. F.; BRATSLAVSKY, E.; MURAVEN, M.; TICE, D. M. "Ego Depletion: Is the Active Self a Limited Resource?" *Journal of Personality and Social Psychology*, v. 74, n. 5, p. 1.252-1.265, 1998. Disponível em: <https://doi.org/10.1037/0022-3514.74.5.1252>.

CLEAR, J. "How to Break a Bad Habit (and Replace It With a Good One)". *James Clear*, 4 fev. 2020. Disponível em: <https://jamesclear.com/how-to-break-a-bad-habit>.

DUHIGG, C. *O poder do hábito: por que fazemos o que fazemos na vida e nos negócios*. Rio de Janeiro: Objetiva, 2012.

EYAL, N. *Hooked (Engajado): como construir produtos e serviços formadores de hábitos*. São Paulo: Alfacon, 2020.

FERRARIO, C. R.; GORNY, G.; CROMBAG, H. S. "On the Neural and Psychological Mechanisms Underlying Compulsive Drug Seeking in Addiction". *Progress in Neuro- -Psychopharmacology and Biological Psychiatry*, v. 29, n. 4, p. 613-627, 2005.

FRIEDMAN, R. S.; FISHBACH, A.; FÖSTER, J. "The Effects of Promotion and Prevention Cues on Creativity". *Journal of Personality and Social Psychology*, v. 85, n. 2, p. 312-326, 2003.

GOLLWITZER, P. M.; SHEERAN, P. "Implementation Intentions and Goal Achievement: A Meta-Analysis of Effects and Processes". *Advances in Experimental Social Psychology*, n. 38, p. 69-119, 2006. Disponível em: <https://doi.org/10.1016/S0065-2601(06)38002-1>.

HOFFMANN, W.; ADRIAANSE, M.; VOHS, K. D.; BAUMEISTER, R. F. "Dieting and the Self-Control of Eating in Everyday Environments: An Experience Sampling Study". *British Journal of Health Psychology*, v. 19, n. 3, p. 523-539, 2004. Disponível em: <https://doi.org/10.1111/bjhp.12053>.

MURAVEN, M.; TICE, D. M.; BAUMEISTER, R. F. "Self-Control as a Limited Resource:

Regulatory Depletion Patterns". *Journal of Personality and Social Psychology*, v. 74, n. 3, p. 774-789, 1998. Disponível em: <https://doi.org/10.1037/0022-3514.74.3.774>.

SEGERSTROM, S. C.; STANTON, A. L.; ALDEN, L. E.; SHORTRIDGE, B. E. "A Multidimensional Structure for Repetitive Thought: What's on Your Mind, And How, And How Much?" *Journal of Personality and Social Psychology*, v. 85, n. 5, p. 909-921, 2003. Disponível em: <https://doi.org/10.1037/0022-3514.85.5.909>.

SHAROT, T. *A mente influente: o que o cérebro nos revela sobre nosso poder de mudar os outros*. Rio de Janeiro: Rocco, 2018.

WEGNER, D. M.; SCHNEIDER, D. J.; CARTER, S. R.; WHITE, T. L. "Paradoxical Effects of Thought Suppression". *Journal of Personality and Social Psychology*, v. 53, n. 1, p. 5-13, 1987. Disponível em: <https://doi.org/10.1037/0022-3514.53.1.5>.

WOOD, W.; NEAL, D. T. "A New Look at Habits and the Habitgoal Interface". *Psychological Review*, v. 114, n. 4, p. 843-863, 2007. Disponível em: <https://doi.org/10.1037/0033-295X.114.4.843>.

Lei 9

BUFFETT, W. E. "Owner's Manual". *Fortune*, v. 137, n. 3, p. 33, 1998.

CACI, G.; ALBINI, A.; MALERBA, M.; NOONAN, D. M.; POCHETTI, P.; POLOSA, R. "COVID-19 and Obesity: Dangerous Liaisons". *Journal of Clinical Medicine*, v. 9, n. 8, p. 2.511, 2020. Disponível em: <https://doi.org/10.3390/jcm9082510>.

CENTERS FOR DISEASE CONTROL AND PREVENTION. *Obesity, Race/Ethnicity, and COVID-19*. Disponível em: <https://www.cdc.gov/obesity/data/obesity-and-covid-19.html>. Acesso em: 27 set. 2022.

THE WHITE HOUSE. "Remarks by the President on the Affordable Care Act". Office of the Press Secretary, out. 2016. Disponível em: <https://obamawhitehouse.archives.gov/the-press-office/2016/10/20/remarks-president-affordable-care-act>.

Lei 10

AGÊNCIA INTERNACIONAL DE ENERGIA. "Net Zero by 2050: A Roadmap for the Global Energy Sector". *OECD Publishing*, Paris, maio 2021. Disponível em: <https://www.oecd.org/publications/net-zero-by-2050-c8328405-en.htm>.

ALLAN, R. P. *et al.* "Climate Change 2021: The Physical Science Basis. Contribution of Working Group I to the Sixth Assessment Report of the Intergovernmental Panel on Climate Change". *IPCC Sixth Assessment Report*. Cambrigde: Cambridge University Press, 2021.

BRENNAN, S. "Is This the Best Workplace in Britain?" *Mail Online*, maio 2018. Disponível em: <https://www.dailymail.co.uk/femail/article-5718875/Is-bestworkplace-Britain.html>.

COLDWELL, W. "Drink in the View: BrewDog to Open Its First UK 'Beer Hotel'". *The Guardian*, fev. 2018. Disponível em: <https://www.theguardian.com/travel/2018/feb/20/drink-in-the-view-brewdog-to-open-its-first-uk-beer-hotel>.

UNITED NATIONS CLIMATE CHANGE. "The Paris Agreement". Disponível em: <https://unfccc.int/process-and-meetings/the-paris-agreement/the-paris-agreement>. Acesso em: 30 abr. 2023.

MCCARTHY, N. "The Tesla Model 3 Was The Best-Selling Luxury Car in America Last Year" [Infográfico]. *Forbes*, fev. 2019. Disponível em: <https://www.forbes.com/sites/niallmccarthy/2019/02/08/the-tesla-model-3-was-the-best-selling-luxury-car-in-america-last-year-infographic/>.

MORRIS, J. "How Did Tesla Become the Most Valuable Car Company in the World?" *Forbes*, jun. 2020. Disponível em: <https://www.forbes.com/sites/jamesmorris/2020/06/14/how-did-tesla-become-the-most-valuable-car-company-in-the-world/>.

NASA GLOBAL CLIMATE CHANGE. *The Causes of Climate Change*. Disponível em: <https://climate.nasa.gov/causes/>. Acesso em: 30 abr. 2023.

NATIONAL OCEANIC AND ATMOSPHERIC ADMINISTRATION. *Climate*. Disponível em: <https://www.climate.gov/>. Acesso em: 30 abr. 2023.

PROGRAMA AMBIENTAL DAS NAÇÕES UNIDAS. *The Emissions Gap Report 2021*, 26 out. 2021. Disponível em: <https://www.unep.org/resources/emissions-gap-report-2020>.

SHASTRI, A. "Complete Analysis on Tesla Marketing Strategy – 360 Degree Analysis". *IIDE*. Disponível em: <https://iide.co/case-studies/tesla-marketing-strategy/>. Acesso em: 13 de fevereiro de 2023.

SUTHERLAND, R. *A química que há entre nós*. São Paulo: Globo Alt, 2020.

UNION OF CONCERNED SCIENTISTS. *The Climate Deception Dossiers*, 2022.

UNITED STATES ENVIRONMENTAL PROTECTION AGENCY. *Climate Change Indicators in the United States*, 2 maio 2023. Disponível em: <https://www.epa.gov/climate-indicators>.

WORLD WILDLIFE FUND. *Effects of Climate Change*. Disponível em: <https://www.worldwildlife.org/threats/climate-change>. Acesso em: 30 abr. 2023.

Lei 11

127 HORAS. Direção: Danny Boyle. Produção de Fox Searchlight Pictures. Estados Unidos: Fox Film, 2010.

AVERY, S. N.; BLACKFORD, J. U. "Slow to Warm up: the Role of Habituation in Social Fear". *Social Cognitive and Affective Neuroscience*, v. 11, n. 11, p. 1.832-1.840, jul. 2016. Disponível em: <https://doi.org/10.1093/scan/nsw095>.

BBC NEWS. "I cut off my arm to survive". *BBC News*, out. 2002. Disponível em: <http://news.bbc.co.uk/1/hi/health/2346951.stm>.

DAVIES, S. J. *The Art of Mindfulness in Sport Psychology: Mindfulness in Motion*. Abingdon: Routledge, 2017.

DIAMOND, D. M.; PARK, C. R.; CAMPBELL, A. M.; WOODSON, J. C.; CONRAD, C. D. "Influence of Predator Stress on the Consolidation Versus Retrieval of Long-Term Spatial Memory and Hippocampal Spinogenesis". *Hippocampus*, v. 16, n. 7, p. 571-576, 2006. Disponível em: <https://doi.org/10.1002/hipo.20188>.

FREDERICK, P. "Persuasive Writing: How to Harness the Power of Words". *ResearchGate*, mar. 2011. Disponível em: <https://www.researchgate.net/publication/275207550_Persuasive_Writing_How_to_Harness_the_ Power_of_Words>.

GROVES, P. M.; THOMPSON, R. F. "Habituation: A Dual-Process Theory". *Psychological Review*, v. 77, n. 5, p. 419-450, 1970. Disponível em: <https://doi.org/10.1037/h0029810>.

JAMES, L. R. "A Review of Habituation". *Psychological Bulletin*, v. 49, n. 4, p. 345-356, 1952.

JAMES, W. *The Principles of Psychology*, v. 1. [S.l.]: Henry Holt, 1890.

KEEGAN, S.M. *The Psychology of Fear in Organizations: How to Transform Anxiety into Well-Being, Productivity and Innovation*. Londres: Kogan Page, 2015.

LEDOUX, J. *Anxious: Using the Brain to Understand and Treat Fear and Anxiety*. Nova York: Viking, 2015.

MCGONIGAL, K. *The Upside of Stress: Why Stress Is Good for You, and How to Get Good at It*. Nova York: Avery, 2015.

MCGUIRE, W. J. "Personality and Susceptibility to Social Influence". *In*: BORGATTA, E. F.; LAMBERT, W. W. (Orgs.). *Handbook of Personality Theory and Research*). [S.l.]: Rand McNally, 1968, p. 1.130-1.187.

MITCHELL, A. A.; OLSON, J. C. "Are Product Attribute Beliefs the Only Mediator of Advertising Effects on Brand Attitude?" *Journal of Marketing Research*, v. 18, n. 3, p. 318-332, 1981. Disponível em: <https://doi.org/10.2307/3150973>.

PETTY, R. E.; CACIOPPO, J. T. *Communication and Persuasion: Central and Peripheral Routes to Attitude Change*. Nova York: Springer, 1986.

RALSTON, A. *127 horas: uma empolgante história de sobrevivência*. São Paulo: Seoman, 2011.

SAPOLSKY, R. M. *Comporte-se: a biologia humana em nosso melhor e pior*. São Paulo: Companhia das Letras, 2021.

SELYE, H. *Stress: a tensão da vida*. São Paulo: Ibrasa, 1959.

SMITH, C. A. "The Effects of Stimulus Variation on the Semantic Satiation Phenomenon". *Journal of Verbal Learning and Verbal Behavior*, v. 4, n. 5, p. 447-453, 1965.

SOKOLOV, E. N. "Higher Nervous Functions: The Orienting Reflex". *Annual Review of Physiology*, n. 25, p. 545-580, 1963. Disponível em: <https://doi.org/10.1146/annurev.ph.25.030163.002553>.

WILSON, F. A. W.; ROLLS, E. T. "The Effects of Stimulus Novelty and Familiarity on Neuronal Activity in the Amygdala of Monkeys Performing Recognition Memory Tasks". *Experimental Brain Research*, v. 93, n. 3, p. 367-382, 1993. Disponível em: <https://doi.org/10.1007/BF00229353>.

WILSON, T. D.; BREKKE, N. "Mental Contamination and Mental Correction: Unwanted Influences on Judgments and Evaluations". *Psychological Bulletin*, v. 116, n. 1, p. 117-142, 1994. Disponível em: <https://doi.org/10.1037/0033-2909.116.1.117>.

WINKIELMAN, P.; HALBERSTADT, J.; FAZENDEIRO, T.; CATTY, S. "Prototypes Are Attractive Because They Are Easy on the Mind". *Psychological Science*, v. 17, n. 9, p. 799-806, 2006. Disponível em: <https://doi.org/10.1111/j.1467-9280.2006.01785.x>.

Lei 12

MANSON, M. *A sutil arte de ligar o f*da-se: uma estratégia inusitada para uma vida melhor.* Rio de Janeiro: Intrínseca, 2017.

MIDSON-SHORT. "The Rise of Cursing in Marketing". *Shorthand Content Marketing*, mar. 2019. Disponível em: <https://shorthandcontent.com/marketing/curse-words-in-marketing/>.

KNIGHT, S. *Calma aí, p*rra! Controle o que você pode, aceite o que não pode, pare de surtar e siga com a vida.* Rio de Janeiro: Alta Life, 2019.

KLUDT, A. "Dermalogica's Founder Thinks People-Pleasing Leads to Mediocrity". *Eater*, nov. 2018. Disponível em: <https://www.eater.com/2018/11/2/18047774/dermalogicas--ceo-jane-wurwand-start-to-sale>.

THE DIARY OF A CEO. "Dermalogica Founder: Building A Billion Dollar Business While Looking after Your Mental Health". *YouTube*, 13 jun. 2022. Disponível em: <https://www.youtube.com/watch?v=0KDESUdPRXs>.

Lei 13

BATTYE, L. "Why We're Loving It: The Psychology Behind the McDonald's Restaurant of the Future". *behavioraleconomics.com*, jan. 2018. Disponível em: <https://www.behavioraleconomics.com/loving-psychology-behind-mcdonalds-restaurant-future/>.

DMITRACOVA, O. "What Companies Can Learn from Behavioural Psychology". *The Independent*, dez. 2019. Disponível em: <https://www.independent.co.uk/voices/customer--service-behavioural-psychology-uber-fred-reichheld-mckinsey-company-a9229931.html>.

DUHIGG, C. *O poder do hábito: por que fazemos o que fazemos na vida e nos negócios.* Rio de Janeiro: Objetiva, 2012.

FOWLER, G. "The Secret to Uber's Success? It Isn't Technology". *Wired*, jul. 2014.

HOGAN, C. "How Uber Leverages Applied Behavioral Science at Scale". *Uber Blog*, 28 jan. 2019. Disponível em: <https://www.uber.com/en-GB/blog/applied-behavioral-science--at-scale/>.

KIM, W. C.; MAUBORGNE, R. "Blue Ocean Strategy". *Harvard Business Review*, out. 2004.

SUTHERLAND, R. *A química que há entre nós.* São Paulo: Globo Alt, 2020.

THE SECRET DEVELOPER. "Uber's Psychological Moonshot". *Medium*, 6 jan. 2023. Disponível em: <https://medium.com/@tsecretdeveloper/ubers-psychological-moonshot--8e75078722ae>.

UBER. About Uber. 2023. Disponível em: <https://www.uber.com/us/en/about/>.

Lei 14

RANGANATHAN, C. *Friction is Fiction: The Future of Marketing.* [S.l.]: HarperCollins Publishers, 2019.

SUTHERLAND, R. "Life Lessons from an Ad Man". *TED Talks*, 2009. Disponível em: <https://www.ted.com/talks/rory_sutherland_life_lessons_from_an_ad_man>.

TVERSKY, A.; KAHNEMAN, D. "Judgment under Uncertainty: Heuristics and Biases". *Science*, v. 185, n. 4.157, p. 1.124-1.131, 1974. Disponível em: <https://doi.org/10.1126/science.185.4157.1124>.

WERTENBROCH, K.; SKIERA, B. "Measuring Consumers' Willingness to Pay at the Point of Purchase". *Journal of Marketing Research*, v. 39, n. 2, p. 228-241, 2002. Disponível em: <https://doi.org/10.1509/jmkr.39.2.228.19086>.

WEST, P. M.; BROWN, C. L.; HOCH, S. J. "Consumption Vocabulary and Preference Formation". *Journal of Consumer Research*, v. 23, n. 2, p. 120-135, 1996.

Lei 15

BABIN, B. J.; HARDESTY, D. M.; SUTTER, T. A. "Color and Shopping Intentions: The Intervening Effect of Price Fairness and Perceived Affect". *Journal of Business Research*, v. 56, n. 7, p. 541-551, 2003. Disponível em: <https://doi.org/10.1016/S0148-2963(01)00246-6>.

KHAN, U.; DHAR, R. "Licensing Effect in Consumer Choice". *Journal of Marketing Research*, v. 43, n. 2, p. 259-266, 2006.

KIVETZ, R.; SIMONSON, I. "Earning the Right to Indulge: Effort as a Determinant of Customer Preferences Toward Frequency Program Rewards". *Journal of Marketing Research*, v. 39, n. 2, p. 155-170, 2002.

KOELBEL, C.; HELGESON, J. G. "Scarcity Appeals in Advertising: Theoretical and Empirical Considerations". *Journal of Advertising*, v. 37, n. 1, p. 19-33, 2008.

KOTLER, P.; KARTAJAYA, H.; SETIAWAN, I. *Marketing 4.0: do tradicional ao digital*. Rio de Janeiro: Sextante, 2017.

LEVY, S. J. "Symbols for Sale". *Harvard Business Review*, v. 37, n. 4, p. 117-124, 1959.

MÜLLER-LYER, F. C. "Optische Urteilstäuschungen". *Archiv für Physiologie Suppl*, p. 263-270, 1889.

THALER, R. H. "Mental accounting and consumer choice". *Marketing Science*, v. 4, n. 3, p. 199-214, 1985.

WHOOP. Homepage da Whoop. Disponível em: <https://www.whoop.com/>. Acesso em: 1º maio 2023.

Lei 16

ALAGAPPAN, S. "The Goldilocks Effect: Simple But Clever Marketing". *Medium*, 15 dez. 2014. Disponível em: <https://medium.com/@WinstonWolfDigi/the-goldilocks-effect-simple-but-clever-marketing-dfb87f4fa58c>.

ARIELY, D. "Are We in Control of Our Decisions?". *TED Talks*, 19 maio 2009. Disponível em: <https://www.youtube.com/watch?v=9X68dm92HVI>.

CLEAR, J. "The Goldilocks Rule: How to Stay Motivated in Life and Business". 4 fev. 2020. Disponível em: <https://jamesclear.com/goldilocks-rule>.

CUNFF, A. L. "The Goldilocks Principle of Stress and Anxiety". *Ness Labs*, 2020. Disponível em: <https://nesslabs.com/goldilocks-principle>.

KEMP, S. "The Goldilocks Effect: Using Anchoring to Boost Your Conversion Rates". *Neil Patel*, 2019. Disponível em: <https://neilpatel.com/blog/goldilocks-effect/>.

KINNU. "What Is the Anchoring Bias and How Does It Impact Our Decision-Making?". *Kinnu*, 11 jan. 2023. Disponível em: <https://kinnu.xyz/kinnuverse/science/cognitive-biases/how-mental-shortcuts-filter-information/>.

TVERSKY, A.; KAHNEMAN, D. "Loss Aversion in Riskless Choice: A Reference-Dependent Model". *The Quarterly Journal of Economics*, v. 106, n. 4, p. 1.039-1.061, 1991. Disponível em: <https://doi.org/10.2307/2937956>.

Lei 17

BRATTON, J.; GOLD, J. *Human Resource Management: Theory and Practice*. 5. ed. [S.l.]: Palgrave Macmillan, 2012.

BUILD-A-BEAR. "About Build-A-Bear Workshop®". [S.d.] Disponível em: <https://www.buildabear.com/about-us.html>. Acesso em: 1º maio 2023.

BURIC, R. "The Endowment Effect – Everything You Need to Know". *InsideBE*, 2022. Disponível em: <https://insidebe.com/articles/the-endowment-effect-2/>.

KAHNEMAN, D.; TVERSKY, A. "Prospect Theory: An Analysis of Decision under Risk". *Econometrica*, v. 47, n. 2, p. 263-292, 1979. Disponível em: <https://doi.org/10.2307/1914185>.

KIVETZ, R.; URMINSLY, O.; ZHENG, Y. "The Goal-Gradient Hypothesis Resurrected: Purchase Acceleration, Illusionary Goal Progress, and Customer Retention". *Journal of Marketing Research*, v. 43, n. 1, p. 39-58, 2006. Disponível em: <https://doi.org/10.1509/jmkr.43.1.39>.

THALER, R. "Mental Accounting and Consumer Choice". *Marketing Science*, v. 4, n. 3, p. 199-214, 1985. Disponível em: <https://doi.org/10.1287/mksc.4.3.199>.

VOHS, K. D.; MEAD, N. L.; GOODE, M. R. "Merely Activating the Concept of Money Changes Personal and Interpersonal Behavior". *Current Directions in Psychological Science*, v. 17, n. 3, p. 208-212, 2008. Disponível em: <https://doi.org/10.1111/j.1467-8721.2008.00576.x>.

Lei 18

BECKER, H. S. *Writing for Social Scientists: How to Start and Finish Your Thesis, Book, or Article*. 2. ed. Chicago: University of Chicago Press, 2007.

DUISTERMAAT, H. *How to Write Seductive Web Copy: an Easy Guide to Picking up More Customers*. Henneke Duistermaat, 2013.

FERRISS, T. *Ferramentas dos titãs: as estratégias, hábitos e rotinas de bilionários, celebridades e atletas de elite*. Rio de Janeiro: Intrínseca, 2018.

GODIN, S. *Todo marqueteiro é mentiroso*. Rio de Janeiro: Campus Elsevier, 2005.

GODIN, S. *A ilusão de Ícaro: exemplos na vida e no trabalho de pessoas que ousaram voar mais alto*. Rio de Janeiro: Campus, 2013.

GUBERMAN, R. *The Ultimate Guide to Video Marketing*. [S.l.]: Entrepreneur Press, 2016.

JOHNSON, M. "The Power of Pause". *Ethos3* – A Presentation Training and Design Agency, [s.d.]. Disponível em: <https://ethos3.com/the-power-of-pause/>.

KAWASAKI, G. *A arte do começo*. Rio de Janeiro: BestSeller, 2006.

PINK, D. H. *A revolução do lado direito do cérebro*. Rio de Janeiro: Elsevier, 2005.

RIES, E. *A startup enxuta: como usar a inovação contínua para criar negócios radicalmente bem-sucedidos*. São Paulo: Leya, 2012.

ROBBINS, T. *Inabalável: um guia prático para a libertação financeira*. Rio de Janeiro: BestSeller, 2019.

SINEK, S. *Comece pelo porquê: como grandes líderes inspiram pessoas e equipes a agir*. Rio de Janeiro: Sextante, 2020.

THIEL, P.; MASTERS, B. *De zero a um: o que aprender sobre empreendedorismo com o Vale do Silício*. Rio de Janeiro: Objetiva, 2019.

VAYNERCHUK, G. *Nocaute: como contar sua história no disputado ringue das redes*. Rio de Janeiro: Alta Books, 2019.

VORSTER, Andrew. *You Have 7 Seconds to Capture Audience Attention*. 2021. Disponível em: <https://www.andrewvorster.com/7-seconds/>.

Lei 19

ALTMAN, D. "Go Big by Thinking Small: the Power of Incrementalism". *Project Management Institute*, 12 jan. 2023. Disponível em: <https://pmi.org/blog/the-power-of-incrementalism-theory>.

AMABILE, T. M.; KRAMER, S. J. "The Power of Small Wins". *Harvard Business Review*, maio 2011. Disponível em: <https://hbr.org/2011/05/the-power-of-small-wins>.

CLIFFORD, J. "Power to the People – Toyota's Suggestion System". *Toyota UK Magazine*, 10 fev. 2014. Disponível em: <https://mag.toyota.co.uk/toyota-and-the-power-of-suggestion>.

CUNFF, A. L. "Constructive Criticism: How to Give and Receive Feedback". *Ness Labs*, 2020. Disponível em: <https://nesslabs.com/constructive-criticism-give-receive-feedback>.

KOS, B. "Kaizen – Constant Improvement as the Winning Strategy". *Spica*, 12 abr. 2023. Disponível em: <https://www.spica.com/blog/kaizen-method>.

LALOUX, F. *Reinventando as organizações: um guia ilustrado para criar organizações inspiradas no próximo estágio da consciência humana*. Osasco: Voo, 2017.

LIKER, J. K. *O modelo Toyota: 14 princípios de gestão do maior fabricante do mundo*. Porto Alegre: Bookman, 2021.

SENGE, P. M. *A quinta disciplina: a arte e a prática da organização que aprende*. Rio de Janeiro: BestSeller, 1998.

SPEAR, S. J.; BOWEN, H. K. "Decoding the DNA of the Toyota Production System". *Harvard Business Review*, v. 77, n. 5, p. 96-106, 1999.

TOYOTA. "What Is Kaizen and How Does Toyota Use It?". *Toyota UK Magazine*, 31 maio 2013. Disponível em: <https://mag.toyota.co.uk/kaizen=-toyota-production-system/#:~:text-'Kai'%20means%20'change',maximise%20productivity%20at%20every%20worksite>.

WOMACK, J. P.; JONES, D. T. *A mentalidade enxuta nas empresas: elimine o desperdício e crie riqueza*. Rio de Janeiro: Campus, 2004.

WYE, A. "Never Ignore Marginal Gains. The Secret of How a 1% Gain Each Day Adds up to Massive Results for Legal Organisations". *Lawtomated*, 20 nov. 2020. Disponível em: <https://lawtomated.com/never-ignore-marginal-gains-the-secret-of-how-a-1-gain-each-day-adds-up-to-massive-results-for-legal-organisations>.

Lei 20

BARBIE, D. J. (Org.). *Tiger Woods Phenomenon: Essays on the Cultural Impact of Golf's Fallible Superman*. Jefferson, Carolina do Norte: McFarland & Co., 2012.

BARABÁSI, A.-L. *The Formula: The Universal Laws of Success*. Nova York: Simon & Schuster, 2018.

DARWIN, C. *A origem das espécies*. São Paulo: Escala, 2008.

GOTTMAN, J. M.; SILVER, N. *Sete princípios para o casamento dar certo*. Rio de Janeiro: Objetiva, 2000.

HAMMER, M.; CHAMPY, J. *Reengenharia: revolucionando a empresa em função dos clientes, da concorrência e das grandes mudanças da gerência*. Rio de Janeiro: Campus, 1993.

HARMON, B.; ANDRISANI, J. *Butch Harmon's Playing Lessons*. Nova York: Simon & Schuster, 1998.

KAIZEN INSTITUTE. "What Is Kaizen?" [S.d.] Disponível em: <https://www.kaizen.com/about-us/what-is-kaizen.html>.

KANIGEL, R. *The One Best way: Frederick Winslow Taylor and the Enigma of Efficiency*. Cambridge: MIT Press, 2005.

LIKER, J. K. *O modelo Toyota: 14 princípios de gestão do maior fabricante do mundo*. Porto Alegre: Bookman, 2021.

MCGRATH, R. G. *O fim da vantagem competitiva: um novo modelo de competição para mercados dinâmicos*. Rio de Janeiro: Elsevier, 2013.

NAKAO, Y. *The Toyota Way: Continuous Improvement as a Business Strategy*. [S.l.]: Business Expert Press, 2014.

Lei 21

BEZOS, J. "2016 Letter to Shareholders". *Amazon*, 17 abr. 2017. Disponível em: <https://www.amazon.com/p/feature/z6o9g6sysxur57t>.

COLD CALL. "At Booking.com, Innovation Means Constant Failure". *Harvard Business Review* [podcast], 31 ago. 2022. Disponível em: <https://hbr.org/podcast/2019/09/at-booking-com-innovation-means-constant-failure>.

DONOVAN, N. "The Role of Experimentation at Booking.com". *Booking.com Partner Hub*, 6 ago. 2019. Disponível em: <https://partner.booking.com/en-gb/click-magazine/industry-perspectives/role-experimentation-bookingcom>.

HAMEL, G.; ZANINI, M. "Excess Management Is Costing the U.S. $3 Trillion Per Year". *Harvard Business Review*, 5 set. 2016. Disponível em: <https://hbr.org/2016/09/excess-management-is-costing-the-us-3-trillion-per-year>.

HAMEL, G. "Yes, You Can Eliminate Bureaucracy". *Harvard Business Review*, 29 out. 2018.

HARRIS, S. *10% mais feliz: como aprendi a silenciar a mente, reduzi o estresse e encontrei o caminho para a felicidade – Uma história real*. Rio de Janeiro: Sextante, 2015.

HESS, Edward D. "Creating an Innovation Culture: Accepting Failure Is Necessary". *Forbes*, 20 jun. 2012. Disponível em: <https://www.forbes.com/sites/darden/2012/06/20/creating-an-innovation-culture-accepting-failure-is-necessary/?sh=11dc9e21754e>.

IBM. IBM History. 2021. Disponível em: <https://www.ibm.com/ibm/history/history/>.

KAHNEMAN, D. *Rápido e devagar: duas formas de pensar*. Rio de Janeiro: Objetiva, 2012.

KAIZEN INSTITUTE. "What Is Kaizen?" [S.d.] Disponível em: <https://kaizen.com/about-us/what-is-kaizen.html>.

KIM, E. "How Amazon CEO Jeff Bezos Has Inspired People to Change the Way They Think about Failure". *Business Insider India*, 28 maio 2016. Disponível em: <https://www.businessinsider.in/tech/how-amazon-ceo-jeff-bezos-has-inspired-people-to-change-the-way-they-think-about-failure/articleshow/52481780.cms>.

KOTTER, J. P. *Liderando mudanças: transformando empresas com a força das emoções*. Rio de Janeiro: Alta Books, 2017.

LENCIONI, P. *A vantagem decisiva: por que ter uma cultura saudável é o fator mais importante para o sucesso de uma empresa*. Rio de Janeiro: Sextante, 2021.

LINDZON, J. "Do We Still Need Managers? Most Workers Say 'No.'" *Fast Company*, 2022. Disponível em: <https://www.fastcompany.com/90716503/do-we-still-need-managers-most-workers-say-no>.

MACKENZIE, K. *What Is Empowerment, and How Does It Support Employee Motivation?* SHRM, 2019.

OBAMA, B. *Uma terra prometida*. São Paulo: Companhia das Letras, 2020.

PETER, L. J.; HULL, R. *O princípio de Peter: a estranha mania de se promover funcionários até que se tornem incompetentes*. Rio de Janeiro: Campus, 2003.

RUIMIN, Z. "Raising Haier". *Harvard Business Review*, fev. 2007. Disponível em: <https://hbr.org/2007/02/raising-haier>.

SINEK, S. *Comece pelo porquê: como grandes líderes inspiram pessoas e equipes a agir.* Rio de Janeiro: Sextante, 2020.

STONE, M. "The Pandemic Became Personal When Booking Holdings' CEO Caught COVID-19. Now, He's Taking on Airbnb and Calling on the Government to Save a Battered Travel Industry". *Business Insider*, 24 set. 2020. Disponível em: <https://www.businessinsider.com/booking-holdings-ceo-airbnb-pandemic-travel-future-2020-9?r=US&IR=T>.

WESTRUM, R. "A Typology of Resilience Situations". *Journal of Contingencies and Crisis Management*, v. 12, n. 3, p. 98-107, 2004.

Lei 22

ATKINSON, E. "Andes Plane Crash Survivors Have 'No Regrets' over Resorting to Cannibalism". *The Independent*, 20 out. 2022. Disponível em: <https://www.independent.co.uk/news/world/americas/andes-plane-crash-survivors-cannabalism-b2203833.html>.

DELGADO, K. J. "Social Psychology in Action: a Critical Analysis of *Alive*". *Core Scholar Libraries*, Wright State University, 2009. Disponível em: <https://corescholar.libraries.wright.edu/psych_student/2>.

MULVANEY, K. "Miracle of the Andes: How Survivors of the Flight Disaster Struggled to Stay Alive". *History*, 13 out. 2021. Disponível em: <https://www.history.com/news/miracle-andes-disaster-survival>.

PARRADO, N. *Miracle in the Andes: 72 Days on the Mountain and My Long Trek Home.* Londres: Orion, 2007.

READ, P. P. *Os sobreviventes: a tragédia dos Andes.* São Paulo: Círculo do Livro, 1981.

STERLING, T. "Thirty-two Years of the 'Alive' story". *Air & Space Smithsonian*, v. 25, n. 3, p. 16-22, 2010.

STROUD, L. *Survive! – Essential Skills and Tactics to Get You out of Anywhere – Alive.* [S.l.]: William Morrow & Company, 2008.

Lei 23

BRIDE, H. "Women Who Escaped Death Tell of Thrilling Rescues: Stories of Courage and Fortitude Told by Those Who Lived through Sinking of *Titanic*". *The New York Times*, 20 abr. 1912.

CARTER, W. *How I Survived the Titanic.* Nova York: Century Co.

EYAL, N. Entrevista ao autor. 25 abr. 2023.

GOLLWITZER, P. M.; SHEERAN, P. "Implementation Intentions and Goal Achievement: A Meta-analysis of Effects and Processes". *Advances in Experimental Social Psychology*, n. 38, p. 69-119, 2006. Disponível em: <https://doi.org/10.1016/S0065-2601(06)38002-1>.

HOPKINSON, D. *Titanic: Voices from the Disaster.* Nova York: Scholastic Press, 2014.

LYNCH, D. *Titanic: An Illustrated History.* Glendale, Califórnia: Hyperion Books, 1995.

MOWBRAY, J. *The Sinking of the Titanic: Eyewitness Accounts*. Mineola, NY: Dover Publications, 2003.

REED, J. "Understanding the Psychology of Willful Blindness". *Author Joanne Reed* [website], 2 ago. 2019. Disponível em: <https://authorjoannereed.net/understanding-the-psychology-of-willful-blindness/>.

ROSENBERG, J. *The Ostrich Effect: the Psychology of Avoiding What We Most Fear and Deserve*. Nova York: Viking, 2022.

SPROTT, D. E.; SPANGENBERG, E. R.; FISCHER, R. "Reconceptualizing Perceived Value: the Role of Perceived Risk". *Journal of Consumer Research*, v. 30, n. 3, p. 433-448, 2003.

THALER, R. H. "Mental Accounting Matters". *Journal of Behavioral Decision Making*, v. 12, n. 3, p. 183-206, 1999. Disponível em: <https://doi.org/10.1002/(SICI)1099-0771(199909)12:3<183::AID-BDM318>3.0.CO;2-F>.

VAILLANT, G. E. "Ego Mechanisms of Defense and Personality Psychopathology". *Journal of Abnormal Psychology*, v. 103, n. 1, p. 44-50, 1994. Disponível em: <https://doi.org/10.1037/0021-843X.103.1.44>.

Lei 24

KING, B. J. *Pressure Is a Privilege*. [S.l.]: LifeTime Media, 2008.

LAZARUS, R. S.; FOLKMAN, S. *Stress, Appraisal, and Coping*. Nova York: Springer Publishing Company, 1984.

MCGONIGAL, K. "How to Make Stress Your Friend". *TED Talks*, 2013. Disponível em: <https://www.ted.com/talks/kelly_mcgonigal_how_to_make_stress_your_friend>.

PARK, C. L.; FOLKMAN, S. "Meaning in the Context of Stress and Coping". *Review of General Psychology*, v. 1, n. 2, p. 115-144, 1997.

SAPOLSKY, R. M. *Why Zebras Don't Get Ulcers: the Acclaimed Guide to Stress, Stress-related Diseases and Coping*. Nova York: St. Martins Press, 2004.

SHELDON, K. M.; ELLIOT, A. J. "Goal Striving, Need Satisfaction, and Longitudinal Well-Being: the Self-Concordance Model". *Journal of Personality and Social Psychology*, v. 76, n. 3, p. 482-497, 1999. Disponível em: <https://doi.org/10.1037/0022-3514.76.3.482>.

SMYTH, J.; HOCKEMEYER, J. R. "The Beneficial Effects of Daily Activity on Mood: Evidence from a Randomized, Controlled Study". *Journal of Health Psychology*, v. 3, n. 3, p. 357-373, 1998.

SPREITZER, G. M.; SONENSHEIN, S. "Toward the Construct Definition of Positive Deviance". *American Behavioral Scientist*, v. 47, n. 6, p. 828-847, 2004. Disponível em: <https://doi.org/10.1177/0002764203260212>.

TEDESCHI, R. G.; CALHOUN, L. G. "Posttraumatic Growth: Conceptual Foundations and Empirical Evidence". *Psychological Inquiry*, v. 15, n. 1, p. 1-18, 2004. Disponível em: <https://doi.org/10.1207/s15327965pli1501_01>.

WOOD, A. M.; JOSEPH, S. "The Absence of Positive Psychological (Eudemonic) Well-Being as a Risk Factor for Depression: a Ten-Year Cohort Study". *Journal of Affecti-*

ve Disorders, v. 122, n. 3, p. 213-217, 2010. Disponível em: <https://doi.org/10.1016/j.jad.2009.06.032>.

Lei 25

CUSTER, R. L. "Why Do Startups Fail?" *US Small Business Administration*, 2018. Disponível em: <https://www.sba.gov/sites/default/files/Business-Survival.pdf>.

DELISLE, J. "Pre-mortem: an effective tool to avoid failure". *Beeye*, 2 abr. 2017. Disponível em: <https://www.mybeeye.com/blog/pre-mortem-effective-tool-to-prevent-failure>.

DWECK, C. S. *Mindset: a nova psicologia do sucesso*. Rio de Janeiro: Objetiva, 2017.

KAHNEMAN, D. *Rápido e devagar: duas formas de pensar*. Rio de Janeiro: Objetiva, 2012.

KLEIN, G. "Performing a Project Premortem". *Harvard Business Review*, set. 2007. Disponível em: <https://hbr.org/2007/09/performing-a-project-premortem>.

KLEIN, G.; KOLLER, T.; LOVALLO, D. "Bias Busters: Premortems: Being Smart at the Start". *McKinsey Quarterly*, 3 abr. 2019. Disponível em: <https://www.mckinsey.com/capabilities/strategy-and-corporate-finance/our-insights/bias-busters-premortems-being-smart-at-the-start>.

SHAROT, T. *O viés otimista: por que somos programados para ver o mundo pelo lado positivo*. Rio de Janeiro: Rocco, 2015.

SHERMER, M. *Cérebro e crença: de fantasmas e deuses à política e conspirações – Como nosso cérebro constrói nossas crenças e as transforma em verdades*. [S.l.]: JSN, 2012.

SMITH, K. G.; HITT, M. A. *Great Minds in Management: the Process of Theory Development*. Oxford: Oxford University Press, 2005.

TVERSKY, A.; KAHNEMAN, D. "Judgment under Uncertainty: Heuristics and Biases". *Science*, v. 185, n. 4.157, p. 1.124-1.131, 1974. Disponível em: <https://doi.org/10.1126/science.185.4157.1124>.

WEGNER, D. M. *The Illusion of Conscious Will*. Cambridge, Massachusetts: MIT Press, 2003.

Lei 26

AMERICAN PSYCHOLOGICAL ASSOCIATION. *Publication Manual of the American Psychological Association*. 6.ed. [S.l.]: American Psychological Association, 2010.

BERMAN, M. G.; JONIDES, J.; KAPLAN, S. "The Cognitive Benefits of Interacting with Nature". *Psychological Science*, v. 19, n. 12, p. 1.207-1.212, 2008. Disponível em: <https://doi.org/10.1111/j.1467-9280.2008.02225.x>.

CARHART-HARRIS, R. L.; BOLSTRIDGE, M.; RUCKER, J.; DAY, C. M.; ERRITZOE, D.; KAELEN, M.; NUTT, D. J. "Psilocybin with Psychological Support for Treatment-Resistant Depression: an Open-Label Feasibility Study". *The Lancet Psychiatry*, v. 3, n. 7, p. 619-627, 2016. Disponível em: <https://doi.org/10.1016/S2215-0366(16)30065-7>.

HAMILTON, I. "What Are The Highest-Paying Jobs in the U.S.?" *Forbes Advisor*, 4 abr.

2023. Disponível em: <https://www.forbes.com/advisor/education/what-are-the-highest-paying-jobs-in-the-u-s/>.

HANKEL, I. "In a Crowded Job Market, Here Are the Right Skills for the Future". *Forbes*, 8 jan. 2021. Disponível em: <https://www.forbes.com/sites/forbesbusinesscouncil/2021/01/08/in-a-crowded-job-market-here-are-the-right-skills-for-the-future/>.

JEUNG, D. Y.; KIM, C.; CHANG, S. J. "Emotional Labor and Burnout: A Review of the Literature". *Yonsei Medical Journal*, v. 59, n. 2, p. 187-193, 2018. Disponível em: <https://doi.org/10.3349/ymj.2018.59.2.187>.

MARKMAN, A. *Smart Thinking: How to Think Big, Innovate and Outperform Your Rivals*. Londres: Piatkus, 2012.

MARKMAN, A. "3 Signs You Need to Improve Your Emotional Intelligence". *Fast Company*, 26 jan. 2023. Disponível em: <https://www.fastcompany.com/90839541/signs-need-work-emotional-intelligence>.

MARTACCHIO, J. J. *Strategic Compensation: A Human Resource Management Approach*. 9. ed. [S.l.]: Pearson, 2018.

PERLO-FREEMAN, S.; SKÖNS, E. *The State of Peace and Security in Africa 2021*. Stockholm International Peace Research Institute (SIPRI), 2021.

REFFOLD, K. "Command a Higher Salary with These Five Strategies". *Forbes*, 28 mar. 2019. Disponível em: <https://www.forbes.com/sites/forbeshumanresourcescouncil/2019/03/28/command-a-higher-salary-with-these-five-strategies/?sh=353bea346467>.

RICE, R. E. "The Internet and Health Communication: a Framework of Experiences". *In*: DILLARD, J. P.; PFAU, M. (Orgs.). *The Persuasion Handbook: Developments in theory and practice*. [S.l.]: Sage, 2009, p. 325-344.

SADUN, R.; FULLER, J.; HANSEN, S.; NEAL, P. J. "The C-Suite Skills That Matter Most". *Harvard Business Review*, v. 100, n. 4, p. 42-50, jul.-ago. 2022. Disponível em: <https://hbr.org/2022/07/the-c-suite-skills-that-matter-most>.

STEWART, D. W.; KAMINS, M. A. *Secondary Research: Information Sources and Methods*. 2. ed. [S.l.]: Sage, 1993.

US BUREAU OF LABOR STATISTICS. "Occupational Employment and Wages, May 2021". *United States Department of Labor*, 8 abr. 2022. Disponível em: <https://www.bls.gov/oes/current/oes_nat.htm>.

VAN HOOF, H. et al. "Social Media in Tourism and Hospitality: A Literature Review". *Journal of Travel and Tourism*, 4 mar. 2013. Disponível em: <https://www.academia.edu/14370892/Social_Media_in_Tourism_ and_Hospitality_A_Literature_Review>.

Lei 27

CARVER, C. S.; SCHEIER, M. F.; SEGERSTROM, S. C. "Optimism". *Clinical Psychology Review*, v. 30, n. 7, p. 879-889, 2010. Disponível em: <https://doi.org/10.1016/j.cpr.2010.01.006>.

COHN, M. A.; FREDERICKSON, B. L.; BOWN, S. L.; Mikels, J. A.; CONWAY, A. M.

"Happiness Unpacked: Positive Emotions Increase Life Satisfaction by Building Resilience". *Emotion*, v. 9, n. 3, p. 361-368, 2009. Disponível em: <https://doi.org/10.1037/a0018895>.

DAVIS, D. E.; CHOE, E.; MEYERS, J.; WADE, N.; VARJAS, K.; GIFFORD, A.; WORTHINGTON, E. L. "Thankful for the Little Things: A Metaanalysis of Gratitude Interventions". *Journal of Counseling Psychology*, v. 63, n. 1, p. 20-31, 2016. Disponível em: <https://doi.org/10.1037/cou0000107>.

ONU. Departamento de Assuntos Econômicos e Sociais das Nações Unidas, Divisão de População. *World Population Prospects 2019: Data Booklet*, 2021.

HARVEY, M. *The Discipline of Entrepreneurship*. Londres: Bantam Press, 2019.

HUTA, V.; WATERMAN, A. S. "Eudaimonia and Its Distinction from Hedonia: Developing a Classification and Terminology for Understanding Conceptual and Operational Definitions". *Journal of Happiness Studies*, n. 15, p. 1.425-1.456, 2014. Disponível em: <https://doi.org/10.1007/s10902-013-9485-0>.

MASTRACCI, S. H. *Work Smart, Not Hard: Organizational Tips and Tools That Will Change Your Life*. [S.l.]: Chronos Publications, 2018.

ORGANIZAÇÃO MUNDIAL DA SAÚDE. *GHE: Life Expectancy and Healthy Life Expectancy*, 2021.

PATTERSON, K.; GRENNY, J.; MCMILLAN, R.; SWITZLER, A. *Conversas cruciais: habilidades para conversas de altos interesses*. [S.l.]: Vitalsmarts, 2023.

RUDD, M.; VOHS, K. D.; AAKER, J. "Awe Expands People's Perception of Time, Alters Decision Making, and Enhances Well-Being". *Psychological Science*, v. 23, n. 10, p. 1.130-1.136, 2012. Disponível em: <https://doi.org/10.1177/0956797612438731>.

SCHEIER, M. F.; CARVER, C. S. "Optimism, Coping, and Health: Assessment and Implications of Generalized Outcome Expectancies". *Health Psychology*, v. 4, n. 3, p. 219-247, 1985. Disponível em: <https://doi.org/10.1037/0278-6133.4.3.219>.

SINEK, S. *Comece pelo porquê: como grandes líderes inspiram pessoas e equipes a agir*. Rio de Janeiro: Sextante, 2020.

TRACY, B. *Eat That Frog! – 21 Great Ways to Stop Procrastinating and Get More Done in Less Time*. [S.l.]: Berrett-Koehler Publishers, 2003.

VANDERKAM, L. *Off the Clock: Feel Less Busy While Getting More Done*. [S.l.]: Portfolio Penguin, 2018.

Lei 28

BRANSON, R. *The Virgin Way: How to Listen, Learn, Laugh and Lead*. Londres: Virgin Books, 2015.

ETEM, J. "Steve Jobs on Hiring Truly Gifted People". *YouTube*, 9 ago. 2017. Disponível em: <https://www.youtube.com/watch?v=a7mS9ZdU6k4>.

FRIEDMAN, T. L. *O mundo é plano: uma breve história do século XXI*. Rio de Janeiro: Objetiva, 2007.

THE DIARY OF A CEO. "Jimmy Carr: the Easiest Way to Live a Happier Life". *YouTube*, 15 nov. 2021. Disponível em: <https://www.youtube.com/watch?v=roROKlZhZyo>.

THE DIARY OF A CEO. "Richard Branson: How a Dyslexic Drop-out Built a Billion-Dollar Empire". *YouTube*, 12 dez. 2022. Disponível em: <https://www.youtube.com/watch?v=-Fmiqik4jh0>.

VIRGIN GROUP. "Our Story". *Virgin*, [s.d.]. Disponível em: <https://www.virgin.com/about-virgin/our-story>.

Lei 29

COLLINS, J.; PORTAS, J. *Feitas para durar: práticas bem-sucedidas de empresas visionárias*. Rio de Janeiro: Rocco, 1995.

HIGGINS, D. M. "The Psychology of Cults: an Organizational Perspective". *Frontiers in psychology*, n. 10, p. 1.291, 2019.

HOGAN, T.; BROADBENT, C. *The Ultimate Start-up Guide: Marketing Lessons, War Stories, and Hard-Won Advice from Leading Venture Capitalists and Angel Investors*. [S.l.]: New Page Books, 2017.

LEVY, S. *Google – A biografia: como o Google pensa, trabalha e molda a nossa vida*. São Paulo: Universo dos Livros, 2012.

PELLS, R. *Blue Sky Dreaming: How the Beatles Became the Architects of Business Success*. [S.l.]: Bloomsbury Publishing, 2018.

THIEL, P.; MASTERS, B. *De zero a um: o que aprender sobre empreendedorismo com o Vale do Silício*. Rio de Janeiro: Objetiva, 2019.

Lei 30

BBC. "Sir Alex Ferguson to Retire as Manchester United Manager". *BBC*, Sport, 8 maio 2013. Disponível em: <https://www.bbc.co.uk/sport/football/22447018>.

BRANSON, R. *The Virgin Way: How to Listen, Learn, Laugh and Lead*. Londres: Virgin Books, 2015.

ELBERSE, A. "Ferguson's Formula". *Harvard Business Review*, out. 2013. Disponível em: <https://hbr.org/2013/10/fergusons-formula>.

HOUSMAN, M.; MINOR, D. *Toxic Workers*. Harvard Business School, n. 16-057, nov. 2015. Disponível em: <https://www.hbs.edu/ris/Publication%20Files/16-057_d45c0b-4f-fa19-49de-8f1b-4b12fe054fea.pdf>.

HYTNER, R. "Sir Alex Ferguson on How to Win". *Think at London Business School*, 18 jan. 2016. Disponível em: <https://www.london.edu/think/sir-alex-ferguson-on-how-to-win>.

ROBBINS, S. P.; COULTER, M.; DECENZO, D. A. *Fundamentos de administração: conceitos essenciais e aplicações*. Porto Alegre: Pearson, 2004.

Lei 31

BBC. "Viewpoint: Should We All Be Looking for Marginal Gains?" *BBC News*, 15 set. 2015. Disponível em: <https://www.bbc.co.uk/news/magazine-34247629>.

CLEAR, J. "This Coach Improved Every Tiny Thing by 1 Percent and Here's What Happened". *James Clear* [website], 4 fev. 2020. Disponível em: <https://jamesclear.com/marginal-gains>.

GAWANDE, A. "Personal Best". *The New Yorker*, 26 set. 2011. Disponível em: <https://www.newyorker.com/magazine/2011/10/03/personal-best>.

MEDINA, J. C. "How to Make Small Changes for Big Impacts". *Forbes*, 12 jul. 2021. Disponível em: <https://www.forbes.com/sites/financialfinesse/2021/07/12/how-to-make-small-changes-for-big-impacts/?sh=54ead259401b>.

MEHTA, K. "The Most Mentally Tough People Apply the 1% 'Marginal Gains' Rule, Says Performance Expert—Here's How It Works". *CNBC*, 23 fev. 2021.

THE DIARY OF A CEO. "The 'Winning Expert': How to Become the Best You Can Be: Sir David Brailsford". *YouTube*, 17 jan. 2022. Disponível em: <https://www.youtube.com/watch?v=nTiqySjdD6s>.

TOMLIN, I. "How a Marginal Gains Approach Can Transform Your Sales Conversations". *Forbes*, 27 maio 2021. Disponível em: <https://www.forbes.com/sites/forbescommunicationscouncil/2021/05/27/how-a-marginal-gains-approach-can-transform-your-sales-conversations/?sh=2eb- 47c5a2bad>.

Lei 32

ELBERSE, A. "Ferguson's Formula". *Harvard Business Review*, out. 2013. Disponível em: <https://hbr.org/2013/10/fergusons-formula>.

EVANISH, J. "Master the Leadership Paradox: Be Consistently Inconsistent". *Lighthouse – Blog about Leadership & Management Advice*, 2022. Disponível em: <https://getlighthouse.com/blog/leadership-paradox-consistently-inconsistent/>.

THE DIARY OF A CEO. "Rio Ferdinand Reveals the Training Ground & Dressing Room Secrets That Made United Unbeatable". *YouTube*, 12 abr. 2021. Disponível em: <https://www.youtube.com/watch?v=CwpSViM8MaY>.

THE DIARY OF A CEO. "Patrice Evra: Learning How to Cry Saved My Life". *YouTube*, 8 nov. 2021. Disponível em: <https://www.youtube.com/watch?v=UbF4p4yTfIY>.

THE DIARY OF A CEO. "Gary Neville: from Football Legend to Building a Business Empire". *YouTube*, 18 ago. 2022. Disponível em: <https://www.youtube.com/watch?v=-cMCucLELzd0>.

AGRADECIMENTOS

Melanie Lopes
Graham Bartlett
Esther Bartlett
Jason Bartlett
Mandi Bartlett
Kevin Bartlett
Julija Bartlett
Alessandra Bartlett
Amélie Bartlett
Jacob Bartlett
Thomas Frebel
Sophie Chapman
Michael James
Don Murray
Grace Andrews
Jack Sylvester
Danny Gray
Emma Williams
Jemima Erith
Berta Lozano
Olivia Podmore
Josh Winter
Anthony Smith
Harry Balden
Ross Field
Holly Hayes
Grace Miller
Jemima Carr-Jones
Meghana Garlapati
Charles Rossy
Shereen Paul
William Lindsay-Perez
Smyly Acheampong
Stephanie Ledigo
Damon Elleston
Qudus Afolabi
Oliver Yonchev
Ash Jones
Don McGregor
Michael Heaven
Anthony Logan
Marcus Heaven
Adrian Sington
Drummond Moir
Jessica Anderson
Jessica Patel
Laura Nicol
Lydia Yadi
Abby Watson
Joel Rickett
Vanessa Milton
Shasmin Mozomil
Vyki Hendy
Richard Lennon
Hannah Cawse
Carmen Byers
Heather Faulls
Amanda Lang
Mary Kate Rogers
Jessica Regione
Radhanath Swami
Tali Sharot
Julian Treasure
Hannah Anderson
Rory Sutherland
Chris Eubank Jr.
Johann Hari
Daniel Pink
Nir Eyal
Gary Brecka
Sir Richard Branson
Jimmy Carr
Rio Ferdinand
Barbara Corcoran
Patrice Evra
Gary Neville

CONHEÇA ALGUNS DESTAQUES DE NOSSO CATÁLOGO

- Augusto Cury: Você é insubstituível (2,8 milhões de livros vendidos), Nunca desista de seus sonhos (2,7 milhões de livros vendidos) e O médico da emoção
- Dale Carnegie: Como fazer amigos e influenciar pessoas (16 milhões de livros vendidos) e Como evitar preocupações e começar a viver
- Brené Brown: A coragem de ser imperfeito – Como aceitar a própria vulnerabilidade e vencer a vergonha (900 mil livros vendidos)
- T. Harv Eker: Os segredos da mente milionária (3 milhões de livros vendidos)
- Gustavo Cerbasi: Casais inteligentes enriquecem juntos (1,2 milhão de livros vendidos) e Como organizar sua vida financeira
- Greg McKeown: Essencialismo – A disciplinada busca por menos (700 mil livros vendidos) e Sem esforço – Torne mais fácil o que é mais importante
- Haemin Sunim: As coisas que você só vê quando desacelera (700 mil livros vendidos) e Amor pelas coisas imperfeitas
- Ana Claudia Quintana Arantes: A morte é um dia que vale a pena viver (650 mil livros vendidos) e Pra vida toda valer a pena viver
- Ichiro Kishimi e Fumitake Koga: A coragem de não agradar – Como se libertar da opinião dos outros (350 mil livros vendidos)
- Simon Sinek: Comece pelo porquê (350 mil livros vendidos) e O jogo infinito
- Robert B. Cialdini: As armas da persuasão (500 mil livros vendidos)
- Eckhart Tolle: O poder do agora (1,2 milhão de livros vendidos)
- Edith Eva Eger: A bailarina de Auschwitz (600 mil livros vendidos)
- Cristina Núñez Pereira e Rafael R. Valcárcel: Emocionário – Um guia lúdico para lidar com as emoções (800 mil livros vendidos)
- Nizan Guanaes e Arthur Guerra: Você aguenta ser feliz? – Como cuidar da saúde mental e física para ter qualidade de vida
- Suhas Kshirsagar: Mude seus horários, mude sua vida – Como usar o relógio biológico para perder peso, reduzir o estresse e ter mais saúde e energia

sextante.com.br